U0937404

ATTITUDE
TOWARDS
INTERNET
ADVERTI-
SING

人们如何看待互联网广告？

——基于互联网用户广告态度的实证研究

李丽娜 著

上海三联书店

本书得到上海市教委2014年度上海高校青年教师
培养资助计划项目“网络广告回避态度研究”基金资助

以及上海师范大学2015年度文科一般科研
项目“互联网用户的网络广告态度研究”基金资助

目　录

绪 论

现在，试着回想一下你的上网情形，当遇到广告时，你是如何对待它们的呢？比如，浏览门户网站时，你会遇到很多横幅广告（Banner 广告），你是统统对它们视而不见，还是会注意和关注到某些广告？什么情形下你会点击这些横幅广告呢？当你使用搜索引擎检索信息时，面对搜索结果，你是否注意到排在第一位的是广告？什么情形下，你会点击广告链接呢？如果你进行网络购物，在购物网站选择商品时，你会受到商品广告的影响吗？如果你在线观看网络视频内容时，播放前的缓冲时间，也会出现广告，你是观看广告，还是最小化页面等待缓冲先浏览别的目标页面呢？广告以不同的形式出现在网站页面、搜索结果、邮箱、在线视频、在线游戏、以及社交媒体中，人们在上网过程中难以避免对互联网广告的接触。

一直以来，有关网络广告效果的评价依赖于“监测指标”，很少有系统的研究涉及人们接触互联网广告的心理反应。

那么，互联网用户如何看待所接触到的广告？对待互联网广告的反应是如何的？对这些问题的关注和思考，是笔者开展互联网用户广告态度研究的动力。带着对现实的好奇心，以及寻求问题解释的理论思考，开始了本书关于“互联网用户的网络广告态度”的研究与探索。

本书选择“广告态度”这一切入点，运用心理学的“态度”理论，并借鉴国内外“广告态度”研究的成果，研究我国互联网用户的广告态度及其影响因素，并就网络广告效果的优化提供对策和建议。

第一节　研究背景

技术推动着互联网的快速发展，网络普及度不断提高，各类网站及网络形式不断涌现，网民规模不断扩大、结构趋向多元，网络已经成为广告发布的重要平台。网络广告产业不断进化，相对于传统媒体更加有活力，发展速度更快。但是快速发展的网络广告也需要理智的思考和审视,特别是面对许多受众对网络广告持负面态度的现实,从受众视角进行网络广告的研究,对提升互联网广告效果非常必要。

一、现实背景——为什么从“态度”视角研究网络广告效果?

(一) 事实:成长快速的网络广告

1. 快速发展的网络媒体

日新月异的技术推动着互联网的快速发展,网络媒体在全球范围内都处于蓬勃发展阶段,随着技术的发展和应用终端的普及,网络更加方便快捷,各种网站,信息资源共享丰富,实现了真正意义上的信息“全球村”。从网民的角度看,随着网络技术的快速发展,互联网日渐在人们的媒介接触中占据越来越重要的位置。网民不断规模化,网络用户结构更加多元,用户在线时间增长,互联网不再是初出现阶段的“第五媒体”,正成长为一个大众传播平台。

根据中国互联网络信息中心(CNNIC)2017 年 1 月 22 日发布的《第 39 次中国互联网络发展状况统计报告》显示,截至 2016 年 12 月,中国网民数量达到7.31亿,互联网普及率为53.2%。① 1997 年,CNNIC 发布的第 1 次《中国互联网络发展状况统计报告》中显示,中国的上网计算机数为29.9万台,网民总人数为 62 万人。近 20 年间,中国网民数量增长了1 000多倍,同时网民结构也发生了变化,从以年轻人为主到日益涵盖各类人群,互联网正在成长为一个大众媒介平台。除此之外,各种智能终端的接入方式(平板电脑、手机等),使得网络的接触越来越方便,第 39 次互联网发展状况报告②的数据显示,通过手机接入互联网的网民数量达到6.95亿,手机已成为了我国网民的第一大上网终端。中国网民人均每周上网时长为26.4小时,网络已经成为网民生活方式的一部分。

伴随着互联网的成长和用户规模的发展,网络媒体的广告价值提升,带动了网络广告的快速发展。随着互联网影响力的提升、内容的不断丰富、使用与服务的灵活便捷,网民更倾向于使用互联网进行相关信息搜集、浏览、购物以及娱乐等活动,网民的网络行为更加丰富,并越来越依赖互联网。从网民覆盖的视角看,网民数量增加、网民结构多元、用户网络使用时间增长、用户网络依赖增强,使得网络媒体作为广告平台的优势得到加强。不断推陈出新的各类网站和广告方式,也为广告主提供了广告投放的更多空间和选择。

---

① CNNIC 发布《第 39 次中国互联网络发展状况统计报告》,中国互联网中心,http://www.cnnic.net.cn/hlwfzyj/hlwxzbg/hlwtjbg/201701/t20170122_66437.htm。

② 同上。

2. 网络广告已晋升最大规模媒体广告

(1) 网络广告市场份额快速增长

据艾瑞咨询研究数据[①]显示，2014 年度中国网络广告市场规模为1 539.7亿元，超越电视广告收入，攀升至最大市场份额的广告媒体。而全球网络广告规模也普遍呈现明显上升趋势，美国及全球市场网络媒体广告收入均于近年陆续超过电视广告，根据 eMarketer 对广告支出的最新预测数据显示，2016 年美国网络广告支出将首次超过电视广告，到 2016 年底，美国网络广告支出将达到720.9亿美元，而电视广告支出是712.9亿美元。[②] 随着互联网的发展，网络媒体对于传统媒体的冲击越来越明显。未来互联网广告市场将继续保持着较高的增速，艾瑞咨询通过数据整理(如图 0-1)发现，从 2010 年至 2018 年的 9 年媒体广告市场数据看，网络广告市场增速最快，远远领先于其他传统媒体，预计 2018 年网络广告规模会达到4 000亿，远超其他媒体广告规模的总和。

从不同类型网站的广告收入份额来看，门户、搜索引擎、视频网站、电商网站、SNS 等都占据了一定的市场份额，门户、行业网站不再具备绝对的广告优

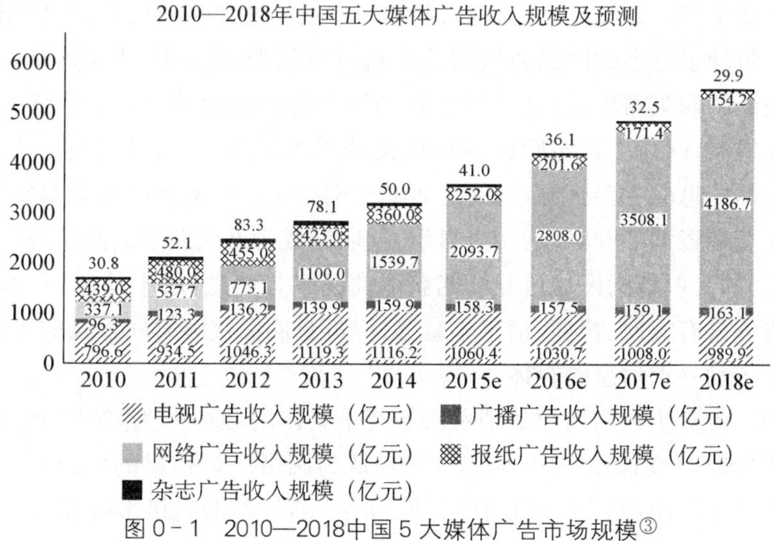

图 0-1 2010—2018中国 5 大媒体广告市场规模[③]

---

① 艾瑞咨询：2016 年中国网络广告行业年度监测报告，http://report.iresearch.cn/report/201604/2566.shtml。

② eMarketer：2016 年美国网络广告支出首次超过电视，http://www.dtcj.com/news/57da7be267157b367468b4b2。

③ 艾瑞咨询：2016 年中国网络广告行业年度监测报告，http://report.iresearch.cn/report/201604/2566.shtml。

势,其他各类型网站的网络广告都保持了良好的发展势头,特别是搜索引擎网站、电商网站和视频网站的广告份额增速最突出。总体上网络广告市场呈现多元格局,体现出了网络广告的发展活力。

(2) 各类网络广告形式不断涌现

网络广告表现形式多样,相比传统媒体广告而言,对目标群体更具有针对性,更让广告主认可其投放价值。

根据艾瑞的调研数据,[①]随着搜索引擎市场的发展,关键字搜索广告的市场份额逐年增加,2015 年,搜索广告仍旧是份额占比最大的广告类型,占比为32.6%,较 2014 年占比略有下降。电商广告份额排名第二,占比达28.1%,比 2014 年增长 2 个百分点。品牌图形广告市场份额持续受到挤压,位居第三,占比为15.4%。广电总局颁布新规,自 2012 年 1 月 1 日起,禁止电视台在电视剧中间插播广告,网络视频相对电视可以提供精准的广告投放,广告效果被看好,视频贴片广告份额继续增大,占比为8.2%。其他广告形式份额增长迅速,占比达8.7%,主要包括导航广告和门户社交媒体中的信息流广告等。

3. 网络购物的普及使网络广告效果更直接

截至 2016 年 12 月底,我国网络购物用户规模达到4.67亿人。[②] 网络购物服务的深化带动了更多的网民通过网购实现日常消费,购物网站的频繁促销也激发了网民新的购买需求,带动了网络购物用户规模的稳健增长。伴随着网络购物的快速发展,网络广告对网民购买决策的影响增强。主要体现在:网络媒体是网民商品信息的主要来源,网络广告对于网络用户的消费决策有重要作用。

根据艾瑞咨询 2009 年的调查显示,互联网成为网民获取商品信息的首要媒体,65.8%的受调查网民通过互联网获取商品广告信息,居于首位。[③] 互联网相比传统媒体具有方便、快捷、信息丰富等优势,是网民接触时间最长的媒体,也是网民能够主动寻求信息的媒体。

网络广告对于网络用户的消费决策有重要作用,根据艾瑞 2011 年网络广告受众调研数据,[④]受访用户中,50%的用户认为网络广告提供的信息对其进行选择有很大参考作用,而 24%的用户表示网络广告经常能直接影响其消费决策。

---

① 艾瑞咨询:2016 年中国网络广告行业年度监测报告,http://report.iresearch.cn/report/201604/2566.shtml。

② CNNIC 发布《第 39 次中国互联网络发展状况统计报告》,中国互联网中心,http://www.cnnic.net.cn/hlwfzyj/hlwxzbg/hlwtjbg/201701/t20170122_66437.htm。

③ 艾瑞咨询:2009—2010网民网购行为研究报告,http://a.iresearch.cn/12/20100115/130642.shtml。

④ 艾瑞咨询:2011—2012网络广告行业监测报告,http://a.iresearch.cn/25/20120620/224355.shtml。

2011 年网络广告对于调研受访用户消费过程中的决策价值分布

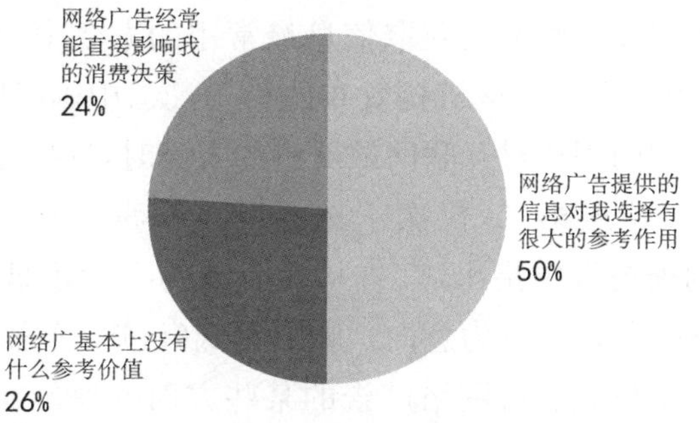

图 0-2 网络广告对消费决策的影响①

（N＝1110；2011 年 11 月—2012 年 2 月通过 iUserSurvey 在 21 家网站上联机调研获得）

4. 广告主越来越重视网络广告的投放

随着网络媒体的发展，广告主越来越熟悉网络媒体，并越来越青睐在网络上投放广告，主要行业在网络广告上投放的变化情况反映出广告主的态度变化。根据艾瑞对展示类网络广告的广告主广告投放的长期监测分析，②2011 年开始交通类广告主以20.4%的比重成为第一大广告主；网络服务类广告主和房产类广告主的比重分别提升到16.1%和13.3%；食品饮料类、金融服务类、服饰类、化妆浴室用品类、零售及服务类、通信服务类等其他行业广告主的总体比重相对稳定；可见，传统行业对于网络媒体广告投放的预算比重越来越大。并且，随着电子商务的发展，越来越多的企业开发线上业务，对线上广告的需求将推动网络广告的进一步增长。

（二）隐忧：互联网用户对网络广告的负面态度倾向

以上数字反映出了网络广告的强劲发展势头，网络广告形式多元，逐渐得到了广告主的青睐，并对传统媒体构成了挑战。但是，爆发性增长的数字面前，更需要理性的思考和审视。从用户对网络广告的接触行为本身来看，网络广告的实际效果并不理想：网民对其视而不见(认知回避—不注意、不解读)，并拥有强烈的“负面”情绪(情感回避)，网络广告点击率下降、刻意关闭网络广告等(行为回避)。网络广告快速发展的背后，暴露出受众对网络广告的不认同，以及广告主网络广告投放的盲目性。

黄河(2010)的研究显示，21.76%的网民基本上不会注意互联网广告——尽管互联网广告在网上无处不在，但他们在上网时却大都对此视而不见。③ 据中

① 同上。

② 艾瑞咨询：2011—2012网络广告行业监测报告，http://a.iresearch.cn/25/20120620/224355.shtml。

③ 黄河：《网民对互联网广告的接触与认知调查》，《国际新闻界》2010.04，pp88—94.

国互联网络信息中心(CNNIC)2005 年 7 月发布的第 16 次《中国互联网络发展状况统计报告》,用户在互联网上获取信息最常用的方法中,网页上的网络广告所占比例最少,仅为0.6%;在该机构发布的第 18 次《中国互联网络发展状况统计报告》中显示,在询问用户对互联网最反感的方面时,选择弹出式广告/窗口的网民占到了20.9%,位居第二,仅次于选择网络病毒的用户比例。杜骏飞等(2006)曾在一份调查报告中指出,广告从业者认为可信度低(情感)、记忆度低(认知)、难以引发购买行为(行为意向)、瞩目率低(认知)等都是阻碍互联网广告健康发展的因素。不仅人们对网络广告的某些方面的评价在下降,甚至越来越多的人对广告产生了负面的态度和回避行为。按照 2004 年国外学者 Cho&Cheon 的研究,受众在认知、感情、行动上回避网络广告的原因主要包含 3 个方面:广告刺激过度、目标任务受阻、先前的负面经验。网民上网一般都是主动行为,并且拥有网络行为的目标,而当他们认为广告对其达成目标产生了分心、干扰甚至打断时,很可能会产生负面的情绪、甚至发生回避广告的行为(拒绝接触广告的行为,比如关掉广告或网页)。研究显示,网络广告回避高达55.58%的比例,远高于传统媒体中杂志——29.3%;电视——26.5%;报纸——26.4%;广播——37.3%(Speck&Elliott, 1997)。事实上,受众只要利用 GoogleBar、AlexaBar、3721上网助手等工具(屏蔽的广告行为),就可以对网络广告进行拦截。

因此,从受众角度考查网络广告信息传播对其心理造成的影响,分析造成网络广告负面态度和回避行为的真正原因,进而采取相应的措施来解决这一问题尤为重要,也正是开展本选题研究的初衷。

但不能因此否认网络广告作为一种信息渠道的重要价值,并不是所有互联网用户对所有广告都持负面态度,某些网络广告的效果也比较理想。2011 年艾瑞咨询对网络广告用户进行了调研①,结果发现"认为能从互联网广告获取有用信息的比例最高,为47.2%",35.8%和34.1%的用户认为"购物类网站和搜索引擎上的广告很多是有用的和其感兴趣的",由于互联网广告更具互动性与精准性,能将广告更多地投向相关用户并产生良好互动。而购物类网站和搜索引擎实质上都能与用户进行信息互动,所以用户对这两类服务上的广告态度更为积极。艾瑞的另外一个调研数据显示②,2009 年,广告产品与品牌的相关性是吸引中国网民关注与点击网络广告的最重要因素,近 65%的网民认为广告的产品与品牌是其关注的内容时,比较愿意点击广告;此外,近 60%的网民认为更好的广告创意使其对广告更感兴趣。综

① 艾瑞咨询:2011—2012网络广告行业监测报告,http://a.iresearch.cn/25/20120620/224355.shtml。

② 艾瑞咨询:2010网络广告用户行为调查报告,http://a.iresearch.cn/11/20110711/213273.shtml。

上可见，网络广告的内容、形式和发布方式等因素影响着受众态度和网络广告行为。

由于未深入了解网络广告受众的接触行为与心理，广告主在投放网络广告时，也缺少从受众心理角度出发的投放策略。而广告主选择、评估网络广告时，仍然会利用传统媒体广告的观念去衡量：认为只要是网站首页宣传效果就好；认为网站访问量高，网络广告投放效果就好；认为投放量越大，广告效果越好；认为网络广告刺激性越强（声音大、画面丰富），效果越好。网络广告不同于传统媒体广告，受众的媒介接触心理与行为也不同，在未真正了解网络广告的独特特征和受众对网络广告的态度之前，广告主遵循传统媒体广告投放的观念使用网络广告，难免会出现误区。

网络广告若想取得进一步发展，从量的积累到质的飞跃，取得人们期望的业绩，必须得到来自网民和广告主双方面的认同。从满足受众需求的角度出发，网络广告要成为适应受众需求的有价值资讯。因此，从受众的角度出发，利用态度的理论框架，探讨网络广告如何应用（发布和投放）能达到良好的效果（积极的态度和行为）也非常必要。

（三）困惑：网络广告效果评估的局限性

网络广告的飞速发展引起了人们对其效果的兴趣，网络广告效果评估的一系列问题引起了实务界和学术界的广泛关注。在网络广告效果测评中，目前主要依据以下几种指标来进行效果测评，但是这些测评方式都暴露出了局限性：

1. *页面访问次数*（Page Visits）

页面访问次数（Page Visits），指网络广告所在的网页被访问的次数，一般用来衡量网络广告的注意度。但用户访问页面不一定会看到广告，因此，单纯用页面访问次数已经不能充分揭示广告的注意度。

2. *广告点击次数*（Advertising Clicks）

网民点击网络广告的次数就称为点击次数。点击次数一般用来衡量广告的认知度（假定每个点击广告的网民都会仔细阅读），点击率是网络广告最基本的评价指标，也是反映网络广告最直接、最有说服力的量化指标，因为一旦浏览者点击了某个网络广告，说明他已经对广告中的产品产生了兴趣，与曝光次数相比，这个指标对广告主的意义更大。不过随着人们对网络广告的深入了解，点击率这个数字越来越低。因此，在某种程度上，单纯的点击率已经不能充分反映网络广告的真正效果。

3. *顾客交互次数*（Customer Interactives）

顾客交互次数指顾客与广告主进行信息交流的次数，包括在线注册、在线咨询、填写调查问卷等。这些是顾客点击并阅读广告后才可能采取的行动。因此，它是比点击次数更深一层的评价指标,虽然能在更大程度上反映广告的真实效果,但是这种交互耗时、繁琐,对于有上网任务的网民而言,无法保证注册、填写问卷等交互行为的深度,这个数字也很低。

4. 顾客购买次数(Customer Actions)

广告是以促进最终销售为目的的,通过顾客实施购买行为的次数能够在最大程度上揭示广告为广告主带来的收益,因此其作为衡量广告效果的一项指标,是最具分量和说服力的。但是广告对消费者还有认知、情感等影响,比如增强了产品、品牌认知、记忆度等,并不一定发生实际购买行为,用此衡量广告效果又显得绝对化了。

以上方式都不可能准确地体现网络广告投放的真正效果,网络广告效果评估急需纳入定性指标,特别是从用户心理评估网络广告效果。

二、理论背景——广告态度可作为衡量广告效果的中介变量

从心理学理论角度看,消费者对广告的态度可以描述出其对广告的心理反映过程,广告态度可以作为衡量网络广告效果的中介变量。

广告产生作用的过程就是消费者心理从注意—产生欲望—导致行为的变化过程。广告的目的是要刺激、变更、增强消费者的认知、态度和行为。为达到这一目的,广告人必须不断调查、观测广告受众态度、兴趣、需求等行为特征,结合广告本身的特性,使广告的效果力求达到最佳。心理学家 Lavidge 和 Steiner 在 1961 年提出了"效果阶梯"(Hierarctly of effects),他们将消费者对广告的一系列反应因素归为更广泛的意义上的三类:认知、情感和意向(下文中将详述)。这刚好与态度理论的结构因素一致,因此考量消费者对广告的态度可以描述出其对广告的心理反应过程。

Lutz(1989)的研究表明,广告态度是品牌态度重要的预测指标,而且在进一步的研究中发现广告态度对品牌态度的影响在低卷入和情感广告的条件下更显著。另外,相当多的研究已经表明广告态度同品牌态度、品牌选择、购买意向之间的正相关关系。网民对网络广告态度即网民对网络广告在认知、情感、行为意向方面的反应,网络广告态度在一定程度能代表受众对网络广告反应的心理过程,可以用来衡量网络广告心理效果。

网络广告区别于传统媒体广告的特性在于它的互动性,它更依赖于受众的主动性,只有受众主动接触(观看/点击)才可能发生进一步的影响。网民的上网状态是多目标、多任务、主动互动的接触状态,网络广告一般不是网民主动接触的目标,往往被认为对目标任务造成了干扰,因此网络广告的效果更依赖于受众的接触行为(观看/点击);而网络广告区别于传统媒体广告的又一优势在于对购

买行为的直接影响：网络广告——注意——兴趣——点击广告页面——欲望——在线购买/线下购买。可见，网民对网络广告的积极态度是网络广告发生作用（转化为购买行为效应）的前提。

因此，从理论角度看，广告态度可以作为衡量网络广告效果的重要变量。

第二节　研究目的与意义

一、研究目的

基于上述背景，人们对网络广告的态度到底如何？对待不同形式网络广告有何区别？哪些因素影响网络广告态度，互联网用户对网络广告持负面态度的原因是什么？对于广告主、网站、广告机构而言，网络广告应该如何设置、投放效果更好？基于以上问题，本研究试图描述网民对互联网广告的态度，并分析影响网民网络广告态度形成的因素。

具体而言，本研究包含以下几个主要方面：

1. 描述网民对网络广告的态度（认知、情绪情感、行为意向）和行为表现。

2. 探讨不同网民（人口统计因素、上网行为、上网动机等）的网络广告态度、行为差异。

3. 探讨网络广告态度的影响因素，重点分析人们对网络广告持负面态度的原因。

4. 提出提升网络广告效果的建议：提出减少网络广告回避行为、提升网络广告效果的建议。

二、研究意义

（一）理论意义

现有的文献资料显示，国内有关网络广告态度的研究很少，系统进行的实证研究相对缺乏；以往国外研究则侧重于对广告态度的总体描述，而且大多只从认知或情感的角度进行测量。本研究利用心理学“态度”理论，从“认知”“情绪情感”“行为意向”三个成分上系统测量网络广告态度。希望能从理论上丰富传播心理学，特别是广告心理学研究的领域。

（二）现实意义

网络广告的发展正处在由量变到质变的转型期，如何获得互联网用户的认同，提高网络广告传播效果尤其关键。本书在对网络广告态度研究的基础上，关注影响受众态度（正向\负向）的因素，并对广告发布提供合理化建议，以期为网络媒体、广告机构和广告主提供参考。

第三节 研究范围与研究对象

一、研究范围

互联网广告繁多，各类不同形式的网络广告，存在于各类不同的网站中，广告中的产品/品牌也不同。本书不可能兼顾互联网中的所有广告。综合不同形式网络广告的市场份额、网民的主要网络行为、网民浏览的主要网站，本书确定以门户网站（新浪、搜狐、网易、腾讯）中的横幅广告、搜索引擎网站（百度、谷歌）中的关键词链接广告、电子商务网站（淘宝、京东、1 号店、当当、卓越、携程、团购网站等）中的产品展示广告为主要研究对象。

根据网络广告形式的市场份额，关键字广告（搜索引擎关键词广告）、垂直搜索广告（电商产品展示广告）、横幅广告（品牌图形广告）所占市场份额最大，三类广告形式累积占到了76.6%（依据 2015 年数据，见图 0－3）。

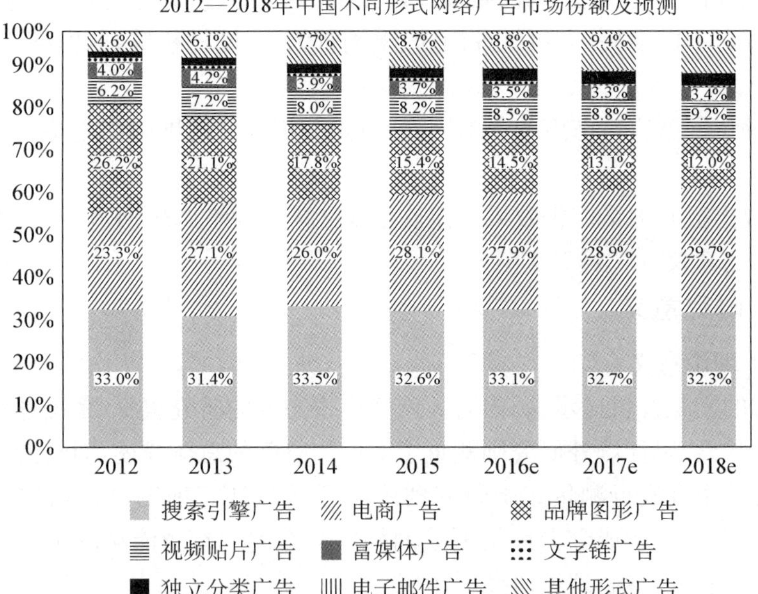

图 0－3 2012—2018年中国网络广告市场不同形式广告份额[①]

---

① 艾瑞咨询：2016 年中国网络广告行业年度监测报告，http://report.iresearch.cn/report/201604/2566.shtml。

其中横幅广告(Banner 广告,也叫品牌图形广告)是最传统的网络广告形式;而搜索引擎广告,包含关键词搜索广告和垂直搜索广告(产品展示广告),呈现了很大的增长趋势。

尽管还有视频贴片广告、富媒体广告、分类广告、E-mail 广告、游戏植入广告等其他形式的网络广告,未列入本书的范畴之内。

根据不同类型网站的广告市场份额显示,搜索引擎、综合门户网站、电子商务网站占据了市场的前 3 位,总体份额为75.8%(2015 年数据,见图 0-4)。

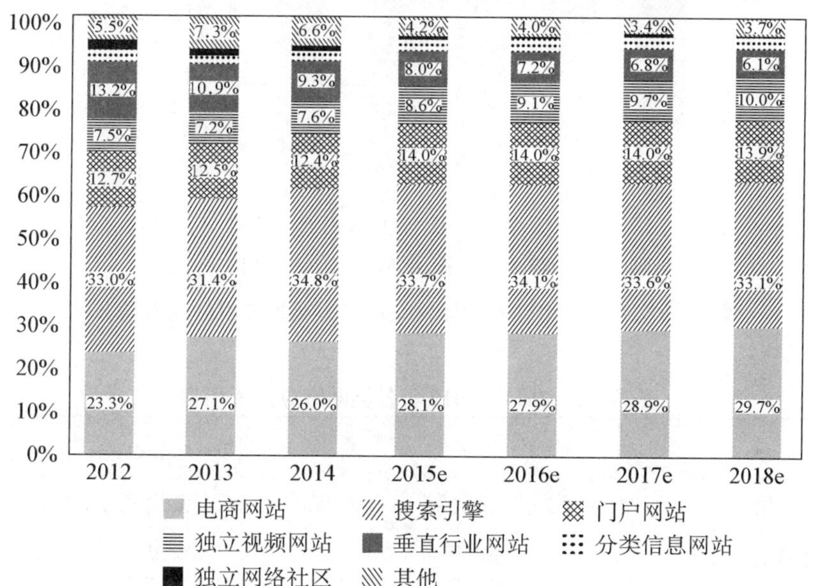

图 0-4 2012—2018年中国网络广告市场不同类型网站份额①

通过2012—2018 年度网络广告市场的监测数据显示,百度和谷歌(搜索引擎)、电子商务(电商网站)、新浪+搜狐+网易+腾讯(综合门户)占据了接近80%的市场份额。如图 0-5 所示。

另外,从网民主要网络行为的角度考虑,这三类网站也能代表网民的两种重要网络行为:一种网络行为是——信息获取(浏览门户网站、使用搜索引擎);另一类网络行为——商务交易(网络购物、旅行酒店预订),如表 1 所示。

---

① 同上。

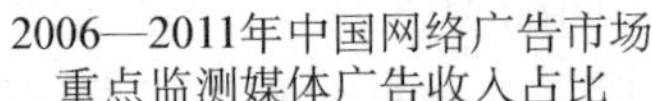

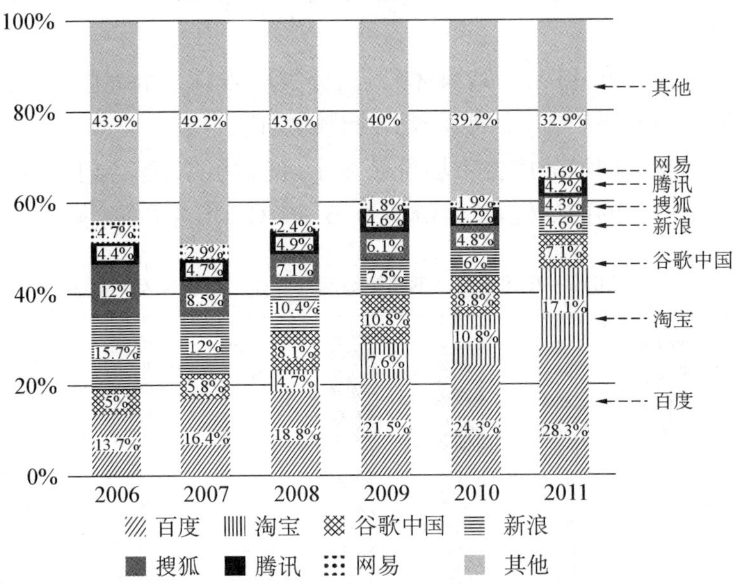

图 0-5 2006—2011 年中国网络广告市场主要网站收入情况①

表 0-1 2011—2012 年各类网络应用使用率②

	2011 年		2010 年		
应　　用	用户规模(万)	使用率	用户规模(万)	使用率	年增长率
即时通信	41 510	80.9%	35 258	77.1%	17.7%
搜索引擎	40 740	79.4%	37 453	81.9%	8.8%
网络音乐	38 585	75.2%	36 218	79.2%	6.5%
网络新闻	36 687	71.5%	35 304	77.2%	3.9%
网络视频	32 531	63.4%	28 398	62.1%	14.6%
网络游戏	32 428	63.2%	30 410	66.5%	6.6%
博客/个人空间	31 864	62.1%	29 450	64.4%	8.2%
微博	24 988	48.7%	6 311	13.8%	296.0%

① 同上。

② CNNIC 发布《第 31 次中国互联网络发展状况统计报告》,中国互联网中心,http://www.cnnic.net.cn/dtygg/dtgg/201301/t 20120121_20250.html。

续 表

	2011 年	2010 年	
54.6%	−1.6%	47.9%	24 969
51.4%	3.9%	47.6%	23 505
42.6%	4.0%	39.5%	19 481
35.1%	20.8%	37.8%	16 051
30.0%	21.6%	32.5%	13 719
30.5%	19.2%	32.4%	13 948
32.4%	−2.3%	28.2%	14 817
4.1%	244.8%	12.6%	1 875
7.9%	16.5%	8.2%	3 613
15.5%	−43.5%	7.8%	7 088

因此,本书选定三种类型网络广告开展研究:门户网站 Banner 广告、搜索引擎网站关键词广告和购物网站产品展示广告。对研究范围的解释说明见表 0－2。

表 0－2 对研究范围的介绍

门户网站	指综合性门户网站,该类网站以新闻信息、娱乐资讯为主,如新浪、搜狐、腾讯、网易代表中国四大综合门户网站
Banner 广告	也被称为横幅广告/旗帜广告等,是网页中最常见的一种网络广告形式,有些是静态图形,有些是动态图像,它包含很多规格:位于页面中的条幅式广告、位于页面两侧的对联式广告、自动弹出的广告窗口、页面上的全屏广告、悬浮在网页上方的广告等等
搜索引擎网站	提供关键词信息全文检索服务的专门网站,国外以谷歌为代表,国内以百度为代表
关键词广告	是指我们在使用搜索引擎工具检索某一关键词时,在检索结果页面会出现与该关键词相关的广告内容链接。关键词广告主要包含广告标题、简介、网址等要素,一般在搜索结果页面中与自然搜索结果分开,主要分布在结果条目中,以及搜索结果页面的右方
购物网站	提供商品和服务,实现消费者网上购物、支付的网站。如淘宝、京东、当当、携程等
产品展示广告	是指用户在购物网站检索特定商品时,在搜索结果页面的下方和右侧出现的广告

二、研究对象

综合网民主体用户、参照网络购物主要群体,选择18-40岁网民群体为本书的网络广告受众对象。理由有二:其一,这部分的网民群体规模最大;其二,18-40岁的网民也是网购的主要群体。

从网民群体构成来看,10—49岁的网民规模最大。根据CNNIC发布《第31次中国互联网络发展状况统计报告》(如图0-6),截至2012年12月底,我国网民规模达5.64亿,2012年网民中10-19岁、20-29岁、30-39岁、40-49岁人群所占比重最大,总计为92.2%。

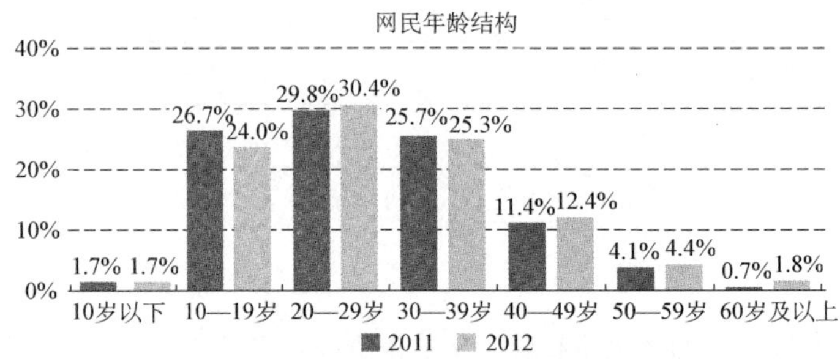

图0-6 2011.12—2012.12网民年龄结构①

来源:CNNIC中国互联网络发展状况统计调查。 2012.12

从网络购物的角度看,18-40岁的网民是网购的主要群体,总计比例为84.5%。如图0-7所示:

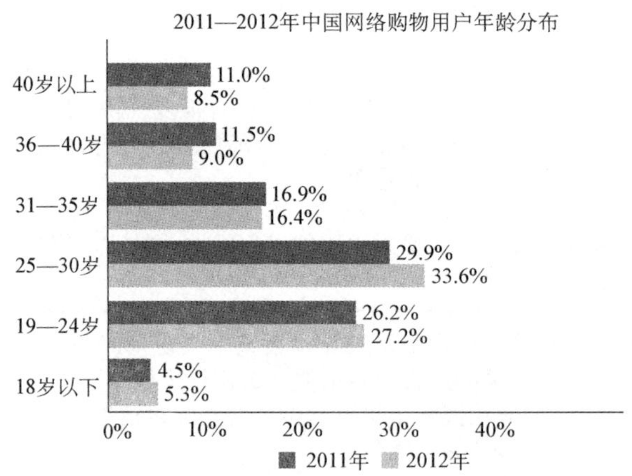

图0-7 2011—2012年中国网购网民的年龄构成②

---

① CNNIC发布《第31次中国互联网络发展状况统计报告》,中国互联网中心,http://www.cnnic.net.cn/dtygg/dtgg/201301/t20120121_20250.html。

② 艾瑞咨询:2012—2013年中国网络购物用户行为研究报告,http://report.iresearch.cn/1901.html。

因此，本研究选定 18－40 岁的网民为研究对象，对于具体的网站而言，他们是网络用户，对于网络广告而言，他们是接收广告信息的受众，对广告主而言，他们是消费者。因此，在本书中互联网用户、网民、消费者、受众都指代研究对象，在本书中这几个说法都会使用。

第四节 研究思路、研究方法与结构框架

一、研究思路

网络广告态度是指涉及网络广告时，互联网用户（消费者）所反映出来的不同程度的认知水平、满意或不满意、赞成或不赞成的心理倾向，在这种心理倾向下，人们会采取相应积极或消极的行动。本书试图描述网民对网络广告的态度与行为，以及影响网络广告态度的因素。广告态度包含认知、情感以及行为意向三个要素；广告态度的形成受到个体因素和广告相关因素的影响，如图 0－8 所示：

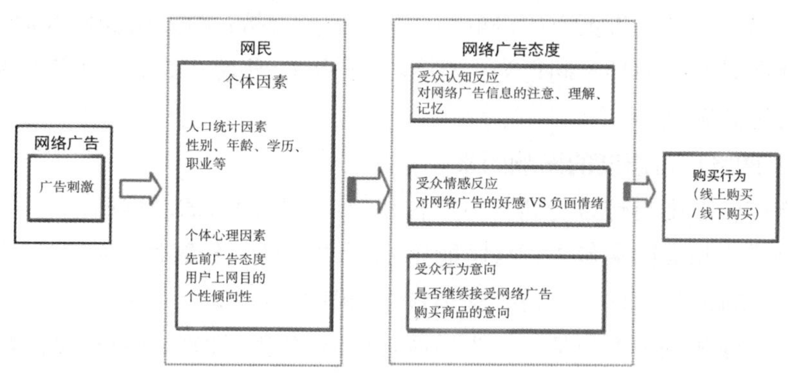

图 0－8 网络广告态度的构成

（一）网民网络广告态度和行为

对网民网络广告态度与行为的考察涉及以下方面：

其一，注意

注意，是指网民对网络广告的心理指向与集中。注意是一种心理状态，它伴随广告引发的心理反应过程的始终。

其二，广告态度的认知成分

认识，是指受众对网络广告的感知、记忆等信息加工过程。

感知是指受众对网络广告形式和内容的组织、解释的过程，本书主要考察互

联网用户对以下几个广告特性的感知——刺激性、信息性、干扰性、趣味性、可信性等。

记忆是指受众对网络广告信息的存储和再认。

其三，广告态度的情绪情感成分

情绪情感，是指网络广告所引发受众的愉悦或不愉悦的情绪体验，以及满意与不满意的感受。

其四，广告态度的行为意向成分

广告行为意向，是指网络广告所引发受众的回避、点击意向和购买意向。

除上述广告态度的三要素外，本书也考查网民的网络广告所引发的购买行为（网络购买、线下购买）。“购买行为”虽不属于“广告态度”，但是广告态度的外化，没有购买行为很难判断广告态度的结果，态度是内隐的，行为是外显的。考察行为才能判断态度是如何的，以及评价态度是否发挥作用。

另外，受众对网络广告的态度呈现正向/负向的方向性，也体现在认知、情感、行为意向等态度成分要素上，比如行为意向表现出接受广告行为/回避广告行为，网络广告接受行为指：网民对互联网广告信息的各种接触行为：观看广告、点击广告、浏览广告页面等；网络广告回避行为指：网民减少对互联网广告信息接触所采取的各种不同行为：不接收、不点击、删除广告、关闭广告或网页、安装广告屏蔽软件等。

（二）网络广告态度的影响因素

网络广告态度与行为受到网络广告和受众个体因素的影响：

网络广告相关因素包含：网民能感知到的网络广告特性（精准性、信息性、可信性、欣赏性、激励性、刺激性、强迫性、干扰性等）。

受众个体相关因素包括——人口统计因素（年龄、性别、教育程度）以及个体心理因素（先前观念、个性倾向性、网络使用）。

二、研究方法

本书尝试通过定性、定量相结合的方式，研究网民的网络广告态度。本书拟分三个阶段：对“广告态度”国内外文献的整理与归纳，为研究提供理论参考；通过深度访谈，对广告本身因素和受众个体因素对网络广告态度影响进行深入探讨，明确定量研究中的影响因素具体项目；根据文献研究和定性研究结果，确定研究假设和具体影响受众态度的因素，编制网络广告态度测量问卷，使用李克特5级量表，参照心理学态度量表和相关研究量表，结合广告因素与网民个体因素,测量受众对不同网络广告的认知、情绪情感、行为意向与行为层面的反应。

(一) 深度访谈

深度访谈的目的是初步了解网民的网络广告态度和行为,并深入探讨影响网络广告态度和行为的因素(个体因素、广告因素),特别是负面广告态度和回避行为的原因。深访对象为 18－40 岁网民。

(二) 问卷调查

问卷调查的目的是测量三种主要类型网络广告态度和行为;考察个体因素、广告特性对网络广告态度的影响。问卷调查采用网络非随机抽样,借助 SNS 等网络社会化媒体,通过"滚雪球"方式发放问卷(即通过每个人的社交关系传递问卷),预计发放和回收 800 份问卷。再根据网民性别、职业、收入结构进行配额。

问卷调查包含以下几部分内容:

1. 网络广告态度与行为

使用"网络广告态度与行为量表",分别测量网民对门户网站 Banner 广告、搜索引擎网站的关键词链接广告、购物网站产品展示广告的态度(注意、认知、情绪情感、行为意向)与行为(广告引发的购买行为)。

2. 广告特性

广告特性量表:包含精准性、信息性、可信性、欣赏性、激励性、刺激性、强迫性、干扰性 8 个网络广告特性。

3. 网民个体因素

网民人口统计因素:性别、年龄、职业、所在城市、收入水平等;

网络媒介使用习惯:网龄、主要网络行为、上网动机、上网地点、上网方式、上网频次等;门户网站、搜索引擎、购物网站使用情形:频次、访问时间和时长、对这些网站的态度等;

个体因素量表:个性倾向性、先前观念、网络使用。

三、本书结构

本书共分七部分,各部分主要内容是:

绪论:阐述本书的背景、目的及意义,介绍研究对象、基本思路和结构。

第一章:文献回顾。梳理回顾"网络广告"和"广告态度"的相关概念和理论,回顾总结广告态度研究的相关文献成果。

第二章:研究设计。针对网络广告态度定性研究(深度访谈)和定量研究(态度测量)分别进行研究设计,建立相关测量量表,并提出科学、可操作的研究方案。

第三章：网民网络广告态度的数据处理。

第四章：网民网络广告态度的结果分析，基于深访和问卷测量的数据结果，深入分析网民对三种类型网络广告的总体态度、分项态度（认知、情绪情感、行为意向）和行为。

第五章：广告特性感知对网络广告态度与行为的影响。基于定性研究和数据结果，分析互联网用户对广告特性的感知对其网络广告总体态度、分项态度（认知、情绪情感、行为意向）和行为的影响。

第六章：个体因素对网络广告态度与行为的影响。分析互联网个体因素对网络广告总体态度、分项态度（认知、情绪情感、行为意向）和行为的影响。

结语与展望：汇总研究发现，分析研究局限，并对后续研究进行展望。

第一章　文献回顾

文献回顾主要对网络广告、广告态度概念，以及相关理论，网络广告态度的相关研究等几个方面进行综述，意图为本书打下学理基础。

第一节　相关概念回顾

一、网络广告相关概念

(一) 网络广告的定义

网络广告是依赖网络技术而产生的一种广告形式，研究者从不同角度阐释了网络广告。著名研究者霍金斯认为网络广告即电子广告，指通过电子信息服务传播给消费者的广告（熊雁、王明伟，1998）。北京大学陈刚（2002）将网络广告界定为：广告主利用互联网技术进行的有偿信息传播活动，这种广告所使用的媒体是基于互联网技术产生的各种新媒体形式，这种传播活动的目的是为了在广告主与受众之间产生关于广告主的商品、观念、服务、品牌形象等信息内容的交流和沟通。自 2001 年 5 月 1 日起实施的《北京市网络广告管理暂行办法》中对网络广告的界定：是指互联网信息服务提供者通过互联网在网站或网页上以旗帜、按钮、文字链接、电子邮件等形式发布的广告。杜俊飞（2007）认为互联网信息服务提供者包括经营性和非经营性互联网信息服务提供者。

综上网络广告是指广告主利用互联网媒体向公众传递的商业信息，网络广告以互联网为传播空间，存在于各个网站，并通过网民点击相应的界面而连接广告主网页，实现广告主传递信息的目的。

(二) 网络广告的形式

相对于传统广告，网络广告表现形式丰富多样，特别是随着网络新技术不断开发应用,新的类型还在不断涌现。按照网络广告的表现形式分类,包括展示类广告、搜索引擎广告、文字链广告、分类广告、其他形式广告等。

1. 展示型网络广告

展示类广告指通过图形、视频等直接展示的广告,包括 Banner 广告、富媒体广告和视频贴片广告等形式。

(1) Banner 广告

Banner 广告也叫网幅广告、横幅广告,是网络广告最基本的表现形式,它以 GIF、JPG、Flash 等格式建立的图像文件,以不同的形式出现在在各个网页页面上,适用于品牌、产品、企业形象等宣传或促销等营销活动。世界上第一条网络广告是以横幅广告的形式出现的,这之后的很长一段时间横幅广告一直主导着网络广告的表现形式。Web 广告早期的网幅广告仅仅限于文字、简单的图片等形式,大部分网络广告是静止不动的,就像报纸上的广告。但是,随着网络技术的发展,静态广告越来越少,动态广告逐渐增多,而且不再局限于文字、图片等形式,多媒体、视频等形式的网幅广告不断出现。在不同的网站中 Banner 广告有很多不同的尺寸形式,主要包括按钮广告、鼠标感应、弹出框、浮动标识/流媒体广告、画中画、摩天柱广告、通栏广告、全屏广告、对联广告、视窗广告、导航条广告、焦点图广告、页面插播广告和背投广告等多种形式。

(2) 富媒体广告

富媒体广告也称为流媒体广告,是指能达到 2D 及 3D 的 Video、Audio、JAVA 等具有复杂视觉效果和交互功能效果的网络广告形式。区别于传统的图片和简单的 Flash 动画,富媒体广告结合了声音、视频及动态脚本技术,能够通过定制实现个性化的创意和页面效果。一方面. 富媒体广告可以把广告主在电视台播放的广告在互联网上实现,并可实时汇总用户观看数据(比如,看到哪里关掉、看了多长时间、是否点击进去,以及一些调查活动);另一方面,还可以整合进各种创意,配合其他页面元素。

(3) 视频贴片广告

视频贴片广告指在网络视频播放前、播放暂停或者播放完后插播的图片、视频、FLASH 等广告。

2. 搜索引擎广告

搜索引擎广告主要指“搜索关键字广告”。企业通过竞价购买与企业产品相关的“搜索关键字”,当消费者通过搜索引擎查询相关信息时,搜索引擎自动将企业网站的链接置前,吸引消费者通过点击浏览企业网站获取相关产品信息。因此,从搜索引擎广告的实质来看,它既有广告的部分性质又区别于传统的广告形式，其广而告之和主动推荐企业与产品形象的特征并不明显。主要包含关键词广告，用户使用搜索引擎搜索关键字产生的结果中展现的广告；产品展示广告（也称垂直搜索广告），在互联网用户使用相关垂直领域专门的搜索引擎搜索产生的结果中展现的广告，比如在电子商务网站（淘宝等）中，互联网用户搜索产品时出现的产品广告。

3. 文字链广告

文字链广告是以一排文字作为一个广告，点击进入相应的广告页面，主要投放文件格式为纯文字广告形式。文字链接广告是以标题的形式在栏目或其他显著位置出现，利用文字标识，点击链接相关地址。

4. 分类广告

分类广告指将各类短小的广告信息按照一定方法进行分门别类，以便用户快速检索，一般集合放置于网页页面的固定位置。

5. 电子邮件广告

邮件广告（E-mail）通常包括由广告支持的 E-mail、邮件列表广告。前者以 Banner 为主，广告体现在拥有免费电子邮件服务的网站上，广告会出现在个人邮箱的主页上。后者利用网站电子刊物服务中的电子邮件列表，将广告加在每天读者所订阅的刊物中发放给相应的邮箱所属人。

6. 社会化媒体广告

社会化媒体广告（也叫口碑广告）指企业通过对自身产品和用户需求的分析挖掘，在网络社区平台上借助多种营销方式，在加强用户体验的基础上，提高用户分享良性体验的积极性，从而在用户中形成众口相传的口碑效应，达到促进企业品牌形象提升以及产品销售增加的目的。进入 2008 年以来，包括论坛、博客、微博、微信等在内的社会化媒体成为业界新的关注焦点和投资热点。主要原因在于，社交媒体用户广泛和积极的参与性与分享性凸显出社会化媒体极高的广告价值，逐渐受到广告主青睐，越来越多的企业开始使用社会化媒体进行企业产品、服务和品牌的推广。

7. 其他形式广告

其他形式网络广告主要指数字杂志类广告、游戏嵌入广告、下载软件广告、互动营销类广告等形式。

（三）网络广告的优势

网络媒体的出现为广告信息的传播提供了一条新的渠道和途径，与传统广告相比，网络广告具有以下优势：

1. 覆盖广

互联网络连接着世界范围内的计算机。通过网络,我们可以把信息送达到世界每一个角落,通过互联网发布的广告信息可以不受地域限制,传播范围广泛,突破了传统媒体广告地域的限制。网络广告可以通过互联网把广告信息全天候、24小时不间断地传播到世界各地。只要具备上网条件,人们可以在世界任何地方的 Internet 上随时随意浏览广告信息。不受空间、时间和容量制约的特性提高了网络广告的传播效果。

2. 互动性强

互动的核心概念就是“控制”,即信息接受方对信息的控制(杜俊飞,2007)。互联网络为广告主与消费者之间提供了交流平台,一旦用户对接触到的网络广告产生兴趣,他就可以通过点击广告上的链接访问广告主的公司主页,了解有关企业和其他产品资料,获取他们认为有用的信息,掌握信息的主动。

网络广告是一种推拉互动式的信息传播方式,它是以分类商品信息的方式将相关产品所有的信息组织上网,等待浏览者查询或向浏览者推荐相关的信息。它改变了传统广告沟通中信息发送和反馈单向流通、相互隔离、时差大的缺点,使发送者和接收者能实现即时的双向沟通,使浏览者成为交流的主动方,他们在某种个性化需求的驱动下主动、自由地寻找相关的信息、浏览广告,遇到符合自身需求的内容才会点击进入,浏览更为详细的信息,而且,一旦网络广告被信息接收者“激活”,它就立即活跃起来并与信息接收者实现即时互动从而达到广告的目的,发送者也可以即时地根据接收方的需求变化调整其发送的信息,从而更好地满足接收者的需求。网络广告的互动性使得广告传播成为“一对一”的个体沟通模式,提高了目标顾客的选择性。总之,网络广告比其他类型的广告更有能力与浏览者进行双向的沟通,使浏览者参与并呈现即时的快速的信息。

3. 多媒体(生动性)

不同于传统媒体单一元素的广告诉求属性,网络媒体具有多媒体特点,表现形式丰富多样。随着网络带宽的建设和网络广告制作技术的提高,通过视频、音频、动画、图像等多种元素的组合来表达广告诉求的方式被广泛采用,有效增强了网络广告的表现力和冲击力,从而达到预期的广告效果。特别是随着 web 3.0的出现,社会化媒体等新的传播形式不断涌现,延伸出更多的网络广告表现模式,丰富了网络广告的内容,使得网络广告的表现能力较传统媒体广告更突出。

4. 投放精准性

广告对消费者的效果在很大程度上取决于广告信息能否准确、及时地送达目标消费者。网络技术的发展使得网络广告有更明确的广告对象，网络技术可以帮助广告商选择用户，跟踪用户，多方面掌握用户资料，然后有的放矢，对症下药，它将信息按照用户的个人情况和需求进行“个性化定制”。网络服务商根据不同类型广告主的不同需求，利用网络追踪技术搜集整理受众信息，如IP地址、地理区域、邮编、个人资料及上网习惯，并对受众按年龄、性别、职业、爱好、收入、地域等不同标准进行分类，记录储存用户对应的IP地址，然后利用网络广告配送技术，根据广告主的要求及商品、服务的性质，在几毫秒内决定是否送出广告信息以及送出哪类广告信息，从而最大限度地提高广告的命中率，节省广告投资和减少不必要的广告费用浪费，有效地提高网络广告传播效果。

5. 成本相对低廉

网络广告能够依据企业规模和经济承受能力的大小采取不同的方式，但无论其采取何种形式，与其他传统广告媒体相比，网络广告的成本都是很低廉的。比如：规模大、经济实力强的企业能够自己购置设备、注册域名，从而建立自己企业的网站，供客户网上浏览企业信息；而大量中、小企业的广告，主要是挂靠在一些具有一定知名度的顶级网站或专业网站上，租用空间，自行制作或委托他人制作主页后在网上发布广告信息。如果把网络广告所需的费用与其他传统广告媒体的成本相比较，开支要节约很多。

网络广告在发展中也存在一些亟待解决的问题。网络广告商为了吸引网民对网络广告的注意，增强了广告的强制观看性，如弹出、漂浮型的Banner广告，某个网页被关闭后出现的插播式广告，以及覆盖整个屏幕的“背投”广告等等。近期的研究表明这些形式的广告会引发网民的愤怒情绪和广告回避。因此，如何让互联网用户有更好的体验和广告态度，是网络广告发展需要解决的课题。

二、广告态度相关概念

（一）广告态度的定义

广告态度（Attitude Toward The Advertisement），即消费者对广告的态度，简称（Aad）。根据消费者是否处于特定的即时情境中，消费者对广告的态度可以分为“对某个具体广告”的态度和“对作为总体的、一般的广告”的态度。广告态度概念的提出最早可以追溯到1929年，但欧美学者对消费者广告态度赋予极大关注要从80年代中期开始。目前学术界多采用以下定义“广告态度——是人们通过日常生活对信息的不断接受而相对固定下来的对广告所表现出的赞同或不赞同的倾向,它是消费者由广告所唤起的各种积极和消极的认知上、情感上的反应”(Fishbein & Azjen, 1975; Mackenzie, Lutz & Belch, 1986)。之后又有不同的学者提出了自己的概念和定义,虽然表述有一定的差异,但思路和本质基本相同。几十年来,很多学者致力于广告态度的研究(如,Andrew 1989; Bauer & Greyser 1968; Durvasula, Andrews, Lysonski & Netemeyer 1993; Mittal 1994; Muehling 1987; Pollay & Mittal 1993; Reid & Soley 1982; Sandage & Leckenby, 1980; Shavitt, Lowrey & Haefner 1998等)。

对于广告态度的内涵,学者一般是从认知和情感两个方面来界定广告态度。前者将广告态度定义为广告接受者对广告持有的特定信念(Shimp 1981)。后者将广告定义为广告接受者对于广告的感情上的反映和感觉(Muchling 1986)。

对广告态度从认知维度的系统研究开始于鲍尔和格雷瑟(1968),他们认为广告态度一般受到来自消费者的两个信念层面的影响:“社会的”和“经济的”。随后的广告态度研究都尝试解释用“信念”测量“广告态度”,比如 Andrews (1989)、Anderson Engledow & Becker(1978)、Greyser & Reece(1971)、Haller (1974)、Larkin(1977)、Reid & Soley(1982)、Schutz & Casey(1981)、Triff & Murphy(1987)、Zanot(1981)、Pollay & Mittal (1993)认为需要一个更全面的模型,纳入更多层面的广告认知因素,来测量信念对广告态度的影响。

在广告态度研究中,很多学者倾向于从情感的角度来理解广告态度,将广告态度看作一个在广告刺激期间所产生的情绪或情感反应,而非认知反应(Aaker, Stayman, Hagerty 等1986)。因为对于广告态度的测量,大多数学者采用实验法进行研究。即测量试验对象在受到特定广告刺激后,对该广告产生的一种即时的态度,也即在特定的广告展露期的态度。因此从情感角度去定义广告态度更为合理。如 Lutz(1985)的研究对广告态度界定如下:广告态度是在特定的广告展露期,在特定的广告刺激下,个体以喜爱或厌恶的方式反应的情感倾向。从该定义可以看出,从情感角度理解广告态度的学者们认为广告态度是一个情景限制的概念,即消费者对广告的态度反应仅在其受到广告刺激的期间存在。

如前所述,学者们认为“广告态度是消费者对广告所持有的一种带有评价性质的、表现为喜欢或不喜欢的心理倾向,它能起到调节品牌态度和购买意愿的作用(Lutz 1985; MacKenzie & Lutz 1989; Mitchell & Olson 1981; Shimp 1981)。

(二) 广告态度的结构

广告态度作为态度的一种,也包含认知、情感、行为意向三种成分。

Demetrios 和 Tim(1999)的研究提出,受众回应广告刺激的方式有三种:认知、情感和行为上的,Chang-Hoan 和 Hongsik(2004)针对网络广告回避反应影响因素的研究据此将网络广告回避反应划分为网络广告认知、情感和行为回避反应,并验证了此划分的可靠性和有效性。

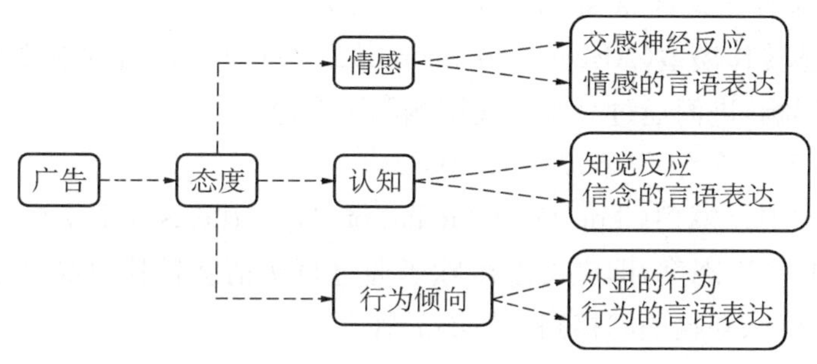

图 1－1　广告态度的结构(马谋超、陆跃祥　2002)

广告认知反应:马谋超(2002)认为广告态度的认知成分是指受众对广告的知觉、理解、信念和评价。态度的认知成分常常是带有评价意味的陈述,即不只是个体对态度对象的认识和理解,同时也表示个体的评判,赞成或反对。认知是人脑对感觉刺激进行选择、组织和解释,使之成为一个有意义的、连贯的现实映象的过程(舒咏平,2004),根据消费者行为学的观点,受众认知过程包括信息暴露、信息注意和信息解释三个阶段,认知过程受涉入度和记忆的影响,涉入度在每次信息传播过程中可能会有高低的区别,而记忆源于过去的知识和经历,记忆会影响对信息的评价,并最终形成信念(Ajzen 1991)。

广告情感反应:广告情感反应可以分为两类,一类是在看广告的过程中对产品的反应;一类是对广告本身的反应。前者在广告信息曝露后会持续很久,它影响品牌态度的形成;而后者只发生在广告信息曝露的时刻,如:怀念、欣喜等,它影响受众对广告本身的态度(Mithell & Olson 1981; Shimp 1981)。

广告行为意向:广告信息传播过程中所引发的消费者的行为意向,包括广告行为意向和购买行为意向两方面。广告行为意向是指继续点击广告、关闭广告的意向,可能是继续广告信息接触的意向,也可能是终止广告信息接收的意向。购买行为意向,是指是否购买广告中产品的意愿,可能是在线购买的意愿,也可能是线下购买的意愿。

(三) 广告态度的中介功能

学者们一致认为,广告态度对广告效果(品牌态度以及购买意愿和行为)有重要的影响。Shimp(1981)提出了广告影响消费者品牌选择的观点,认为广告态度对品牌态度起到中介作用。通过对以往相关研究的归纳,他发现,消费者的品牌态度、购买意愿、实际购买行为,都受到广告态度的影响。

关于广告态度对品牌态度的影响,学术界有多种观点,其中最具有代表性的是 MacKenzie 和 Lutz(1982)年所提出的四种广告态度中介模型:

1. 规范条件模式(Classical Conditioning)

直接情感转移模型(Affect transfer model):个体对广告的态度会对品牌态度产生直接影响,进而通过品牌态度影响购买意愿。

2. 认知反应模式(Cognitive Response)

也称双重中介模型(The Dual Mediation Hypothesis),是指广告态度通过两条路径影响品牌态度,即广告态度除了通过直接情感转移对品牌态度有影响外,还通过品牌认知这一间接路径影响品牌态度。

3. 交互因果模式(Reciprocal Causation)

也称交互中介模型(The Reciprocal Mediation Model),是指广告态度和品牌态度互为因果,也即广告的态度与产品的态度会交互影响,直到在消费者心中达成均衡为止同时喜欢或讨厌产品与广告。对于熟悉的品牌来说,品牌态度——广告态度这一路径更为明显。

4. 独立影响模型(The Influence Model)

广告态度和品牌态度是互相独立的,两者会单独对个体的购买意愿产生直接影响。

MacKenzie, Lutz, Bech(1986)对这四种模型进行了验证,结果表明第二种模型也即是双重中介模型(认知反应模型)与数据的拟合最好。

另外,广告态度除了影响品牌认知反应和品牌态度之外,它对购买意向的影响也得到了一些验证。Stayman 和 Aaker(1988)证明情感反应在某些情况下既能影响广告态度,又能影响品牌态度。Julie A. Edell(1987)提出广告对品牌态度的作用模型,如图所示:作为暴露在广告中的结果,消费者会形成各种不同的情感和判断,它们促使消费者对广告本身产生一定的态度,并产生品牌信念,最终,既成的广告态度和品牌信念又会影响到消费者对品牌的态度和购买意愿。

可见广告态度的中介功能体现在对购买行为的影响上,如一个受众对网络广告抱有积极的态度,他很可能会点击广告或者有后续的购买行为。相反,如果受众对网络广告抱有消极的态度,他会在认知、情感、行为方面对网络广告做出回避反应,此种情形下,很难产生购买行为。

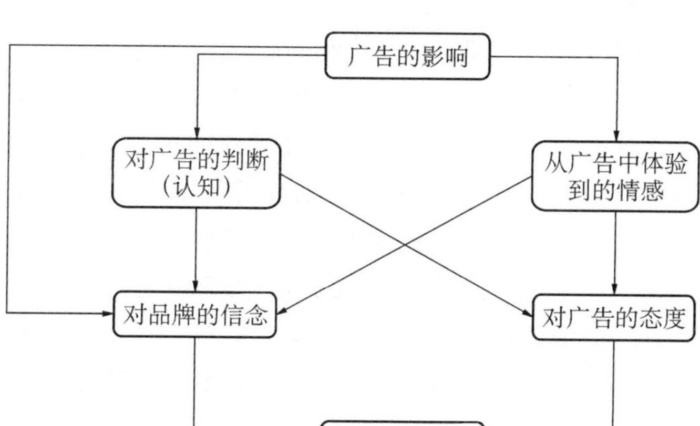

图 1－2　广告态度的作用模型(Julie A. Edell 1987)

第二节　相关理论回顾

一、“态度”理论

(一)“态度”的定义和内涵

“态度”是社会心理学中一个很广泛的概念，对于什么是态度，目前尚没有统一的界定，从态度概念出现至今，学者们对它的定义不完全相同，各有侧重。通过梳理态度概念的由来以及介绍态度概念的各种定义，有助于正确理解态度的内涵。

“态度”一词的出现，最早能追溯到 18 世纪的西方文学，被引入心理学是在 19 世纪 60 年代。1862 年，英国社会学家斯宾塞(H. Spencer)和培因(A. Bain)率先使用“态度”概念，来指代行动准备的内心阶段。心理学界最早肯定态度的学者是 19 世纪末的心理学家朗格(C. Lange，1888)，他在一项研究反应时间的实验中发现，被试心理上的准备状态(或预备状态)支配着个人的记忆、判断、思考和选择。这种心理上的准备状态实质就是态度。

奥尔伯特在《社会心理学手册中》概括了几种早期关于态度的定义，认为态度是“根据经验而系统化的一种心理和神经的准备状态，它对个人的反应具有指导性的或动力性的影响”(Allport，1935)。受行为主义影响，早期的态度定义强调态度形成的起源(经验)，认为态度是由经验而组成的一种内在心理结构，并认为态度是个人行为的倾向。

克雷奇等人在其《社会心理学的理论和问题》中,提出态度是“一种同个人所处环境有关的动机情绪、知觉和认识过程所组成的持久系统”(Krech et al.,1948)。这一定义既强调了态度构成心理活动的意向过程(动机、情绪),又强调了认知过程(知觉、认识),着重于人们对当前环境的主观反应,认为态度是人们主观的内部因素,并未涉及人们的行为反应,反映出了认知心理学派的理论主张。随后,他们在 1962 年对定义进行了更新,认为态度是“由关于某一社会对象的正面或反面的评价、情绪的感觉、支持或反对的行为倾向构成的一种持久系统”(Krech, Crutchfield, & Ballachey, 1962),更新后的定义增加了“行为倾向”。

爱德华兹(1957)认为,态度是“与某个心理对象有联系的肯定或否定的情感程度”。费斯本和阿吉增(Fishbein & Aizen, 1975)认为态度主要是对某人、某物、某种行为、某个信念或某个事务的积极的或消极的评价。以上两个定义视情感为态度的标志。

Milton 和 Rokeach(1968)将态度定义为“使人们对事物和情境的反应具有某种倾向性的、相对稳定的信念组织结构”,其强调的是态度与信念的关系。Gagne 和 Briggs(1974)将态度描述为“一种影响人们对待外界人、事或物的行为方式的内在状态”,他们认为态度是内隐的,行为是外显的,态度虽然无法直接被观测,但可以由行为反映出来,其强调态度对行为的影响。

相比之前学者们对态度研究“行为倾向”“认知”“情绪情感”的不同取向和侧重,迈尔斯对态度的定义被认为比较综合,他认为“态度是对事物或某人的一种喜欢或不喜欢的评价性反应,它在人们的信念、情感和倾向性行为中表现出来”(Myers 1993)。他强调了态度是一种评价性反应,即对某种事物的价值予以评定的历程,也表达了态度包含认知、情绪情感、行为意向的观点。Eagly 和 Chaiken(1993)将态度定义为“带有赞同或不赞同偏向性评价事物的倾向,通常反映在认知、情感和行为的表现中”,他们强调态度具有认知、情绪情感和行为意向的三个成分。综合以往学者的定义,Lewis R. Aiken(2008)把态度看作是“一种习得性的认知、情感和行为的倾向性,用于积极或消极地应对某种事物、情境、惯例、理念及个人”,本书即采纳这一定义。

综合不同定义中的基本要素,态度具备以下内涵:

1. 态度是一种内在的心理倾向

人们通常理解,态度总是显露在脸部表情上、谈吐与举动中的各种表现,如发表肯定或否定等意见,表现出喜欢或厌恶等感情,做出接近或拒斥等行为。事实上,态度可以而且一般都会表现于外,这称作态度行为(attitude behavior)或表态；但也可以不以外显的形式表现出来，有些甚至深藏于内心，一辈子都不表露，成为未表的态。任何一种行为，都可以分为两个阶段，一是内在准备阶段，二是外部完成阶段。态度是指人依据自己的经验或观点、对特定的事物在内心进行意义估量或凭直觉做出如何对待的一种心理倾向。它是一种尚未表现于外的内心历程或潜在的心理状态。

2. 态度总有一定的对象

态度对象是包罗万象的，其中如人（他人、自己）、物、事件、群体、制度、民族、国家以及代表各类事物的观念等。这些人与事物一旦成为态度的对象，就称作态度客体。没有客体的态度是不存在的，任何一种态度都有针对性，总是对一定的客体而发生，所以它反映了主体与客体间的关系。

3. 态度具有价值判断的成分和感情色彩

任何态度都是对特定事物的意义性或重要性进行估量（即评价）后所产生的某种看法、体验或意向，如重视或轻视、肯定或否定、赞同或反对、喜爱或厌恶、趋向或回避、接受或拒绝，以及处于上述两极端之间的一种中性位置状态。态度，不管是通过直觉还是通过分步思维过程而产生，它总是关于事物对自己有多大利害关系的一种价值判断或情绪评定的结果。

4. 态度具有一定的稳定性与持续性

它一旦形成，就将持续一段时间，不轻易改变，这叫作态度的抗变性。这个特点之所以出现，是由于态度的形成具有深层的原因，即它是客体的特性和主体已有的种种需要、习惯、经验、理念交互作用并建立较稳固联系的结果。要改变一种态度就要涉及整个或部分联系系统的改造，它不是轻而易举的事。

（二）态度的构成

对于态度究竟涉及哪些心理成分，心理学家们通常有三种看法。第一种是单成分说，认为态度主要是情感（affection）的表现。如瑟斯顿所说，“态度是人们对待心理客体（人、物、语词或观念等）肯定或否定的不同情感”（Thurstone，1928）。赖茨曼（1972）曾举例说：如果我们有某种需要，有人阻碍我们或有物理障碍使我们不能满足，我们就会有情绪，讨厌这种障碍物。这就是态度，它很难说有多少认知成分，也不一定伴随行为或与行为保持一致。所以他也认为“态度是对某种对象或某种关系的相对持久的积极或消极的情绪反应”（Wrightsman，1972）。第二种是双成分说，认为态度是感情和认知统一的表现。罗森伯格（M. Rosenberg，1960）认为，“对于态度客体的情感反应是以对客体进行评价的信念（belief）或知识为依据的，所以态度既有情感部分，也必须包括认知部分”（Rosenberg，1960）。第三种是三成分说，迈尔斯（Myers，1993）指出，分析态度时,要涉及三个维度:感情(affection,以 A 为代表)即态度的情感特色;认知(cognition,以 C 为代表)即态度的信念、认知部分;行为意向(behavior intention,以 B 为代表)即态度的行为倾向性。三成分说普遍被学者们所接受,也称作态度的 ABC 模式。

人的态度有三种成分,可以形成以某种成分为主的态度,也可以形成混合型或综合性的态度。

1. 认知成分

认知是指主体对态度对象的知觉、理解、信念和评价,认知不仅包括对某人、某事之所知,而且也包括对某人某事的评论、赞同或反对。态度的认知成分具有一定的组织性和稳定性,图式、刻板印象、偏见都是这种组织性的表现,对人的信息选择、加工、记忆又会产生倾向性影响。以认知为基础的态度称为认知性态度,主要涉及对态度对象客观属性和功能等的评价。

2. 情感成分

情感是指对态度对象的情感体验,根据大多数理论家的观点看,态度是评价性的,它涉及喜欢与不喜欢。以情感为基础的态度称为情感性态度。情感性态度涉及的是对态度对象的情绪性或情感性评价,如喜欢—厌恶、兴奋—沮丧、愉悦—抑郁等。

3. 行为意向成分

意向是指个人对态度对象的反应倾向,亦即行为的准备状态,由认知因素、情感因素所决定的对于态度对象意欲表现出来的行为。以行为为基础的态度称为行为性态度,是根据人对态度对象所表现出来的行为而形成的态度。

在态度的三个因素中,认知因素是基础,情感因素对态度有调节作用,认知和情感是反应中情境规定的主要因素。认知的情境规定作用,主要表现在对态度对象的评价和判断上,当一个人把自己的态度对象评价为无意义时,他的态度是消极的,否定的。只有态度对象评价为有意义,才会形成一种积极的、肯定的态度。情感也起到情境规定作用,随着评价和认知的出现,感情对态度对象起调整作用。认知和情感产生后不会仅局限于内心,总要向外显示以支配行为,从而产生一种潜在的行为倾向。这种潜在的倾向,表现为行为的准备状态和持续状态,就是我们所说的意向因素,意向因素具有外显性,它制约了人们对某一事物的行为方向。

以上三个心理因素通常相互协调一致的,但也会有三个因素之间不一致的情况。当三者发生矛盾时,其中的情感因素起主要作用,往往会决定行为倾向。

(三) 态度的类型

人有各种各样的态度，为了观察分析和研究的便利，社会心理学家对它们作了各种各样的分类。态度表现形式分类，即以何种心理成分占优势来分，卡茨和斯托特兰德(D. Katz & E. A. Stotland, 1959)把态度分为五种类型。

1. 与情绪、感情联系的态度

由一次情感反应(如欢快、恐惧、痛苦等)的经验构成对某些客体的态度，当遇到类似情境就会出现同样的体验。有时人在遇到某些事物时会莫名其妙地产生好感或反感，大多属于这一类态度。

2. 理智性或认知性的态度

当人们依据他人的介绍或书本知识而产生对事物的态度，其中有明显的分析、联想、类比与评判，而无强烈的情感伴随。

3. 动作定向的态度

由于某种需要的激活而产生对有关客体接近或回避的反应，其中认知成分不很明显。

4. 知情意均衡的态度

这里既有认知与思考、伴有强烈的情感，还有行动意向，三者交融在一起或交替出现。

5. 自我防卫的态度

由于情势不明、内心冲突或出于防卫的动机而产生某种疑惑、拘谨或暧昧不定的态度。

(四) 态度的功能

人为什么要形成或保持某些态度，这是一个态度功能的问题。卡茨(D. Katz, 1961)总结出态度的四种基本功能，评述如下：

1. 调适功能(adjustment)

态度具有调适功能。卡茨认为，态度的调适功能是以态度的功利价值为轴对欲求满足的对象接近或回避，态度的这种适应机能是工具性机能和反应性机能。行为主义认为，有机体的行为遵循奖励最大、受罚最小的机制。凡是使人们的需要得到满足的东西，人们对它就会持有积极肯定的态度，表示喜欢它并愿意接近它；相反，不能使人的需要得到满足或使人受罚的东西，则会使人产生否定的态度，人们就会对它产生厌恶感，并尽可能地躲避它。网民对待互联网广告的态度，就体现了这种调适功能。

2. 自我防御功能(ego defense)

人们利用态度保护自我，减少焦虑或降低受损失的风险，这是态度的自我防御功能。比如一个知识分子看到商人赚很多钱并在生活中拥有许多物质享受,为了恢复被损伤的自尊,他常会显示出自命清高和鄙视"为富不仁"者的态度,以保持心理平衡。在现实生活中,如果消费者基于某种原因难以得到一些产品,或者一些产品对他并不适用,在这种情况下,他便对这种产品形成一种消极态度。

3. 价值表现功能(value express)

态度具有价值表现功能。态度能够表达人们深层的价值观,它既来自价值观又能表达价值观。人们对某个事物所具有的态度,取决于该事物对于人们的意义大小,亦即事物所具有的价值大小。奥尔伯特等人(Allport et al.,1935)认为价值观有六个方面:经济的价值(对经济方面有益)、知识的价值观(能获取新知识)、审美的价值观(对美的事物的追求)、权力的价值观(支配他人)、社会公益价值观(有益于社会)以及宗教的价值观。同样一个事物,由于人们的价值观不同,会产生不同的态度。事物对人有无意义以及意义的大小,受个人需要、兴趣等心理倾向所制约。

4. 认识或理解功能(knowledge or understand)

态度能帮助人们组织和吸收外界复杂的信息,从而为个体的行为反应提供具体信息。某一特定态度一旦形成,成为一定的心理结构时,就会影响对后继刺激的接受,对后续刺激所具有的价值能够发挥判断作用和理解作用。态度使个体有选择地接受有利于自己的、合适的信息,拒绝不合适的信息,也可能产生错误的认识,形成偏见。

上述四种功能的前两种是为实际的需要服务的,它们能帮助我们调整或纠正自己的行为,以使我们将受到奖赏而不是受到惩罚。后两种功能是和追求自我实现相联的高层次需要有关。因为我们要从表达的价值观,即表达自己所赞同的观点中获得满足;此外,我们有了解周围世界及我们在这个世界中所处地位的需要。

以上四个态度功能取向中,广告的负面态度主要源自调适和自我防御功能,广告的分享行为主要源自表达价值观的动机,广告的积极态度主要源自广告产品(消费决策)知识的需要。

(五) 态度与行为的关系

社会心理学领域对态度的研究中,"态度与行为"的关系问题一直存在争议。态度与行为的关系是复杂的,有些研究认为态度与行为是一致的,有些则提出两者是不一致。

有学者认为态度与行为并不是一一对应的关系,因为行为除了受态度的影响之外,还受到其他因素的影响,特别是受到当时情境的影响。可以说,态度与行为的不一致主要决定于当时的情境。

博班姆和贝恩(Birnbaum & Benne，1983)指出：行为是态度与环境相互作用的结果，但影响行为的因素除了两者相互作用之外，还有个人的一般认知态度、当时的情绪好坏、以及个人对外界环境的一贯倾向等，都对其行为发生影响。参看图 1－3。

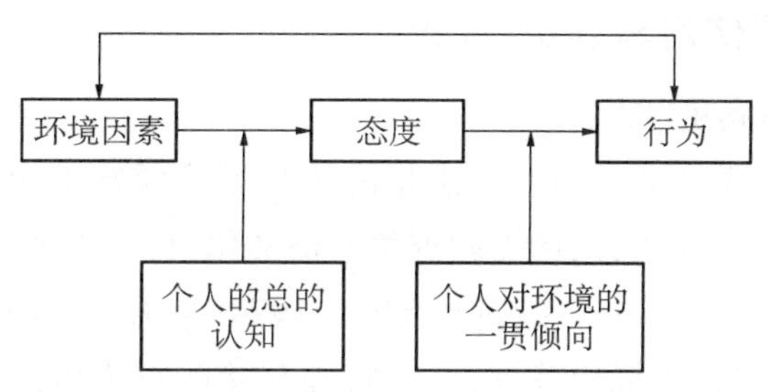

图 1－3　态度与行为关系的结构图
(Wayne & Cascio，1987)

有一项关于捐血态度和捐血行为之间关系的研究，证实了上面所述的观点。对捐血的积极态度会影响到实际行为，但习惯也起作用，过去的捐血行为有助于预测该人是否去捐血。也就是说，先前的经验对行为有直接的影响。

费希本和艾赞，通过一系列研究和概括，于 1975 年发表了《信念、态度、意向与行为：对理论与研究的一种概述》一文，并提出了"合理行动理论"(Fishbein & Ajzen，1975)，1980 年又在上述理论基础上给出一个"行为意向模型"(Fishbein，1980)，用以解释态度与行为间的关系。这个理论认为，预测人们是否将采取某种行动，最好的办法是了解其意向——是否打算去采取行动。影响意向的因素有二：一是态度(赞成或反对这样做)；另一是主观规范(头脑中存在的某些观念)，即个人主观上的行为标准。参看图 1－4。

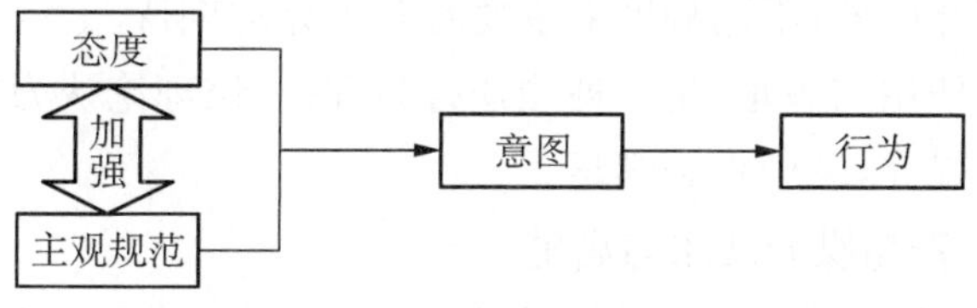

图 1－4　合理行动模型(Fishbein & Ajzen，1975)

后来不少学者如巴戈奇通过对献血者的问卷调查研究，证明了通过意向可以更好地预测行为，和意向预测与近期(一周后)行为的相关(0.51)大于与远期(3 个月后)行为的相关(0.01)的理论设想；他同时也发现，实际情况(影响态度与意向的因素还包括过去的行为经验等)比上述模型更为复杂(R. P. Bagozzi, 1981)。

这个理论模型虽然还比较简单,但有助于解释态度与行为不一致的机制问题,有助于我们如何通过意向的了解去预测行为,以及如何把握影响意向和行为的因素去培养良好的行为意向与社会行为。因此仍具有积极意义。

二、媒介的"使用与满足"理论

(一)"使用与满足"理论

涉及受众使用媒介动机与获得满足的研究虽然开始于20世纪40年代,然而直到1959年,卡茨在《大众传播调查和通俗文化研究》中才首次提到使用与满足研究(uses and gratifications approach)。1974年,E·卡茨在其论文《个人对大众传播的使用》中首先提出该理论,他将媒介接触行为概括为一个"社会因素+心理因素——媒介期待——媒介接触——需求满足"的因果连锁过程,提出了"使用与满足"过程的基本模式,其中有些因素到现在都值得我们重视:

1. 人们接触使用传媒的目的都是为了满足自己的需要,这种需求和社会因素、个人的心理因素有关。

2. 人们接触和使用传媒的两个条件:a 接触媒介的可能性;b 媒介印象,即受众对媒介满足需求的评价,是在过去媒介接触使用的经验基础上形成的。

3. 受众是主动的,选择特定的媒介和内容开始使用,他们的媒介使用行为具有目的性。

4. 接触使用后的结果有两种:一种是满足需求,一种是未满足。这些结果也会影响后面的行为,网络广告作为一种信息获取,满足需求可能引发购买意愿,未满足需求可能不会产生购买意愿。

5. 无论满足与否,都将影响以后的媒介选择使用行为,人们根据满足结果来修正既有的媒介印象,不同程度上改变着对媒介的期待。

简单来说,"使用与满足"是一种受众行为理论,该理论认为受众基于特定的需求动机来接触媒介,从中得到满足。

(二)网络广告与媒介使用与满足

对于消费者来说,只有有需要的时候才会去看广告,这时的广告才可以达到对消费者近乎100%的劝导,但大多数的广告对象不会主动地接受广告信息,网络广告只是消费者信息搜集的来源之一,网络广告能够减少消费者决策的时间、降低决策风险,帮助消费者获得满意的决策结果,消费者的信息搜集过程如图1-5所示。

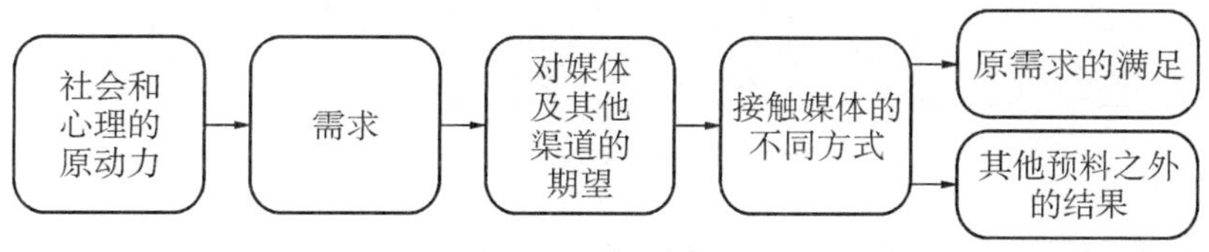

图 1－5　“媒介使用与满足”

消费者在购买决策过程中进行信息搜集的动机主要有以下三类：

1. 信息动机(Information Motives)

消费者进行信息搜寻，通过网络广告、产品信息、消费者使用评价等来支持其大大小小的购物决策。

2. 支持动机(Support Motives)

消费者通过获得更多信息的寻求对自己已经做出的决策提供支持。

3. 消遣动机(Enterainment Motives)

很多消费者对商品相关信息的关注仅仅是一种消遣。在没有购买动机时，他们热衷于在讨论区获得最新的产品信息和趋势。同时，这些信息也会成为他们的知识储备，影响他们未来的购买决策和行为。

虽然“使用与满足”理论也受到了一些批判，但是该理论“能够为当前的大众传播研究中针对受众的研究提供理论框架”(韦斯特、特纳，2007)。

“使用与满足”理论强调个体心理因素对媒介接触和使用的影响，其中需求、兴趣、动机、先前观念(媒介印象)、使用后的结果等因素，为本书研究网民个体心理因素对其网络广告态度的影响提供了重要的理论支持。

三、消费决策过程理论

(一) 消费决策过程

消费者决策是指识别问题，寻找解决方案，对诸多产品、品牌或服务的属性进行理性选择并进行评价，做出选择并对选择结果进行评价的过程(迈纳，2003)。这一心理过程可能很短，也可能很长，要视消费者需要的迫切程度、消费者动机的强度、消费者的支付水平、消费者对商品的了解与认知程度、购买前的准备状态、消费者的性格特点等因素而定(罗子明，2002)。这个过程通常包括以下 6 个步骤：问题确认、信息搜集、替代方案评价、制定购买决策、实际购买行为与购后行为。这个过程可以帮助我们了解消费者是如何制定其购买决策与进行购买行为的。对于消费者的购买决策程序，如图所示：

消费者购买决策程序的第一个步骤是问题确认，消费者的购买行为过程始

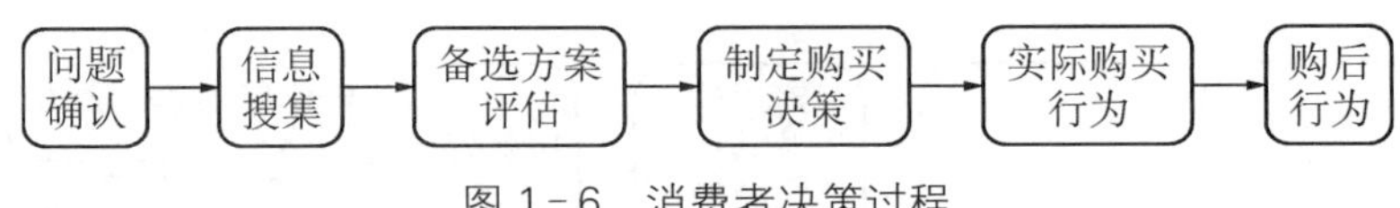

图 1-6　消费者决策过程

于其对某个问题或需求的确认，即消费者意识到一种需要，并且有一种解决问题的冲动。传统消费不仅受内部因素的影响，而且受到外部因素的诱导。霍金斯模型指出影响消费者行为的外部因素包括文化、社会地位、参照群体、家庭和营销活动等。如某消费者看到同事买了一件漂亮的衣服，感觉性价比高，因此产生购买的想法。特别是当受到传统媒体广告和促销活动的刺激时，消费者的购买需求可能被促进。

当确定需求后，为了使自己的需求得到满足，消费者会收集商品的有关资料，寻找购买目标，因此，收集信息、了解行情成为消费者购买决策过程的第二个环节。信息的搜集可以来自消费者内部或外部，或者同时来自两者。内部信息是储存于消费者记忆中的信息，这一部分的信息大多是来自于先前对于产品的经验，比如过去自己使用产品的满意程度或评价。外部信息是指寻求来自于外部环境的信息，主要包括个人亲身体验所获取的信息、个人通过人际关系所获得的信息、媒体报道信息，以及广告、促销、人员销售、产品包装等营销信息。在传统消费模式下，许多消费者都是通过一些电视广告、商场促销活动和周围朋友的传播来获得信息。

(二) 影响消费者信息搜集的因素

影响消费者信息搜集的因素，即一个人对于外部信息搜集程度的高低，主要依赖其对风险的觉察、涉入、知识、过去经验、对于产品或服务的兴趣程度以及时间压力。涉入(Involvement)是指消费者花费在搜集、评价与消费者决策过程中的时间与努力投入的程度高低。消费者卷入是指消费者主观上感觉到的商品、商品消费过程以及商品消费环境与自我的相关性。主观上对于这些因素的感觉越深，表示对该商品的消费卷入程度越深，称为消费者的“高卷入”，该商品则称为“高卷入商品”，反之则称为消费者的“低卷入”或“低卷入商品”(迈纳，2003)。消费者对高卷入商品需要花费较多的时间和精力搜集商品信息，了解商品的功能、质量和价格等，购买决策过程比较复杂。消费者的卷入是购买决策中的心理活动，影响消费者对于商品信息的搜集、对于商品性能的认识，并且最终影响消费者对于该商品的态度。另外，消费者的兴趣高低也与该产品的信息搜集有正相关。如果一个消费者对于某一产品有较大的兴趣，则将会花费较多的时间去搜集相关的信息。时间压力也是影响外部信息搜集的因素，当消费者可以运用的时间较少，则比较不会进行大规模的信息搜集。

(三) 信息超载与涉入度

信息超载是指信息超过个人接受和处理的能力，从而导致人们厌烦和心理焦虑的现象(Bettman J. R, 1979)。过多和泛滥的广告也会造成信息超载，Schroder 等通过实验研究也发现当信息量开始增加时，决策者会增加其对信息的处理；但当信息量持续增加，超过了决策者的处理能力时，消费者反而会开始减少对信息的处理(Zaichkowsky, 1985)。消费者为了解决信息过载的问题，必须对所接触到的信息进行筛选，因此一部分的信息难免会被忽略。

消费者涉入是指事物与消费者个人内在需求、兴趣以及价值观的相关程度(Schick & Cordon L. A, 1990)。研究显示消费者的涉入程度与信息搜寻程度之间有着显著的相关性，消费者的涉入程度高，会促使消费者搜寻更多的信息。

(四) 网络消费决策过程

Zeng & Reinartz(2000)认为网络消费决策过程可以划分为搜索、评估和交易三个阶段[①]。

1. 搜索

搜索是指获取信息并对产品有所了解的过程。互联网可以提供最广泛最全面的信息资源，网络消费者能够非常快捷并方便地检索到自己所需要的产品信息。

2. 评估(valuation)

我们知道，消费者对进入诱发集合的备选方案的评价标准因其各自的价值观念而各不相同，一般消费者在购买商品时可以对其外观、性能等有所了解，网络消费者通过文字、图片等介绍也可以做到这一点，不过网络消费者无法体会同商品近距离接触时商品质地等等所带来的感觉经验，也即网络消费者只能通过间接经验得到关于产品的知识而不能通过直接经验得到，只能通过前者的丰富来弥补后者的缺憾。

3. 交易(transaction)

是指消费者同意购买并接受投递的契约的过程。互联网对交易这一步骤的影响决定于许多产品类别和与消费者相关的一些因素，首先，网上交易受到达成契约以及执行契约的难易程度的影响，其次，网上支付方式也是一个重要的决定因素。

---

① Zeng Ming and Wemer Reinartz. Beyond Online Search: The Roadto Profitability. Califomia Management Review. 45(2). 2003 winter。

消费者网上购买的过程就是从在网上搜索产品信息开始,为购买决策提供所需的必要信息,并实践决策和购买的过程,到确认收到货物为止。与消费者的传统购买行为相类似,网上消费者的购买行为早在实际购买之前就已经开始,并且延长到实际购买后的一段时期。其基本流程如图:

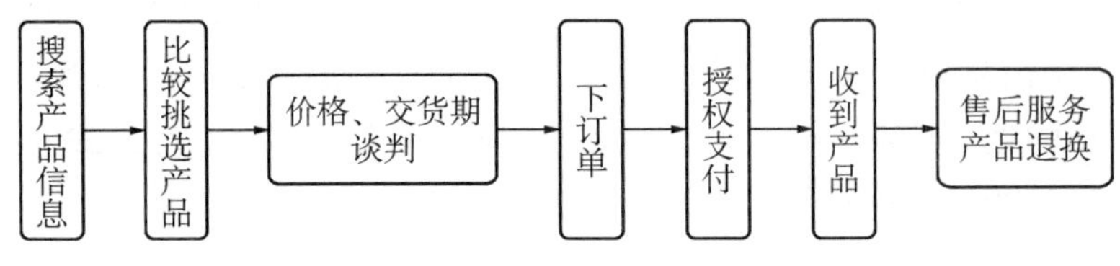

图 1-7 网络消费者决策过程

网络广告的是网民进行消费决策过程中的信息搜集来源之一,参照消费者购买决策过程理论,消费者的个体因素(兴趣、需要、动机、时间压力)也应作为影响网络广告态度的重要因素进行考察,另外,也应注意网络广告"信息超载"对网民购买决策过程中信息搜集的影响。

以上相关理论为网络广告态度的研究提供了思路和参考,特别是在梳理影响态度形成的网民个体因素上,为本书理论框架的搭建、研究假设的提出做了基础性的准备。

第三节 相关研究回顾

笔者分别在 CNKI、万方学术数据库进行"广告态度""广告回避"的关键词搜索,共得到国内不重复论文 126 篇,在排除与综述主题不相关的文献后,本书选择了 55 篇国内文献。在 EBSCO(包含大众传播及应用英文全文数据库)等英文数据库进行"Attitude Towards Advertising""Advertising Avoidance"的检索,共收获期刊文章 105 篇,期刊包含:*Journal of Advertising Research*、*Journal of consumer Research*、*Journal of Marketing Research* 等;学位论文 13 篇;为了避免遗漏重要文献,研究在既得文献的参考文献中进行了滚雪球搜索,共获得该领域的国外研究论文和著作 130 项。

一、广告态度的理论研究

广告态度的理论研究成果中,有三个重要的理论模型,一个精细加工的可能性(ELM)模型和两个广告态度模型。

(一) 精细加工可能性模型(ELM)

精细加工可能性模型(Elaboration Likelihood Model)简称为ELM模型,由心理学家理查德·E. 派蒂(Richard E. Petty)和约翰·T. 卡乔鲍(John T. Cacioppo)在1986年提出,是消费者广告信息处理中最有影响的理论模型。

ELM模型的核心观点是:个体在接受到说服性的广告信息时,其态度改变遵循以下两个基本路径:即中枢路径和边缘路径。中心路径——信息的内容对态度改变起主要作用;外围路径——个体的态度改变较多地受来自信息源或者情景因素的影响。同时受众的"涉入度"也会影响信息处理路径,高涉入度的情况下,受众通过中央路径处理信息,消费者认真考虑广告内容,即进行精细的信息加工,综合多方面的信息与证据,分析、判断广告中商品的性能,在此基础上形成一定的品牌态度;低涉入度的情况下,受众采用边缘路径处理信息,消费者并不会仔细考虑广告中所强调的商品本身的性能方面的信息,不进行周密的逻辑推理,而是根据广告中的一些边缘线索,如是否是专家或名人推荐、广告模特是否惹人喜欢、广告诉求点的多少、广告媒体的威望、广告是否给人美好的联想(Petty & Caccioppo 1981; Mehta 1994)。

精细加工可能性模型,以两条线路的加工来阐述消费者对广告的认知过程比较简洁、明了,具有很强的实践意义。随后,又有两个学者在ELM理论模型基础上,发展出了新的理论模型,以"投入理论模型"和"整合的态度模型"为代表。

米歇尔(Mitchell, 1986)提出了一个"投入理论模式",这一理论模式与ELM即加工可能性模型很相似,不过他更多地运用了信息加工理论。米歇尔也认为,消费者加工广告信息有两种方式,一种是品牌信息的加工,另一种是非品牌信息的加工,对目标以及广告认知的需要是影响投入的关键。按照米歇尔的观点,高投入的消费者执行的是品牌加工策略,他们把注意力集中在广告中与产品有关的信息上,并实行深度加工,消费者的品牌态度就是根据广告信息中具有劝说性的观点所形成的。当投入很低时,消费者也有可能从事品牌加工策略,来激活先前已有的图式,结合相应的知识理解广告意义。但是,消费者此时并不会分配足够多的注意进行关键信息的分析。因而此时的品牌态度就是对原有产品知识的评估而获得的,不是广告信息的劝说而形成的。米歇尔认为投入很低时,消费者一般会从事非品牌信息加工,虽然消费者可能从广告中获取信息,但是几乎很少形成对广告信息的加工。

德波拉. J. 马科林斯和伯纳德. J. 加沃斯基在总结了前人研究成果的基础上,形成了一个"整合的态度模型"。德波拉和伯纳德认为,消费者认知加工广告信息的结果是形成认知和情绪两种反应,在这两种反应的基础上再形成对品牌的态度。因此他们把消费者加工广告信息的过程分为三个部分。第一部分是广告信息的显现及影响加工的先决条件,第二部分是加工编码过程,第三部分是认知结果及品牌态度的形成加工。这一理论认为当刺激以一定方式出现后,加工广告信息的需要以及加工品牌信息的动机、能力和机会是消费者从事各种不同的加工水平的先决条件,尤其是加工动机决定着加工品牌信息的容量和注意的分配,也影响着消费者所进行的不同的操作水平。随着加工品牌的动机由低到高,对品牌信息的注意及容量也随之增大,操作水平也由低增高。他们认为消费者加工广告品牌信息的动机由弱到强可分为六种不同的程度,所从事的加工操纵也有六种不同的水平,即特征分析(Feature analysis)、基本分类(Basic categorization)、语义分析(Meaning analysis)、信息整合(Information integration)、角色扮演(Role-taking)、建构性加工(Constructive processes),从事不同操作的消费者形成对广告的反应以及品牌态度也是不一样的。对品牌态度最忠实最深刻最喜爱时所从事的加工操作就是建构性加工。

以上三个模型从广告信息加工的角度分析受众态度的改变,对研究广告态度中的认知成分具有非常有益的启发。

(二) MacKenzie 和 Lutz(1989)的广告态度理论模型

在 ELM 模型和先前研究的基础上,Lutz(1985)明确界定了广告态度的概念和理论体系,并最先建立了广告态度的"认知——情感"反应模型。该模型包含 5 个前因变量:广告可信度、广告认知、对广告主的态度、广告总体态度、广告所引发的情绪(Lutz, 1985)。

MacKenzie 和 Lutz(1989)通过进一步研究,修正了广告态度的理论模型(如图 1-8 所示),调整后的模型包含两个环节,第一个环节即是不同因子影响 5 个广告态度的前因变量,第二个环节是前因变量对广告态度、品牌态度、购买意愿的影响。

如图所示,5 个前因变量从左到右依次为"广告可信度""广告感知""对广告主的态度""对广告的总体态度""个体情绪、情感因素",以下对这 5 个因素做出解释:

广告可信度(Ad Credibility),被界定为消费者认为广告及广告中的品牌真实、可信的倾向程度。包含三个因子:感知到广告与商品信息不符(Perceived Ad Claim Discrepancy),广告商的可信度(Advertiser Credibility),以及广告可信度(Advertising Credibility)。

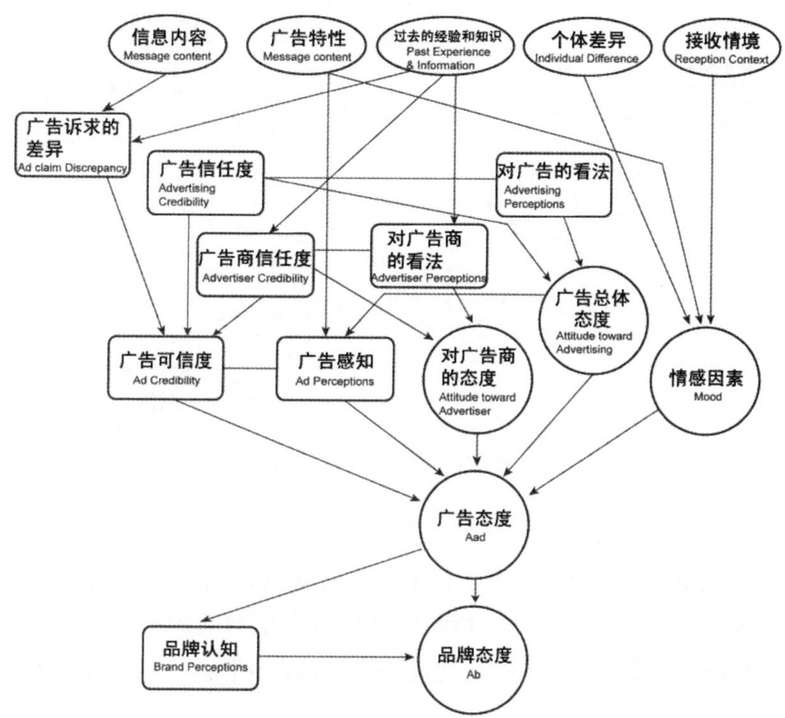

图 1-8　广告态度的理论解释模型(MacKenzie & Lutz, 1989)

广告感知(Ad Perceptions),是指消费者对广告多种感官刺激的感知,但是不包含对广告中品牌的认知。

对广告商的态度(Attitude toward Advertiser),是指消费者习得性的对待广告所属机构的喜欢或不喜欢的心理倾向。

广告总体态度(Attitude toward Advertising),即消费者对待广告的习得性的喜欢或不喜欢的心理倾向。

个体情绪、情感因素(Mood),是指消费者接受广告刺激时的情绪反应状态。包含三个前测因子:广告特征、个体差异、接收情境。

(三) Pollay 和 Mittal(1993)的理论模型

Pollay 和 Mittal(1993)也建立了广告态度的理论解释模型,包含了影响总体广告态度的七个广告信念变量:在微观的个人效用层面包含了"产品信息""社会角色和形象"和"快乐主义"三个方面;在宏观的社会经济层面包括了"对经济发展有利""助长物质主义""腐化值""提供不诚实的信息"四个方面。如图(1-9)所示:

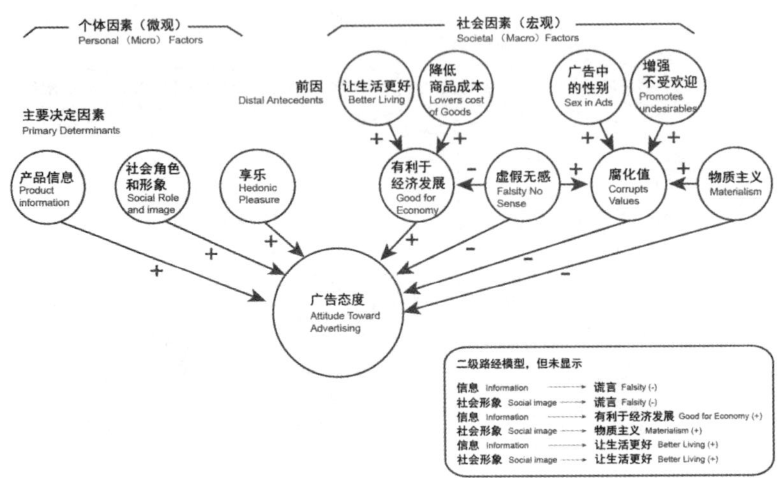

图 1－9　广告态度理论解释模型(Pollay & Mittal, 1993)

以上两个模型被认为是解释广告态度的经典理论模型。总结两个模型的特点发现，广告态度的理论模型倾向于测量前因变量（广告信念）对广告总体态度的影响，以解释广告态度的形成过程，以及广告态度对品牌态度和购买行为的影响。基于 Lutz 和 Mittal 的广告态度模型，国外很多学者以此为理论框架进行了广告态度的研究。

二、广告态度的测量

（一）总体广告态度的测量

总结以往广告态度的研究发现，学者们一般采用 3—8 个条目（测量语句）的李克特量表（五分值/七分值）测量广告态度，并将广告信念（消费者对广告特性的认知）作为影响广告态度的前因变量进行测量。广告态度是指“总体广告”（即广告），而非特定媒介广告（如电视广告、报纸广告），测量项目以情绪情感成分为主，有些涉及了认知成分，但均未涉及态度的全部成分。总结相关文献，广告态度测量量表如表 1－1。

表 1－1　广告态度测量情况的整理

学者	量表类型	测量指标
Mitchell(1966)； Mackenzie & Lutz (1989) Homer(1990)；	三条目、七分值语义差别量表	好/坏；令人愉快的/令人不舒服的；喜欢的/厌恶的
Xing pu Yuan(2006)	三条目、五分值语义量表	好的、喜欢的、满意的

续表

学者	量表类型	测量指标
Burns(2003)	四条目、五分值语义量表	喜欢/不喜欢；好/坏；丰富/单调；痛恨/钟爱
Campell & Keller(2003)	四条目、七分值语义差别量表	好/坏；质量差/质量高；不能打动人/能打动人的；令人不舒服的/令人愉快的
Swee Hoon Ang 等(2006)		好/坏；不能打动人/能打动人的；无趣的/有趣；不喜欢、喜欢
黄劲松等(2006)		好/坏；有/无吸引力；喜欢/不喜欢；能很好的/很难刺激购买
Holmes & Crocker(1987)；Torres & Sierra & Heiser (2007)	六条目、七分值语义差别量表	不能打动人的/打动人的；不可信的/可信的；印象不深刻的/印象深刻的；无吸引力的/有吸引力的；不吸引眼球的/吸引眼球的；总体不喜欢/总体喜欢
Gresham & shimp (1965)	七条目、五分值语义差别量表	安慰的、亲切的、隐含的、悲哀的、喜爱的、恰当的、兴高采烈的
Machleit Wilson(1966)	八条目、七分值语义差别量表	喜欢的/厌恶的；好/坏；不欣赏/欣赏的；酷爱的/不喜欢的；非常不喜欢/非常喜欢；令人愤怒的/不令人愤怒的；制作得很好/制作得很差；侮辱的/不侮辱的

资料来源：根据相关文献整理

(二) 广告信念(认知)因子

以往研究把广告信念(Belief)当作影响态度的前因变量。广告信念是指消费者对广告特性的感受，并在此基础上形成的对广告价值的评估。在以往的研究中，广告信念变量的测量并未形成具有代表性的量表。

在广告信念变量的构成上，早期的研究倾向于分为两个维度进行测量。鲍尔和格雷瑟(1968)提出用“社会影响”和“经济影响”两个维度来测量人们的广告态度。Sandage 和 Leckenby 则主张在广告态度的测量上需要对“一般意义上的广告"和作为"具体的广告"加以区分,通过因子分析他们获得了"制度态度"和"工具态度"两个因子,由此提出了广告态度具有制度性态度和工具性态度的假说。

随后的很多研究也试图解释影响广告态度的前因变量,比如广告的重复性(Calder & Sternthal, 1980; Messmer, 1979),广告的发布方式(Batra & Ray, 1986; Belch & Belch, 1984),广告主的信任度(MacKenzie 等,1986),广告的干扰性(Soldow & Principe, 1981),广告的资讯性(Alwitt & Prabhaker, 1992; Barksdale &Darden, 1972; Durand&Lambert, 1985),物质主义(Larkin, 1977),虚假和欺骗性(Muehling, 1987; Ford, Smith, & Swasy, 1990),广告伦理(Triff et al. ,1987),性诉求(Larkin, 1977),娱乐性(Russell & Lane, 1989),社会比较和自我概念(Richins, 1991)以及干扰性(Ducoffe, 1995; James & Kover, 1992)。

学者们对广告态度的构成及测量方法各执己见,目前还没有一致性观点。其中 Pollay 和 Mittal(1993)、Bracket & Carr (2001)的广告信念测量指标的使用率较高。

在 Pollay & Mittal 的广告态度模型中,区分了作为工具和制度的广告及个人的和一般化的态度,提出了作为"个人效用"和"社会效应"两个维度的测量模型,包含了影响总体广告态度的七个广告信念变量:在微观的个人效用层面包含了"产品信息""社会角色和形象"和"快乐主义"三个方面;在宏观的社会经济层面包括了"对经济发展有利""助长物质主义""堕落价值""提供不诚实的信息"四个方面。

Bracket & Carr (2001)在其他学者所建立的广告态度模型的基础上,认为消费者对广告所感受到的"娱乐性""资讯性""干扰性"以及"确实性"会影响消费者对广告价值的评估,上述四项因素再加上相关的人口统计学变量即可测量出消费者对广告的态度。其中,"娱乐性"即有趣或是令人愉快、喜欢的广告被认为对品牌态度有正面的影响;"资讯性"强调广告应能告知消费者完整的产品选择资讯,如此才能让消费者在购买过程中获得最大的满足;当广告不能提供消费者所期望的功能,转移消费者对其他有兴趣事物的注意力时,将会使消费者产生焦虑的心情,进而使消费者对广告产生负面的态度,此为干扰性;"确实性"类似 Lutz (1986)提及的信任度,多数广告态度模型皆假设广告内容的"确实性"是影响消费者对广告价值及广告态度看法的重要变量。

在国内学者的研究中,吴垠等人发现广告态度的信念结构应包括 5 个因素，即“消极性”“活力性”“可信赖性”“和谐性”和“娱乐性”。这一结论是来自对中国10个城市3 212名被访者的问卷调查，探索性分析的结果表明总共解释了方差的58.27%。验证性分析的结果进一步验证了5因子结构模型的合理性。

虽然有关广告态度的研究并不在少数，但由于广告态度并不是一个常量，因此广告态度的测量量表需要根据具体研究情况进行修正。另外，以往广告态度的研究是从广告信念对总体态度影响的角度进行，态度成分涵盖不全面，影响因素只涉及了广告特性，也有待创建更完整的广告态度测量量表。

三、广告态度国内外研究

在网络广告出现之前，广告态度的研究聚焦于总体广告态度，以及传统媒体广告态度的研究，取得了很多研究成果，本部分回顾了广告态度国内外研究的概况和成果，以期对网络广告态度的研究提供支持。

（一）广告态度的国外研究

1. 特定媒介广告态度研究

广告从业者和研究人员应该了解消费者是如何看待特定媒体并做出反应的(Pollay，1986)，于是很多学者开展了特定媒介广告态度的研究，比如电视广告(Aaker & Bruzzone，1981；Alwitt & Prabhaker，1992；Biel & Bridgwater，1990；Mittal，1994)，网络广告(Burns，2003；Chen & Wells，1999；Cowley等，2000；Ducoffe，1996；Schlosser，1999；Wang，2002)，直邮广告(Korgaonkar，1997)，户外广告(Bhargava等，1995；Donthu等，1993)，和录像带广告等(Lee & Katz，1993)。

(1) 电视广告态度研究

电视广告态度的研究仍采用“广告态度理论模型”进行，对广告信念因子及电视广告总体态度进行测量。

Aaker和Bruzzone(1981)使用全国样本测量了人们对电视广告的认知和喜爱度，以及它们之间的关系。Aaker和Bruzzone创建了4个广告信念因子：娱乐性、个人相关性、厌烦性、温馨感。他们同先前的研究进行了比较，发现了信念因子上的一致性（比如：Leavitt，1970；Schlinger，1979；Wells，Leavitt，& McConville，1971）。与先前的研究(Leavitt，1970；Schlinger，1979；Wells等，1971)结果一致，他们发现娱乐性和个人相关性对电视广告态度影响的显著性。根据研究结果，他们提出了三个提升电视广告积极态度的建议：让广告更加有趣,强调广告的趣味方面;让广告更有温馨感,强调广告中呈现与他人的关系,比如家人、朋友、孩子等;让广告与个人相关,提供更有用的信息等(Aaker & Bruzzone, 1981)。

Alwitt 和 Prabhaker(1992)提出消费者的总体广告态度影响其对电视媒体广告的态度。他们评估了人们为什么对电视广告持负面态度的 4 个功能方面因素和 6 个广告信念因子: 知识性(α=.66),特征(α=.69),社会学习(α=.72),价值观确认(α=.75)4 个功能因素;好处/成本(α=.86),广告方式(α=.43),欺骗(α=.71),攻击性(α=.57),广告呈现总量(α=.58),无信息量(α=.61)6 个广告信念因子。研究结果表明,2 个信念因子(利益和广告方式)以及 4 个功能因素显著影响电视广告态度(Alwitt & Prabhaker 1992)。

Mittal (1994)也认为,人们对电视广告的态度可能会越来越消极,因为它的出现降低了电视节目的娱乐性。他的研究发现,几乎有一半的人倾向于讨厌电视广告。为了了解人们为什么对电视广告持消极态度,他在前人研究的基础上建立了 10 个广告信念因子: 市场信息、购买信心、社会形象信息、娱乐价值、物质价值的一致性、对儿童的影响、经济效应、免费节目和控制性。其中,产品信息因子最显著,其次分别是对儿童的影响、社会形象信息、免费节目、经济效应和物质价值。Mittal 建议电视广告应该增加信息性和娱乐性,这些能引起消费者对电视广告的积极态度(Mittal 1994)。

电视广告态度的研究发现,"广告态度理论模型"能解释电视广告态度的形成。特别是"信息性""经济价值""刺激性"和"娱乐性"四个因子被发现是影响电视广告态度的显著因子(Aaker & Bruzzone, 1981; Alwitt & Prabhaker, 1992; Andrews, 1989; Bauer & Greyser, 1968; Mittal, 1994; Pollay & Mittal, 1993; Russell & Lane, 1989; Sandage & Leckenby, 1980)。

(2) 其他媒介广告态度研究

对其他媒介广告的研究也以"广告态度理论模型"为理论基础,同样验证了广告态度模型的适用性,这些特定媒介广告态度的研究包含: 直邮广告、户外广告和录像带广告等。

直邮广告态度的研究。Korgaonkar 等(1997)使用 Pollay 和 Mittal(1993)的广告态度模型,测量了消费者对直邮广告的总体态度。他们的研究借用了 Pollay 和 Mittal 广告态度理论模型中的广告信念因子: 产品信息、社会角色和自我概念、享乐/愉悦感、对经济有益、物质主义、腐败价值观等。Korgaonkar 等(1997)的研究发现,相比消费者对电视广告的态度(Alwitt & Prabhaker 1992; Mittal 1994),直邮广告态度更积极。对信念因子的检验发现,"物质主义"和"腐败价值观”两个因子不能预测广告态度。

户外广告态度的研究。随着户外媒体的发展，户外广告成为重要的广告媒介（Donthu 等，1993）。而且户外广告的尺寸和规模也在不断发展，其在建立产品知名度上更有影响力，而且与电视广告的强迫性相比，给大家造成的干扰和刺激较小（Bhargava 等，1994；Donthu 等，1993；Woodside 等，1990）。虽然很多有关户外广告效果的研究专注于人们的意识和行为（Eastlack & Rao，1989；Fitts & Hewett，1977；King & Tinkham，1989；Woodside，1990；Donthu 等，1993），有些研究试图寻找一些提升户外广告效果的独立因素。特别是 Donthu 等（1993）使用广告态度的理论模型对户外广告开展了研究，研究结果显示：广告总体态度消极的人对户外广告的再认度和态度更消极，即广告总体态度影响户外广告态度。

录像带广告态度的研究。在 20 世纪 90 年代的西方国家，录像带的普及使其成为新兴的广告媒介；另外由于对传统媒体如电视、广播和户外广告，消费者的负面态度增强，广告主开始重视录像带这个广告媒体。借用广告总体态度的理论模型，Lee 和 Katz（1993）测量了受访对象对录像带广告的态度，结果发现，受访者普遍对录像带广告持负面态度（Lee & Katz，1993）。

回顾国外特定媒介广告态度的研究发现，用广告总体态度模型测量特定媒介广告态度具有适用性。随着互联网的快速发展，学者开始关注互联网广告这一新兴广告媒介，关于网络广告态度的研究回顾将在下一部分专门阐述。

2. 广告回避态度研究

消费者对广告消极态度被学者们使用“广告回避态度”（Advertising Avoidance Attitude toward advertising）这一专有名词来界定。本部分即对“广告回避”研究进展进行介绍。

（1）人们如何回避广告

早在 20 世纪 60 年代就有学者进行了传统媒体用户广告回避的相关研究（Lavidge & Steniner，1961），90 年代之后逐渐形成广告回避研究的体系。

其中最具代表性的是 Speck & Elliott（1997）两位学者的研究，他们综合先前多位学者的研究成果，完善了广告回避的三种类型，并明确界定了广告回避的概念，奠定了后续广告回避研究的基础。他们将广告回避界定为“媒介使用者所采取的减小广告接触的一切行为”（Speck & Elliott 1997）。认为受众对广告的反应是一个连续的过程，它可以体现在与广告内容或服务相关的任何一次经历中，指在单次广告信息传播过程中，受众为减少广告内容接触而表现出来的所有反应：消费者(广告受众)可能采用认知、身体和机械回避三种不同方式减少广告接触的可能性。认知回避(cognitive method)，如广告受众选择忽视报纸或杂志广告；身体回避(behavioral method)，如广告受众在电视广告时段离开房间；机械回避(mechanical means)，比如广告受众关闭网页上的弹出广告、或者使用数字视频录像机(DVR)去屏蔽广告(Speck & Elliott, 1997)。

(2) 传统媒体广告回避研究

传统媒体广告回避的研究，主要采用调查法、观察法和实验法等研究方法，重点关注受众对不同媒体广告的回避方式如何，学者们对传统四大媒体(电视、广播、杂志和报纸)的受众广告回避进行了研究。研究发现，相比其他三种媒体广告回避的研究，电视广告回避的研究比重最大。如 Nuttall(1962)；Allen(1965)；Ehrenberg & Twy-man(1967)；Bechtel, Achelph & Akers(1972)；Rich, Owens & Ellenbogen(1978)；Kaplan(1985)；Kneale(1988)；Cronin, Menelly(1992)；Moriarty, Everett(1994)；Danaher(1995)；Krugman, Cameron & White(1995) Van Meurs(1998)；Ritson(2002)；Schmitt, woolf & Anderson(2003)等；这些学者对电视观众广告回避的不同研究数据显示：电视广告回避现象确实存在，认知回避比例为29%—48%、身体回避为11%—71%、机械回避为3%—53%。广播一般被人们当作背景环境存在，相对而言，广播广告更容易被听众忽略。Heeter & Cohen(1988)的研究表明，在车内听到广播广告时比在家更容易换台(车内换台的比例为55%，室内换台的比例为22%)。报纸广告回避的研究相对较少，1995年美国报纸协会指出43%的读者会采用忽略、翻页、将广告页面叠放到一边的方式来回避报纸广告，大约只有57%的人会将每一页的报纸内容都看完。(不回避报纸广告)由于有些位置不是读者容易关注的区域，杂志广告回避受到信息发布位置的影响，前1/3是读者关注度较高的区域，关注度最高的位置是目录页的跨版广告。

(3) 广告回避的原因

广告消极态度的原因也一直以来是被学者们所关注。综合相关研究发现，广告特性、个体因素(人口统计变量、心理变量)能解释受众广告回避行为的发生。

Zanot 和 Eric(1984)的研究认为，广告数量的增多是造成消费者观看广告量减少的一个原因。杨文霞和苏永(1995)针对广告情报中 Zapping(广告攻击行为)的理论研究认为，造成 Zapping 现象的原因有："广告信息内容的可信性""广告媒介的不适性"和"广告环境的相悖性"。Marla 和 Thomas(1996)通过问卷调查，针对电视广告，运用传播学中“使用与满足”理论，发现引起快进广告回避行为的因素有“讨厌”“超负荷”“与媒体的相关性”，引起换台广告回避行为的因素有“讨厌”“超负荷”和“好奇”。Miehael 和 Paul(1998)针对电视、广播、杂志、报纸、黄页和直邮的研究中，发现“感知广告噪声”“搜索阻拦和中断”与消极广告态度和回避反应相关，即“广告干扰性”引发了广告回避行为。

在个体影响因素上，性别、年龄、教育程度和收入等人口统计因素以及“对媒体的态度”“先前广告态度”“时间压力”“他人在场”等个体心理因素起到了解释受众广告回避行为的作用。

人口统计因素影响广告回避行为的发生。多项电视媒体广告回避研究中，年轻的男性表现出更强的广告回避倾向(Heeter & Greenberg，1985；Krugman，Cameron & White，1995；Zufryden，Pedrick& Sankaralingam，1993)且在收入上，广告时间换台者比不换台者更富裕，收入越高的人越倾向于认知回避广告(Abernethy，1991；Clancey，1994)。Heeter 和 Cohen(1988)的研究发现，年轻和不太富有者回避广播广告较多；教育程度也与认知回避程度呈正相关。Clancey(1994)的研究发现，影响受众对电视广告关注度的因素有：收入、受教育程度、家庭规模、对电视的使用多少和雇佣状况；Danaher 和 Peter(1995)的研究发现，对电视广告采取攻击行为的人多为男性、年轻且富有。

除了人口统计因素之外，“对媒体的态度”也是影响广告回避行为的因素。对广告媒体的态度越积极广告回避的可能性越小(Lee & Lumpkin 1992)。Lee 和 James(1992)的研究发现，电视广告回避行为与受众对电视广告的态度负相关，尤其是与受众认为广告包含着有用信息的信念之间；Ferguson 和 Perse(1993)的研究发现，选择电视或广播频道较多的人更倾向于关闭广告。

广告预先态度(先前态度)影响回避行为的发生。比如，Dutta-Bergman，2006；Homer，2006；Homer & Yoon，1992；Mehta，2000；Shavitt，Lowrey & Haefner，1998；Speck & Elliott，1997，这些学者的研究结果显示出消费者对广告的不信任(Shavitt，Lowrey，& Haefner 1998)和明显的广告排斥倾向：消费者认为“广告会增加广告商品的成本”，并且相信“商品价值来自产品而不是广告”；(Shavitt，Lowrey & Haefner 1998)消费者倾向于认为“商品并不是和广告中所承诺的完全一致”，“并且大多数广告是被商家刻意操控的”(Mehta 2000)。基于消费者对广告的这些预先态度(认知/信念)，消费者对广告的负面态度倾向也越来越明显。Gerard Prendergast、Wah-leung Cheung 和 Douglas West(2010)的研究表明，总体广告态度是预测广播和印刷媒体广告回避的一个重要的前因变量，广告态度越消极广告回避越突出。

潜在心理变量“他人在场”“时间压力”和“时间取向”影响广告回避态度的发生。Nicholls、Roslow 和 Comer (1994)的研究发现,“他人在场”会影响购买决策和购买行为。同样,在电视观看行为中,关注的朋友和家人,一般比关注广告更优先,毕竟朋友和家人更重要,因此可以解释“他人在场”的情形下人们会更多的回避广告。Moriarty 和 Everett (1994)的研究就发现,电视广告插播期间,家人交谈增加约了 40%。如果这个机制是正确的,“他人在场”是更容易影响消费者避免广播媒体中的广告,而不是在平面媒体。除此之外,Moriarty 和 Everett (1994)也发现“个人的时间压力”是导致电波媒体(电视、广播)广告回避的重要前因变量。罗哈斯和戴维斯(2005)使用时间分配理论认为,人的“时间取向”影响了他们广告回避的态度,他们的结论是:看电视的时候,“过去”时间取向的人都比较僵硬和保守的,往往比“现在”或“未来”时间取向的人更多的回避广告。

3. 广告态度国外研究总结

广告态度的国外研究以“广告态度模型”为理论基础,测量广告信念因子对广告态度形成的影响。在特定媒介的广告态度研究中,“广告态度模型”也同样具备理论上的解释力,积极的广告信念(可信性、信息性、娱乐性)导致积极的态度,消极的信念(干扰、刺激)导致消极的态度。

广告回避态度的研究中,得出了认知、身体、机械回避等不同的回避行为类型,并从广告相关因素、个体因素两个方面探讨了广告回避态度产生的原因。

(二) 广告态度的国内研究

中国学者对广告态度这一问题的关注,始于 20 世纪 90 年代,采用了实证的定量研究方式开展研究。中国消费者广告态度的研究最早集中在总体广告态度的研究,也有学者关注了特定媒介广告态度的研究,比如电视广告、报纸广告、植入广告、手机短信广告、以及互联网广告。

1. “总体广告态度”的研究

国内学者对“总体广告态度”的研究借鉴了国外广告态度的测量指标,意图得出我国消费者广告态度的倾向性。综合相关研究发现,虽然多采用问卷调查的方法研究我国消费者的总体广告态度,但研究结论并不一致,有研究得出广告态度积极的结论、有的结果显示广告态度消极倾向、也有结果认为我国消费者的广告态度中立。

有些研究得出了广告态度积极的结论。Polay 等人(1990)对中国三大城市的 123 名消费者的调查发现,中国消费者比西方消费者对广告持有更积极的态度,并且认为“外国产品广告更有吸引力”。陈友庆(2000)对南京地区 302 名各类消费者的研究表明,“消费者对广告的总体印象是略好,稍高于中间水平”;李锐等人(2001)对当代大学生的广告态度的研究发现,大学生对广告的总体态度趋于认同。Zhou 和 Zhang(2002)的研究结论是大多数的中国城镇居民对广告持有积极的态度并喜欢广告。王丹等(2006)选取西安市中心地区中等经济收入被试 347 名,通过对不同广告媒体态度指标测量体系,综合分析了公众对媒体广告的态度。调查结果显示:公众对广告整体态度是积极的。

有些研究得出了广告态度消极的结论。凌文铨等(1991)比较了中日大学生的广告态度,分别调查了北京的 201 名大学生和关西的 211 名大学生,集中探讨三个问题:"对广告的总体态度""对电视广告的态度"以及"对广告作用的态度",并将中日的调查结果进行比较。研究发现,两国人都对广告持不信赖态度。张红霞等人(2004)对北京市 730 名中学生的研究发现,青少年对广告的总体态度是消极的,而且他们对"广告是否值得信赖"的态度较"是否喜欢广告"的态度更加消极。黄升民和陈素白(2006)通过对1998—2005 年《IMI 消费行为与生活形态年鉴》数据的整理,从宏观层面把握了中国受众广告态度意识的特征,认为受众对广告依存度较高,而信赖度分值总体偏低。受众对"广告是可以信赖的"认同度得分,整体低于 3 分,2. 17-2. 19分,显示出受众对广告的信赖度水平偏低。陈国平和王瑛浔(2008)以城市青少年为研究对象,采用调查问卷研究青少年的广告态度。研究发现,我国城市青少年对广告的总体态度比较消极。

周丽玲(2005)的研究得出了"消费者对广告持暧昧或模糊态度的人占大多数"的研究结论,61. 7%的被访者在回答对广告的总体态度时选择了"中立",通过均值的分析也发现消费者的总体广告态度非常接近中立,而略低于中间水平。周丽玲(2005)认为消费者并不是对广告漠然和不关心,而是一种复杂态度的合成物:人们一方面怀疑广告的真实性,怀疑它在"为消费者谋福利"之类冠冕堂皇的说辞背后所隐藏的功利性目的,另一方面却又依赖广告所提供的商品信息,并觉得做了广告的产品更加可靠,对广告的总体态度体现出了我国消费者对广告的矛盾心态。

多个研究结果之间的差别,可能是由于研究时间、研究对象的差别所致。在影响广告态度的因素上,学者们多从"广告因素"的角度进行研究。

广告特性、广告诉求方式等广告相关因素影响中国人的广告态度,某些积极的特性引发积极的态度,负面的特性则导致消极的态度。凌文铨等(1991)分析了 90 年代导致中国学生对广告持负面态度的原因,中国学生负面广告态度产生的原因是"广告艺术水平低""可看性较弱"和"广告商品与自身关联性低""许多商品的质量和性能与广告所宣传的情况相差甚远"。凌文辁和方俐洛随后的"中国人的广告态度研究",从"必要性""可信性""趣味性"三个方面探讨了中国人对广告的态度,结果表明:人们对广告负面态度的原因主要为"可信度不高""制作水平低""缺乏艺术性和趣味性"等。广告诉求方式影响广告态度:李锐等人(2001)对当代大学生的广告态度的研究发现,大学生对以感性诉求方式表现的广告的态度显著优于以理性诉求方式表现的广告;陈国平和王瑛浔(2008)的研究也发现,相比理性诉求方式的广告,青少年学生对感性诉求广告的态度要明显积极,青少年不喜欢、不认同广告主要来自两个方面——"广告缺乏新意"和"干扰性"。

也有学者关注了"个体人口统计因素""媒体特性"对广告态度的影响。王丹等(2006)调查结果显示,电视广告被认为是最实用、有效的媒体广告。个体因素也影响国人的广告态度,陈国平和王瑛浔(2008)的研究发现,不同年级和性别的青少年学生对广告的态度有显著的差异。

2. *广告态度对消费行为的影响*

国内的研究关注了广告态度对品牌态度、购买行为的影响,许多研究结论证明了广告态度对品牌态度和购买行为的中介作用。

黄升民和陈素白(2006)的研究发现,中国受众对"广告中信息对购物决定起很大作用"的认同度较高,呈现出受众对广告较高的依存度,消费者离不开广告的原因就在于广告提供了人们需要的购物信息,指导人们购物,使受众在选择商品上节约了时间成本。黄劲松等(2006)采用实验调查和认知编码的方法,探讨消费者的广告前后品牌态度,品牌认知反应、广告认知反应、广告态度和购买意向之间的关系,结果表明:消费者的广告态度不但直接影响品牌认知反应和广告后的品牌态度,还直接影响购买意向。周弋丁等(2007)以当代青年为研究对象,关注广告态度的形成,探讨了广告本身因素(广告形式、传播渠道、内容选择)、青年个体因素、广告涉入度高低等因素对广告态度的影响。研究发现:当广告所传达的品牌形象与其自身理想形象趋同时,通常能达到建立品牌偏好与影响购买决策的效果。安静(2007)的研究区别对待"广告态度""产品态度"和"品牌态度",她认为广告可以影响和改变消费者对某一特定的产品和品牌的态度。秦晓静(2012)的研究发现,大学生对广告的态度与消费行为之间是显著相关的,对广告的态度决定了他们对该广告商品的购买意图。比如,在各类商品中女生购买化妆品及日常生活类商品受广告态度的影响要显著大于男生。柳承烨(2011)的研究发现,中国消费者对广告表现出否定的倾向。但是,在"我选择购买广告中经常出现的商品"问项中,中国消费者比韩国消费者更加表现出肯定的态度,可见中国消费者一方面不相信广告、对广告持否定态度,另一方面又在购买商品时大量参考广告。

也有研究认为，广告影响“品牌态度”的作用有限。周丽玲(2005)的调查发现在消费者看来，广告对消费者的影响，更多的是在起一种引导和保障的作用，但不是说服，消费者比较赞同广告会吸引他们注意到产品，以及“购买商品时还是做广告的品牌比较可靠”，但不太赞同广告能改变他对一个产品的态度，也不太赞同广告对购物起指导作用。在五级评分制的量表题中，“广告可以改变我对一个产品的态度”的均值得分也比较低(2.86)，表明消费者对此持比较否定的态度。

3. 特定媒介广告态度

相比总体广告态度的研究，国内对特定媒体广告态度的研究不多，主要集中在电视广告、报纸广告、植入式广告、手机广告和网络广告等，未涉及广播、杂志、户外等媒体广告。这些研究同国外特定媒介广告态度的研究思路一致，利用广告态度模型为理论框架，除了考察媒体广告态度的倾向性之外，还研究了广告特性对态度的影响。

研究发现，人们对各类媒介广告态度普遍消极。人们对电视广告态度负面。在对电视广告态度的研究中，Zho 和 Shen (1995)的研究表明大多数居民“对电视广告反感”和“对广告有抱怨”；Chan 和 McNeal(2003)对中国北京、南京和成都三地的1 665名小学生家长的调查则显示，中国的家长们对电视广告也普遍持负面态度。人们对手机短信广告总体呈消极态度，陈睿等(2008)根据 Lutz (1985)、Belch 和 Mackenzei(1986)等人提出的广告对品牌态度的影响模型，开展了短信广告态度影响因素的研究，研究发现，手机用户对短信广告总体呈消极态度，大部分受调查者认为短信广告没有存在必要且弊大于利。大学生对各类媒体广告态度消极，厉国刚(2009)测量了大学生对各类媒体广告的态度，大学生对各种媒体的广告整体表现出了较大的不信任，各类媒体广告信任度普遍较低：电视广告(47.7%)、报纸广告(20.2%)、杂志广告(18.1%)、网络广告(7.8%)、海报与 POP(5.7%)、广播广告(2.6%)、以及其他媒体(8.3%)。柳承烨(2011)进行了植入式广告态度的中韩比较，研究发现，中国消费者比韩国消费者持更强的否定态度。

影响广告态度的因素上，以往研究归纳了不同的影响因子。陈睿等(2008)确立了 8 个影响因子进行测量，分别是可信度、和谐性、传播情境、选择性、信息传递、广告诉求、互动性和回报。研究发现，在广告特性对广告态度的影响上，“信息传递”和“传播情境”对短信广告态度的影响最为重要；其次是“广告诉求”；而“互动性”和“回报”对短信广告态度的影响则不明显。柳承烨(2011)进行了植入式广告态度的研究，考察 7 个因子对植入式广告态度的影响：明星关联度、直白描述、赞助商可信度、消费助长、品牌差别化、道德性、信息提供。这些影响因子都以广告特性(形式和内容)为主,缺少对个体因素的关照。

4. 对国内广告态度研究的总结

对国内广告态度研究的回顾发现,中国消费者对广告总体态度表现出了消费者的复杂心态:一方面不信赖广告,另一方面又依赖广告,对广告持负面态度的同时,购物行为又受到广告的影响。而在广告态度的影响因素方面,广告的“信息性”的正面影响最为突出;除此之外广告“可信度”“趣味性”和“干扰性”是影响广告负面态度的主要原因。另外,人口统计因素及个体心理因素也影响广告态度。

在研究方法上多采用问卷调查的实证研究,但存在研究对象集中于大学生以及样本局限性的问题,需要引入多元的研究方法,并拓展研究对象范畴。比如柳承烨(2011)对植入式广告效果的中韩比较研究,研究对象共 617 人,其中在韩国以位于首都圈内的四所大学的 299 名学生为对象,在中国选取了北京及周边地区的三所大学的 318 名大学生为对象。大学生既是现在的消费群体之一,又将成为未来重要消费者主体,但作者也申明,研究的结果难以代表当前的整个消费者群体。黄劲松等(2006)采用实验法,测量了品牌熟悉度对广告态度、品牌态度的影响,对一所重点高校和两所普通高校的大学生进行实验,共获得有效样本 397 个(有效率为93. 19%),研究对象也为大学生。周丽玲(2005)的“消费者广告态度及其影响因素”的调查以武汉市全体 15 - 80 岁市民为抽样总体,以“职业”为核心对各种人口进行按比例的配额,共抽取了 3 家公私营工商企业、学校、医院、社团及省市政府直属部门作为调查的样本单位,另补充了 40 位个体工商户样本,最终获取有效样本 616 个,样本的职业、性别、年龄结构保持了与武汉人口的总体水平接近,但不能代表全国样本,也存在样本局限性的问题。在研究方法上,除了以上的量化问卷调查以外,可考虑加入质化研究工具,例如深度访谈和焦点小组。

尽管如此,以上这些研究都对开展我国网民网络广告态度的研究具有启示和参考意义。

(三) 对国内外研究广告态度影响因素成果总结

综合以往的研究成果,影响广告态度的因素主要集中在广告因素、个体因素、其他因素三个方面:

1. 个体因素

(1) 人口统计变量

不同年龄消费者的广告态度存在差异。关于消费者广告态度的影响因素,许多定量研究都发现年龄变量对消费者广告态度的重要影响。Zanot (1984)的研究发现,对广告的负面态度倾向最明显的是年轻人。英国学者们的研究也发现,15 - 24 岁的年轻人的广告态度相比年纪大的人更积极。周丽玲(2005)的研究发现,年龄越大对广告的总体态度就越趋于负面。

性别、年龄、文化背景等在人口统计变量对广告态度存在影响。刘世雄和刘艳(2007)测试消费者对粤语广告和国语广告的总体态度,研究发现,广东籍消费者和非广东籍消费者对粤语广告的态度明显不同,并且对粤语广告的认知、情感和行为都存在显著差异。柴俊武和李晶晶(2008)对中国十个城市的消费者进行取样调查,对影响消费者广告信任度的因素进行了研究,发现广告受众的年龄、教育水平、收入水平和所处城市等因素影响广告信任度。秦晓静(2012)采用问卷法对 200 名芜湖某些高校在读大学生进行广告态度的调查,涉及不同媒介、不同诉求方式、不同商品类别的广告态度,结果发现大学男女生对各种媒介广告以及感性、理性广告不存在显著的性别差异,但对所调查的五类商品的广告态度有四类存在显著性别差异。

(2) 家庭和文化因素

一些学者在消费者社会化理论的框架下专门就青少年广告态度的影响因素问题展开研究。Mangleburg 和 Bristol(1998)发现了家庭、同龄人及大众媒介等社会化因素与青少年对广告的怀疑态度(Skepticism toward Ad)之间的关系。Bush, Smith 和 Martin(1999)通过对美国黑人青年和白人青年的比较研究,同样发现了家庭、同龄人及大众媒介对广告态度的影响,同时还证明了性别和种族的影响。其他研究表明,消费者对广告的接受水平因地域和文化的差别而异,并且消费者对广告的态度随着年龄的增长而变化。Mooij DeMarieke 在比较研究了欧洲国家后指出:由于文化不同,不同国家的受众对广告的态度和要求存在差异。例如在英国、法国和德国,广告被看作是日常生活的积极成分;匈牙利和波兰有相当比例的人认为应与广告保持一定的距离。在法国,大众都认为广告有娱乐的效果,而在英国有此认识的人就比较少。还有一些学者从其他角度对消费者广告态度的形成提出自己的设想如 Schudson 认为,不同的群体在不同程度上易受广告的影响;他们易受影响程度的差异,主要原因不在于广告的性质或数量,而在于人们因年龄、教育、人生阶段以及当地政府对消费者保护提供的保障等因素造成的信息资源不同。

(3) 心理变量

在潜在心理变量中,"对媒体的态度"(Lee & Lumpkin, 1992)、"先前广告态度"(Dutta-Bergman, 2006)、"时间压力"(Nicholls、Roslow & Comer, 1994)、

"他人在场"(Moriarty & Everett, 1994)等因素影响广告态度。

2. 广告因素

(1) 广告特性

研究发现,广告的"信息性""趣味性""真实性""干扰性"等方面的特性,对广告态度的影响显著。某些广告特性会导致受众积极的态度,而某些广告特性则导致消极的态度。

在导致积极态度的广告特性上,国外许多学者的研究都得出了广告"资讯性"(信息性)正面影响广告态度的结论。Schlosser 等(1999)在其研究中指出,大多数表示喜欢广告的受访者都是因为广告的资讯性,Rotozu 等(1989)的研究也认为广告最主要的功能就是提供资讯,不仅对于传统媒体广告是这样,Ducoef (1996)发现对于网络广告,资讯性也是受众感受比较强烈的一点。周丽玲(2005)的研究发现,在消费者比较认同广告的功能等方面中,"提供实用信息"成为非常突出的一个因素,中选率达 64%。而其他如"新奇创意""倡导好的社会观念""提供品牌保障""传播流行时尚""娱乐消遣"等方面的中选率则相对比较平均。

在导致负面广告态度的因素中,"虚假广告""重复干扰""趣味性差"的影响最为突出。"虚假性"的负面影响最明显,很多发现了对广告信息真实性的怀疑会影响消费者对广告的总体看法(Mangleburg & Bristol, 1998; Obermiller, Spangenberg & MacLachlan, 2005),还有学者认为关于广告的负面观念(如认为广告提供虚假及误导信息、宣扬了不良的价值观、劝说人们购买他们并不需要的东西等)会实际损害广告的效果,甚至导致人们对广告采取更严厉的态度和行动——要求对广告实施更严厉的管制(Pollay & Mittal, 1993; Bush, Smith & Martin, 1999)。"干扰性"也导致负面态度。Bracett 和 Car (2001)提出的广告态度模型中也包括消费者在广告中所感受到的干扰性会影响消费者对广告价值的评估,从而影响广告态度。"趣味性"影响广告态度。Elliott 和 SPeek(1998)和 Ha & Litman(1997)的研究也发现当消费者认为媒体广告无趣时,就会对该媒体上的广告持较为负面的态度。周丽玲(2005)的研究也证实了以上特性对广告态度的负面影响,她的研究结果发现,消费者对广告产生负面印象则主要来源于:"传播虚假的产品信息(真实性差)""重复刺激和干扰(干扰性强)""庸俗无聊(趣味性差)",三个选项的中选率均超过 60%,尤其是虚假广告的问题,有 75.2%的被访者都表示对其不能容忍。

(2) 广告诉求方式

根据诉求点的不同,广告可以分为理性广告和情感广告两大类。关于不同的广告诉求对广告态度的影响，中外学者从研究中大致得到以下结论：情感反应对广告态度有重要作用，体现在三种类型的情感反应上：温暖、乐趣和烦躁。EdeH 和 Burke 的研究也指出，由广告所引起的情感是对广告效果的唯一解释。

（3）产品类型差异

从历年的研究结果来看，在购买不同商品类别时，人们考虑广告的重要性程度也存在一定的差异。黄升民和陈素白（2006）的研究表明，侧重于感性购买和理性购买的商品，消费者对广告的关注态度是不同的。一般来讲，若购买商品的卷入度较低，则对广告的态度和关注角度侧重感性成分较多；而购买卷入度较高的商品，对广告的态度则偏理性成分较多。

3. 其他因素

另有一些研究探讨了广告呈现过程中消费者的情绪状态。Srull 指出，如果要求被试在广告呈现的过程中对正在被广告的品牌进行评价，那么广告呈现前的心情将影响消费者对广告的态度；但是如果态度是被试在广告信息呈现后形成的，那么就没有这个效应。但是，也有研究发现，无论态度是否是在广告呈现过程中形成的，广告呈现时的心情对消费者的态度均会发生影响。

媒体特点不同，消费者对不同媒体广告的态度也不一样。与电视广告相比较，美国消费者认为，电视广告提供的信息跟广播广告差不多，比报纸和杂志广告少；电视广告略比广播广告有趣，但不如报纸和杂志广告；电视广告的欺骗性比其他三种媒体广告都强；电视广告比其他三种媒体更让人不快和讨厌。

以上广告态度形成的影响因素，对网络广告态度研究框架有指导意义。

四、网络广告态度国内外研究

网络媒体出现之后，学者们对特定媒介广告态度的关注转移到了网络广告上，探讨人们对网络广告的态度如何，以及影响网络广告态度的因素。

（一）网络广告态度的国外研究

1. 网络广告态度测量及影响机制的研究

随着互联网媒体的发展，网络广告从种类到数量越来越多，以致网民越来越感觉到了广告的繁多和混杂（Burns 2003）。这个问题很值得研究，需要了解人们是如何对网络广告进行感知的（Ducoffe 1996）。于是，很多研究者沿用总体广告态度的理论模型，对网络广告态度进行了测量（Burns，2003；Ducoffe，1996；

Cowley etl. , 2000; Schlosser etl. , 1999; Wang etl. ,2002),并发现“广告态度理论模型”也适用于网络广告态度的研究。

(1) 网络广告态度早期研究

早期的网络广告态度研究移用了传统媒体广告研究的理论框架和思路,并未形成适用于网络广告研究的理论模型。

研究发现,网络广告特性影响网络广告态度。Ducoffe(1996)测量了网络广告的三个特性(信息量、刺激性,趣味性)对网络广告态度的影响,研究发现:网络广告的信息量、刺激性和趣味性影响消费者对“网络广告价值”的认知,进而又会影响网络广告态度。Previte 和 Forrester(1998)进行了互联网用户对网络广告态度的测量,研究使用了 Pollay 和 Mittal(1993)的广告态度理论模型,研究结果发现:一,受访对象对网络广告态度的负面倾向明显,消费者普遍认为网络广告愚弄了他们,广告图片与实物不符,存在欺骗他们购买的行为。Schlosser, Shavitt 和 Kanfer(1999)进行了互联网广告态度的研究,探讨了三个主要问题:人们对互联网广告的态度如何?与对广告的总体态度有何区别?哪些因素影响网络广告态度。研究归纳了 5 种广告信念:广告效用(信息性、娱乐性、对购买决策的帮助)尊重、信任度、价格感知、以及控制性。研究结果发现,相比总体广告态度,人们对待互联网广告的态度更消极,“趣味性”对网络广告态度的影响最显著。

网络广告态度也起到了影响品牌态度和购买行为的作用。Briggs 和 Hollis (1997)研究了横幅广告对消费者品牌态度和购买行为的影响,他们发现,横幅广告能影响消费者对品牌的态度,并可能引发购买行为的发生。

(2) 网络广告态度理论模型的创建

Cowley(2000)首先提出了网络广告态度的解释模型。该模型基于 Alwitt & Prabhaker(1992)、Mittal(1994)和 Pollay & Mittal(1993)的研究成果,归纳了出了信念因素的三个维度:制度层面的(经济、社会效益)、工具层面的(广告中的性别、广告频次、欺骗和攻击性)和功能层面(享乐、社会角色和自我形象、产品信息)(Cowley,2000)。根据以往的研究(Alwitt & Prabhaker, 1992; Johnson, Slack, & Keane, 1999; Mittal, 1994; Muehling, 1987; Pollay & Mittal, 1993; Cowley 等,2000),他们认为这三个维度的信念都会影响网络广告态度。

Brackett 和 Carr(2001)拓展了网络广告态度模型,增加了 2 个前因变量:信任度(MacKenzie & Lutz, 1989)和人口统计变量。他们发现,信息性、趣味性、刺激性和可信性等广告本身的特征会影响人们对广告价值的认知,而人口统计变量(性别、专业、班级、年龄)并不能预测网络广告态度。

Wolin 等(2002)对网络广告态度的研究建立了 3 个研究假设：1. 网络广告的信念影响网络广告态度。其中产品信息、愉悦感、社会角色和自我形象、对经济有益等信念与网络广告态度正相关；而物质主义、虚假等信念与网络广告态度负相关。2. 积极的广告态度引发积极的网络广告行为。3. 消费者的教育程度、年龄、收入等人口统计因素与网络广告行为相关度低。研究发现，7 个信念变量在预测网络广告态度，6 个变量能预测网络广告态度，其中产品信息性最突出。消费者积极的网络广告态度能引发积极的网络广告行为。收入和教育在对网络广告态度的影响上负相关。

除了人口统计因素之外，研究发现，用户上网状态也是影响网络广告态度的显著因素。Peter & Guy(2003)考察了影响网络广告的回忆和再认的因素，研究发现：一个人暴露在包含横幅广告的网页上的时间越长，他们越有可能记住这个横幅广告；相比有目标任务的用户而言，处于冲浪状态的用户对网站横幅广告的记忆度更高。

通过文献回顾发现，对于网络广告态度的研究，有些只限于横幅广告(Banner)这种广告形式(Wolin etl., 2002；Briggs & Hollis, 1997)，或者有些研究并没有区分广告形式(Previte & Forrester, 1998；Schlosser 等，1999；Brackett & Carr, 2001)。直到 2006 年，Burns 和 Lutz 进行了不同形式网络广告态度的研究，该研究源自 Burns(2003)的博士论文，他们认为广告形式是影响网络广告态度的重要因素。

(3) 网络广告态度研究的深入

网络广告态度研究的深入，体现在开始涉足更多形式网络广告的研究(Burns, 2003)、进行不同形式网络广告态度的比较研究(Xingpu Yuan, 2006)、以及对最新网络广告形式(社会化媒体网络广告态度)的研究(Shirley A. Cox, 2010)。

Burns (2003)的研究关注消费者对不同形式(规格)网络广告的态度，以及与总体广告态度的关系。他提出了影响对特定形式网络广告态度的 4 个前因变量：对网络媒体的态度、对广告形式的认知、对网站的态度以及对网络广告的总体态度(Burns, 2003)。其中，对网络广告形式的认知包含：趣味性、打扰性、信息性。网络广告形式包含 7 种：横幅广告、弹出广告、漂浮广告、背投广告、页面插播广告、擎天柱广告和大矩形广告(Burns, 2003)。结果显示，受众对所有不同形式网络广告的认知与其网络广告态度的形成显著相关。而对于网络广告态度其他假设的预测(比如对网络广告的态度、对网页的态度、对互联网的态度)，并不是所有网络广告形式都呈现显著相关,只在某些特定形式的网络广告中呈现正相关。两个感知因素(趣味性和干扰性)影响了对所有 7 种广告形式的态度;信息性只影响几种形式网络广告态度(Burns, 2003)。对网页的态度和网络广告总体态度也影响某些形式网络广告的态度。

Xingpu Yuan(2006)评估互联网用户对弹出式广告和搜索引擎广告的态度,研究发现:对于这两种广告形式,人口统计因素和互联网使用动机均会影响到用户对互联网广告的态度;相对而言用户对搜索引擎广告持更积极的看法和态度,并且在回避行为上没有弹出式广告那么频繁;互联网接入方式——比如宽带 VS 局域网,用户的互联网使用技能、以及使用搜索引擎用于商业信息、购物、娱乐、沟通的不同目的和动机,对用户的互联网广告态度有显著的影响;网络使用不太熟练的用户、宽带用户、不经常搜索引擎的用户,以及更经常运用网络进行商业信息搜集、购物、娱乐的用户,和使用互联网沟通工具不频繁的用户,对互联网广告的负面反应和评价相对较少。

Shirley A. Cox(2010)的研究关注了社交网络用户对社交网站中不同形式网络广告的态度。研究发现用户对首页公告栏、博客、视频、品牌社交网站页面等形式的网络广告态度更积极,对弹出广告、可扩张的漂浮广告持相对负面的态度。

以上研究,倾向于从广告认知(信念)的角度测量网络广告态度,并一致得出了"信息性""娱乐性"的积极信念会带来积极的广告态度,而人们对互联网广告的负面态度主要来自于"刺激性""干扰性"等消极广告信念;另外,广告形式也是影响网络广告态度的重要因素;同时,人口统计因素和网络使用等个体因素也影响网络广告态度。

2. 网络广告回避态度的研究

如前文所述,网络广告负面态度的研究被很多学者关注,取得了很多研究成果,其中最有代表性的是两个网络广告回避模型,能很好地解释消极网络广告态度产生的原因。

(1) Cho & Cheon 的网络广告回避模型

基于已有的传播学、心理学和营销学理论及相关研究,Cho & Cheon(2004)建立了网络广告回避的假设模型(如图 1 - 10),提出了网络广告回避的三个前因变量:目标任务受阻(搜索障碍、进程中断、分散注意),感知广告混杂(过量、排他、刺激),先前的网络广告负面经验(不满、缺少效用、缺少激励)。借用消费者可能对广告刺激做出反应的三种方式(Vakratsas & Ambler, 1999),提出了网络广告回避的三种类型:认知回避、情感回避和行为回避。

广告认知回避,即是指由于对网络广告的负面信念,而导致的对网络广告的

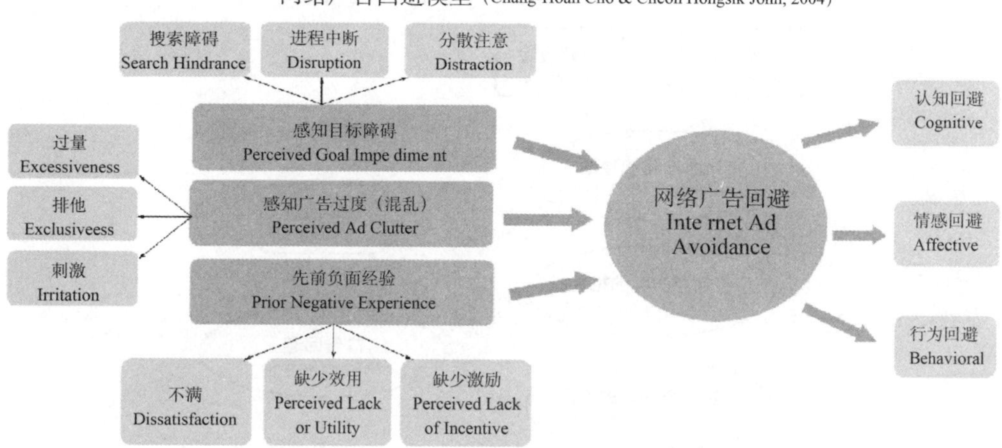

图 1－10　Chang-Hoan Cho & Cheon，Hongsik John(2004)的网络广告回避理论模型

刻意忽略。网络广告情感回避反应，是指由于受众对网络广告的消极情绪，在网络广告信息传播过程中产生的感性排斥反应，比如厌烦、不喜欢、以及由网络广告引发的不快感和愤怒感。消费者行动上对网络广告的回避定义为网络广告行为上的回避。这些行动就是网络广告的行为回避，例如，向下滚动网页以回避旗帜广告，清除弹出广告，单击关闭包含旗帜广告的广告页面，如此等等。

Chang-Hoan Cho & Cheon，Hongsik John(2004)的研究验证了"感知的目标妨碍""感知广告混乱""预先的消极经验"是导致网络广告回避的重要因素。调查结果显示，网络广告回避比率为55.8%，与传统媒体的广告回避相比，网络广告回避更明显。"感知目标受阻"是导致网络广告回避最重要的影响因素，这一结果与网络更倾向于"目标指向"媒体的假设一致，网络广告所引发的用户目标障碍正是互联网用户最在意的。网络广告回避的第二前因是"广告感知过度"。

以 Cho & Cheon 提出的前因变量为基础，后续很多学者开展了研究，探究不同的前因变量是如何发生影响的。Steven、Hairong 和 Joo-Hyun 对网络广告回避的影响因素做了进一步的实验，"对目标妨碍、分心、广告过量、恼怒感、缺乏效用、缺乏激励"以及"不满足"做了再一次的研究，进而将"目标妨碍与分心"归结为"目标干扰"因素。

(2) 社交媒体环境下的广告回避模型

Louise Kelly，Gayle Kerr，and Judy Drennan(2010)使用 Cho and Cheon 的广告回避模型(2004)为研究起点，发展出了社交网站中的网络广告回避模型，提出了在网络社交环境中的四个广告回避前因变量(如图 1－11)。

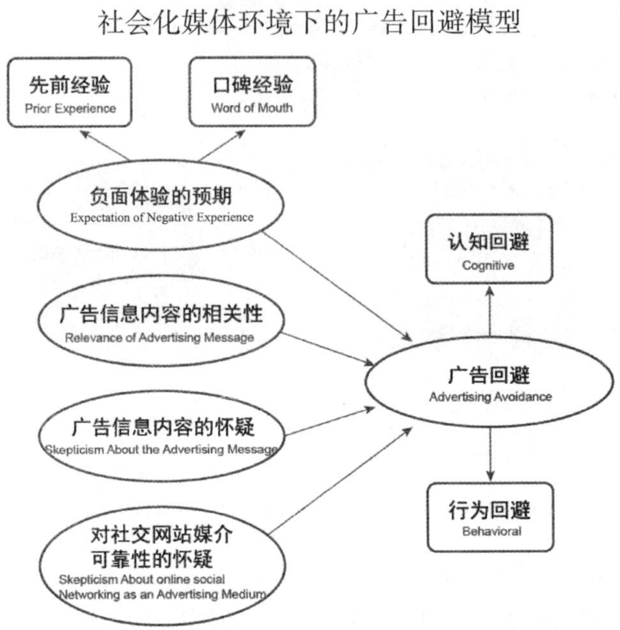

社会化媒体环境下的广告回避模型

先前经验 Prior Experience

口碑经验 Word of Mouth

负面体验的预期 Expectation of Negative Experience

广告信息内容的相关性 Relevance of Advertising Message

广告信息内容的怀疑 Skepticism About the Advertising Message

对社交网站媒介可靠性的怀疑 Skepticism About online social Networking as an Advertising Medium

认知回避 Cognitive

广告回避 Advertising Avoidance

行为回避 Behavioral

图1－11 Louise Kelly, Gayle Kerr, and Judy Drennan(2010)的社交网站中的广告回避模型

负面体验的预期(Expectation of negative experience)：这种对网络社交媒体广告的负面体验预期可能来自于先前的负面经验，或者他人负面经验的口耳相传，也包括从权威人士处获得的警告、提醒。

广告信息的相关性的认知(Perception of relevance of advertising message)：如果接收到的广告信息不是用户感兴趣的，该信息可能不被处理。

对广告信息诉求的怀疑(Skepticism of advertising message claims)：如果消费者怀疑广告的诉求，或者认为这些诉求不适合当前的媒介环境，他们倾向于忽视这些广告信息、甚至对这个媒介中的其他广告信息也视而不见。

对社交网站作为一个可靠媒介的怀疑：消费者不信任从在线社交网站获得的信息。他们认为，在线社交网站缺乏信誉；并认为，社交媒体广告信息缺乏监管。

该研究使用了焦点小组与深度访谈相结合的方法。大多数受访者表示，他们使用在线社交网站的主要动机是是打发时间和消遣娱乐，因此广告造成的分心对他们而言是较小程度的。他们一般采取的回避方式也是对广告信息视而不见(认知回避)。广告混杂(Advertising Clutter)不是影响社交媒体网络广告回避的显著原因。被访者对在线社交网站的广告客户普遍不信任，大多数被访者从家长和老师那获得了提醒：比如点击广告可能会使计算机感染病毒。虽然大多数被访者强烈不信任网络广告，但是多数人没有直接的网络广告负面体验，他们对网络广告的信念来自于父母、老师等权威人士的提醒。被访者提供了可能导致他们回避社交网站网络广告的其他原因，包括：广告产品的相关性，媒介公信力缺乏，缺乏对广告商的信任等。

信任度也是引发广告回避的原因之一。Moore and Rodgers（2005）的研究也已显示，网络的信任度会影响消费者的网络广告态度。研究发现，即便是网络购物最多的大学生群体也缺少对网络广告的信任。他们会对被要求提供信用卡信息或个人信息的网站表示犹豫，只选择在信任的网站进行网购。

（二）网络广告态度的国内研究

1. 网络广告态度及其影响机制研究

网络广告态度的国内研究虽然不多，但是聚焦于不同形式网络广告态度的倾向性及影响因素，研究结论也很有参考价值。

（1）网络广告态度的倾向性

关于网络广告态度积极与否，国内相关研究并未得到一致的结论。

有些研究得出了网络广告态度积极的结论。张卓颖（2008）的研究着眼于新消费者的网络广告态度，研究结果发现，新消费者对于网络广告处于中性偏积极的态度。庞海燕（2009）研究了大学生对网络广告的总体态度，以及网络广告的发布形式、途径、广告设计对广告态度的影响。研究发现：大学生对于网络广告的总体态度是积极的，经常或偶尔点击浏览网络广告的人数占总体的55.7%，会考虑通过网络广告购物的人数占总体的60.4%。汪青云和龙莎（2011）针对大学生进行了网络视频广告的态度及其影响因素的实证研究，研究发现：大学生对网络视频广告态度总体是积极的。

巢乃鹏和杜骏飞等（2009）则认为网络广告态度消极，他们以北京、南京、香港三地为例，测量了三地大学生的网络广告态度，并对网络广告的效果进行了评估，三地大学生都呈现出了对于网络广告的不满。

相关研究发现，在网络广告态度对行为的影响上，尽管积极的态度有利于积极的行为，但是网络广告对促成网购行为的作用有限。任黄燕和宋改平（2008）进行了网络广告点击率影响因素的研究，提取5个影响网络广告点击率的重要因素对中国的大学生进行实证研究。证实了积极的网络广告态度对广告点击行为的正向影响。他们的研究发现，态度可以作为衡量广告效果的中介变量，网络受众的态度和习惯对网络广告的点击率形成了显著性的影响。巢乃鹏和杜骏飞等（2009）研究还发现，网络广告对于促成网络购买念头的作用非常有限。“担心网上购物安全”列为网络广告没有促成购买行为的原因。马红丽等（2012）进行了社交性网络服务（SNS）网站用户对于广告和产品的记忆和态度是否决定受众的购买意向的研究发现，对受众的购买意向影响最大的是受众对产品的态度，受众广告接触及记忆的描述和对广告的态度的影响是次要的。

(2) 广告因素对网络广告态度的影响

网络广告特性影响广告态度。相关研究发现,网络广告的“信息丰富性”“真实性”“干扰性”“广告质量”等特性对网络广告态度的影响显著。任黄燕和宋改平(2008)的研究发现:“网络资源的丰富性”对网络广告的点击率有显著性的影响。张卓颖(2008)的研究发现,网络广告积极态度来自于:网络广告互动性强,创意新颖,形式独特,而且具有较强的精准性。消极的态度来自于:网络广告可信度低,真实性差,强制性和干扰性较强。巢乃鹏和杜骏飞等(2009)使用在所有的 15 项指标(广告特性)对网络广告进行了总体评价,得分最低的三项为“必要性”“可信性”和“说服力”,人们对于网络广告负面态度的主要原因为“广告的出现成为对网上活动的打搅”“广告数量太多”“广告的真实性无法保证”。范学良(2011)进行了大学生的 SNS 网络广告态度的调查,研究发现:SNS 网络广告的“真实性”和“广告质量”是影响大学生网络广告态度的主要因素。超过 80%的学生认为网络广告存在欺骗性,49.1%的大学生从来都不会去浏览这些广告,21.8%的大学生只会去浏览那些自己感兴趣的广告,26.7%的大学生只浏览广告创意很新颖的广告,71.6%的同学觉得 SNS 网站上现有的广告质量一般。

网络广告形式影响广告态度,网民对不同形式的网络广告态度存在差异。庞海燕(2009)研究显示,大学生对于网络广告形式的喜欢程度排在第一位的是视频广告,其他依次是新闻组广告、互动游戏式广告、壁纸式广告、旗帜广告、图标广告等;视听形式的网络广告比较容易被大学生接受,而弹出式网络广告对于大学生的广告效果最弱。巢乃鹏和杜骏飞等(2009)的调查结果显示,网络广告形式影响受众态度,三地大学生在最能接受的广告样式的排序上均选择了按钮式广告、横幅式广告、文字标题链接式广告;同时,受到广告主推崇的跳出式广告、新兴的超大尺寸广告却没有得到网民的认同,而传统的邮件式广告属于不受欢迎之列。三地大学生对于网络广告有一定程度的不良印象,特别是对弹出式广告这类打扰性较强的广告非常不欢迎。

广告布局和所占页面比例等因素影响广告态度。庞海燕(2009)的研究发现,网络广告在页面中的面积比例与大学生对网络广告的态度呈显著的正相关。巢乃鹏和杜骏飞等(2009)的研究发现,在广告布局位置上,北京、南京对于中上、中中位置较为偏爱,超过 50%的两地学生将中上列为首选项。而香港对于左中、中中位置比较偏爱。而对于内地学生较为偏爱的中上位置,仅有 1%的学生将其作为第一选择。

网络广告的表现风格影响网络广告态度。汪青云和龙莎(2011)的研究发现，半数以上的大学生倾向选择感性诉求的广告；网络视频广告的表现风格越富有亲切感和人情味的，大学生对其态度就会越积极。

（3）个体因素对网络广告态度的影响

个体因素对网络广告态度的影响上，研究者考量了人口统计变量、网络使用行为、人格特征、潜在心理变量等因素。

巢乃鹏和杜骏飞等(2009)研究考察了受众个体因素，包含三地大学生个人性格的特征（对新产品的接受程度、对风险的态度和对他人的影响等因素）；个人网络使用行为的基本情况（网龄、上网时间、上网频率等指标）。

庞海燕(2009)研究，网购态度影响网络广告态度。大学生对网络购物的态度会影响他们对网络广告的总体态度，大学生的网络购物经历、继续参与网络购物的可能性等因素对网络广告的态度呈极其显著的正相关；对网络营销的满意程度与对网络广告的态度呈非常显著的正相关；大学生用在网络营销的金额与网络广告的态度呈极其显著的负相关；

人口统计因素影响网络广告态度，但在影响力度上并未形成一致的研究结论。庞海燕(2009)研究，人口统计变量对大学生网络广告态度的影响中，年龄无显著差异，而性别及其每月可支配金额与他们对网络广告的态度相关。汪青云和龙莎(2011)的研究发现，对网络视频广告态度存在人口统计差异：女性高于男性，年龄越大广告态度越不积极，学历越高广告态度越消极。

2. *网络广告回避态度的研究*

网络广告回避态度的国内研究很少，仅有李雪梅(2006)和雷攀(2010)进行了研究，他们以国外学者的“网络广告回避模型”为理论框架，验证不同因素对网络广告认知、情感、行为回避的影响。

李雪梅(2006)借用网络广告回避的模型，将影响网络广告回避反应的因素归结为任务干扰、恼怒感、个人效用、网络广告激励、个人相关性，并采用实证方法进行研究。发现“任务干扰”“个人效用”是影响网络广告认知回避反应的主要因素；“任务干扰”“恼怒感”“个人效用”“网络广告激励”是影响网络广告情感回避反应的主要因素；“任务干扰”“个人效用”“个人相关性”是影响网络广告行为回避反应的主要因素。另外，性别对网络广告回避的影响上发现，男性与女性在广告认知回避上的差异明显；无论是情感回避反应还是行为回避反应，男性受众群体的均值都大于女性受众。

雷攀(2010)在前人研究的基础上又增加了对涉入度和广告态度两个影响因素的研究，主要选择了 6 项变量对网络广告回避认知、情感、行为不同层面的影响。

(三) 对国内外网络广告态度研究的总结

1. 网络广告态度的影响因素

通过文献整理发现,影响网络广告态度的因素受到个体因素、广告因素、环境因素的影响。影响因素见下表:

表 1-2 影响消费者网络广告心理反应的因素

个体因素	
人口统计因素及消费者自身经验	性别等人口统计变量(Brackett & Carr, 2001)产品知识(Lee 等,2004) 网络使用状况(Bruner & Kumar, 2000; Korgaonkar & Wolin, 2002) 先前网络广告经验(Cho &chen, 2004)
心理因素	涉入度(Cho, 1999; Hershberger, 2003; Karson & Korgaonkar, 2001; McMillan et al. ,2003; Singh & Dalal, 1999) 对广告价值的感知(Brackett & Carr, 2001; Ducoffe, 1996) 互动性的感知(Bezjian-Avery et al. ,1998; Macias, 2003; McMillan et al. , 2003; Wu, 1999) perceived product category based on attitude functions (Yoon & Kim, 2001) 对网页因素的感知(Brackett & Carr, 2001; Bruner & Kumar, 2000; Ducoffe, 1996; Poh & Adam, 2002) 对网页信誉的认知(Shamdasani et al. ,2001) 对品牌的先前态度(Balabanis & Reynolds, 2001) 预先的网络广告态度(cho&chen, 2004)
媒介与广告相关因素	
内容特征	内容的信息丰富性(McMillan 等,2003) 产品类型(Wu, 2007) 网站与产品类型的相关性(Cho, 1999; Shamdasani 等,2001)
形式特征	网络广告形式(Burns, 2003) 符号特征(Thorson 和 Leavitt, 1996) 生动性(Cho, 1999; Sundar & Kalyanaraman, 2004; Yoo 等,2004) 广告的尺寸(Cho, 1999; Li & Bukovac, 1999) 强迫性(Cho et al. , 2001) 情感诱发(Choi 等,2001; Raney 等,2003) 网页设计和特征(Bruner & Kumar, 2000; Karson & Korgaonkar, 2001; McMillan 等,2003; Stevenson 等,2000) 虚拟直接体验(Griffith & chen, 2004)
广告特性	刺激性(irritation)、娱乐性(entertainment)、信息性(informativeness)、新颖性(novelty)、组织性(composition)、干扰性(Burns & Lutz, 2006)

2. 网络广告态度研究的局限性

(1) 研究方法上的局限性

在研究方法上，目前没有任何采用回避行为的实际观察研究、自我报告的测量的方法来进行互联网广告回避的研究，多使用问卷测量的定量研究。同时，这些定量研究也都暴露出了样本局限性问题，比如 Cho & Cheon（2004）的研究 266 个样本规模较小，且调查对象为大学生，不能代表其他消费者的网络广告回避。雷攀（2011）问卷发放的范围是来自重庆、成都、杭州三地的 5 所大学，虽然大学生来自于全国各地，并不具备全国代表性；而有效问卷只有 196 份，也不能完全反映实际的情况。因此，使用更大、更多元的样本来复制现在的研究会更有价值。

（2）影响变量预设的局限性

在现实情况中，影响受众网络广告回避反应的因素比较复杂，后续研究应考虑增加更多受众个体因素。在现实情况中，影响受众网络广告回避反应的因素很多也比较复杂（如，学习、态度、人口统计特征等），后续研究充分考虑这些因素的影响。举例来说，相比使用网络出于消遣和娱乐的目的的消费者，在限定的时间内进行网络信息搜索的用户可能有回避网络广告不同的理由（比如，时间压力，广告相关度低，没有认知的资源投入到广告中，等等），造成人们回避网络广告的原因可能包括“互联网广告不是有趣的、有创造力的、使人兴奋的”等等。

（3）研究对象的局限性

由于网络广告的种类繁多，多数研究只选取了其中具有代表性的几种形式，对不同形式网络广告回避的针对性也是后续研究的方向。除此之外，不同广告形式的打扰程度不同（比如，弹出广告、横幅广告、文字链接等），可能也会引发不同的“感觉目标故障”，和不同的“干扰性”。因此，未来的研究方向应该是一个全面的研究，将有助于减少消费者在互联网上的广告回避，提升网络广告效果。

综合以上研究发现，网络广告的“干扰性”“刺激性”“真实性”的负面信念导致了负面的广告态度，网络广告特性影响广告态度，广告态度进而影响网络购买行为的发生。网络广告态度的国内研究，验证了广告特性、广告信念、个体因素对广告态度的影响。但均以大学生为主要研究对象，对个体、广告本身的影响因素关照并不全面；缺少多类型网络广告的研究，需要更完善和系统的网络广告态度研究。在研究方法上，研究样本存在局限性，需要在更大范围内进行抽样，进一步扩展研究内容、深度发掘影响网络广告态度的各种影响因素。

第四节　文献回顾的启发

通过对广告态度、网络广告态度的影响因素的相关文献综述发现，网络广告态度的研究正成为网络广告效果研究的重要领域,并且随着网民对网络广告回避趋势的增加,网络广告态度的研究更有必要性和迫切性。以往的研究成果为本研究提供了理论支持和思路启发,就目前研究成果存在的局限与不足,也为该领域的进一步研究提供了机会。

一、对文献回顾的总结

从上文可知,网络广告态度研究已取得了诸多有益成果。然而,通过文献梳理也发现,本课题仍存在大量可探索空间。

(一) 广告态度成分有待深入研究

以往针对广告态度、网络广告态度的研究,全部使用“总体态度”进行测量和研究,较少对态度成分(认知、情绪情感、行为意向)展开系统测量和研究,因此,网络广告态度成分有待深入研究。

(二) 影响因素有待拓展

网络广告效果往往受到广告自身特点、受众个体因素的影响。现有研究聚焦于广告特性影响受众信念,受众信念进而影响广告总体态度的研究逻辑。虽涉及受众个体因素,但较多停留于人口统计差异的研究。需要综合广告特性与受众个体因素进行全面的考量。

考虑到网络广告具有区别于传统媒介广告的独特性,同时,受众的上网动机也有别于浏览其他媒体的动机,那么,以上各变量是否同样会左右网络广告作用的发挥,这还需要更多研究予以求证。

二、文献回顾的启发

以往研究的有益成果,为本书提供了很多启发。

(一) 研究思路上的启发

广告态度的研究为本书提供了理论支持,广告回避态度的研究则从另外一个角度提供了广告负面态度形成的原因。本书将综合广告态度和广告回避态度的研究成果,从广告特性、个体因素的角度考量对网络广告态度的影响。

广告态度有积极、消极倾向,有些因素推动积极态度的形成(比如广告的信息性、趣味性,和个体因素),有些因素则导致消极态度的形成(比如广告的刺激性过度、干扰性、强迫性等,和个体先前的负面经验等)。在本书的具体实施中,参照网络广告态度和网络广告回避态度的研究发现,综合考察我国网民的网络广告态度及影响因素。

（二）研究方法上的启发

以往的研究以定量研究为主，主要是使用量表对广告态度的测量，有些研究使用了实验方法测量特定广告刺激的广告态度，较少使用定性研究方法。本书将使用定量与定性结合的方式开展。

实证研究分为两个步骤：第一步通过深度访谈的方式，收集网络用户对网络广告的评价，并询问哪些因素会影响他们对网络广告的态度；第二步采用调查问卷的形式，结合已有研究的量表和深度访谈收集到的网络广告态度的影响因素编制成量表，进行验证。

第二章　研究设计

第一节　理论框架与研究假设

一、理论框架

在梳理以往研究和相关理论的基础上，进一步明确了本书的理论框架，如图2-1所示，包含网络广告态度和行为，由注意、认知、情绪情感、行为意向、行为构成；影响因素包含：网络广告特性、个体因素。

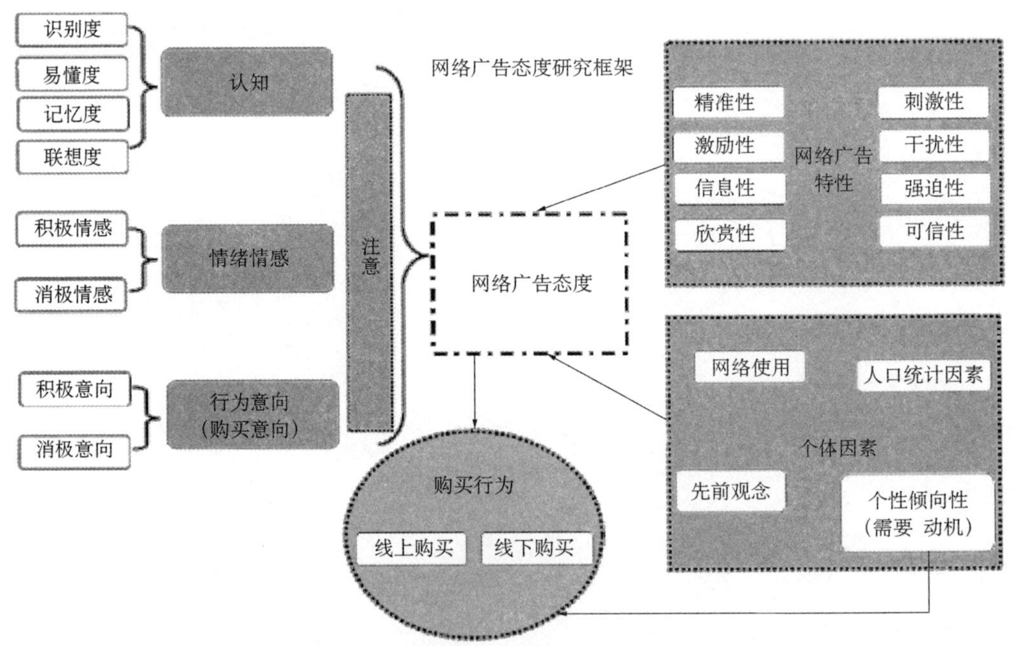

图2-1　网络广告态度与行为研究框架

本书分为三个部分，首先测量三种类型网络广告态度与行为；第二步，测量网络广告特性及其对广告态度与行为的影响；第三步，测量个体因素及其对广告态度与行为的影响。

（一）网络广告态度与行为

1. 网络广告态度的构成

注意——即网民对网络广告的选择和维持。

包含：注意状态、注意的指向、注意的集中。

注意状态：是否能注意、是否主动注意看、是否刻意忽视网络广告。

注意的指向：网络广告对网民视线的吸引。

注意的集中：网民对网络广告的视线停留。

网络广告认知——包含感知、理解、记忆、联想等心理过程。

本书从识别度、理解度、记忆度、联想度四个方面，考察网民对网络广告的认知。

识别度——是指网民对网络广告形式、信息内容、产品、品牌识别的程度。包括：能识别出网络广告、能识别产品、能识别出品牌、能识别出广告诉求。

理解度——是指网民理解网络广告信息内容的程度。包括：对广告诉求、产品功能、品牌形象的理解。

记忆度——指网民对网络广告中的产品、品牌等内容信息的识记、保持和再认（回忆）的程度。

联想度——是指网络广告所引发的网民对广告、产品、品牌的联想。

网络广告的情绪情感——是指网络广告所引发的用户即时的积极或消极情绪情感体验。包含积极情感、消极情感两方面。

行为意向——购买行为发生的可能性。是指网民对消费者继续了解产品信息、（网络/线下）购买产品的意向。包含积极的方面和消极的方面，积极的方面是指：点击网络广告，继续了解产品/品牌/促销信息；在网络中搜索产品/品牌/促销信息的口碑评价；向他人询问产品/品牌/促销信息；收藏商品；收藏广告页面；与他人分享广告或产品/品牌/促销信息。以及消极的方面：回避对网络广告的继续接触。

2. 行为

是指网络广告所引发的网民实际购买行为的发生，包括："网络购买行为"和"线下购买行为"。

（二）网络广告态度与行为的影响因素

网络广告态度的形成是一个复杂的过程，会受到诸多因素的影响，本书分为网络广告特性和网民个体因素两个方面。在影响因素的确定和量表设计过程中,为了保证全面性和系统性,参照了以往的研究和深度访谈、焦点小组的研究结果。

1. 网络广告特性

广告特性从内容、形式等角度入手,确定了 8 个变量因子:精准性、信息性、可信性、激励性、欣赏性、刺激性、干扰性、强迫性。

精准性——指网络广告产品/品牌与网民个体需要和兴趣的匹配/相关程度。

信息性——指网络广告信息价值的大小,主要对网络广告提供的产品、促销、品牌的信息内容的丰富、有用、及时方面的测量。

可信性——对网民而言,网络广告本身及产品和品牌的真实性、和信赖度。

激励性——是指网络广告通过购买激励和参与激励吸引消费者点击的手段。

欣赏性——测量网络广告吸引网民观看和欣赏的程度。

刺激性——是指网络广告对网络用户的感官刺激的强度。

干扰性——是指网络广告对用户上网行为的干扰。包含:分心、目标妨碍、任务中断。

强制性——是指网络广告违背用户接收、观看、点击意愿而曝光在用户面前的程度。包含:网络广告无法忽视、网络广告无法避开(关闭、跳过)、关闭误导。

2. 网民个体因素

个体因素包含:个性倾向性(需要、动机、兴趣)、先前观念、网络使用和人口统计变量等方面。

人口统计变量:性别、年龄、教育程度。

网络使用:网络使用经验丰富度、网络熟悉度、网站态度、上网状态等变量。

个性倾向性:包含兴趣、需要、动机。

兴趣——是指网民对网络广告中的信息、产品、品牌的兴趣。

需要——包含信息需要、购物需要。是指网民对网络广告中的信息的需要,以及对产品、品牌的购买需要。

动机——包含网民的上网动机和购买动机。购买动机是指网民购买商品和品牌的动机。

先前观念:指消费者所持有的对待网络广告、品牌、网购的先前经验和知识,包含积极和消极两个方面。

二、研究假设

基于以上三个方面的研究内容，本书分别针对“网络广告态度与行为”“网络广告特性影响广告态度与行为”“个体因素影响网络广告态度与行为”形成如下16个研究假设：

1. 网民对网络广告态度与行为

H1 网民的网络广告态度与行为消极

H2 网络广告态度对购买行为正向影响显著

2. 网络广告特性影响态度

H3 广告特性对广告态度的影响显著

H4 网络广告特性影响网民对网络广告的注意

H5 网络广告特性影响网民对网络广告的认知

H6 网络广告特性影响网民对网络广告的情绪情感

H7 网络广告特性影响网民对网络广告的行为意向

H8 网络广告特性影响购买行为

3. 网民个体因素影响其网络广告态度

H9 性别影响其网络广告态度

H10 不同年龄网民对网络广告的态度存在差异

H11 不同教育程度网民对网络广告的态度存在差异

H12 网络广告先前观念影响广告态度

H13 品牌先前观念影响广告态度

H14 网购先前观念影响广告态度

H15“个性倾向性”影响网络广告态度

H16“网络使用”影响网络广告态度

第二节　研究方法与实施

一、问卷调查

（一）调查问卷的结构

调查问卷包含四个部分：网络使用基本情况、门户网站使用及 Banner 广告态度与行为、搜索引擎网站使用及关键词广告态度与行为、购物网站使用及产品展示广告态度与行为、个人基本信息。

笔者编制了网络广告态度测量量表、个体因素量表、广告特性量表，见表 2 - 1、2 - 2、2 - 3。

表 2 - 1 网络广告态度与行为量表(李克特 5 级量表)

维度	分项	测量语句
注意	注意状态	我通常会注意看网络广告
		我一般对网络广告视而不见
	指向性	网络广告经常会吸引我的视线
	集中性	我通常会在吸引我视线的网络广告上停留
认知	识别度	我一般能快速识别出网络广告中品牌名称和 logo 我一般能快速识别出网络广告中的产品类型 我一般能快速识别出网络广告中的广告文案/标题
	理解度	我能轻松理解网络广告的广告语(标题、文案)/广告诉求 我能轻松理解网络广告中的产品功能
	记忆度	我能记住网络广告中的产品 我能记住网络广告中的品牌 我对熟悉产品/品牌的网络广告的印象更深 我能回忆出网络广告的内容
	联想度	通过广告，我经常联想我使用该产品和品牌的情形 通过网络广告，我能联想到其他相关产品和品牌
情绪情感	积极情绪	网络广告让我心情愉快 网络广告让我有惊喜感
	消极情绪	网络广告令我生气 网络广告惹人厌烦
行为意向	积极方面 (购买意向)	网络广告能引发我的购买意愿 我通常会点击浏览我感兴趣的网络广告 我通常会点击浏览我需要产品的网络广告 我通常会收藏我感兴趣的广告页面/商品
	消极方面 (广告回避)	我通常关闭干扰我网络行为的网络广告 我通常会关闭网络广告太多的页面 我下拉网页上的滚动条以回避网络广告 我采取任何能回避网络广告的行为 我通常关闭所有我接触到的网络广告
行为	网络购买	网络广告能引发我的网购行为
	线下购买	网络广告能引发我的线下购买行为

表 2－2　广告特性测量量表(李克特 5 级量表)

变量	测量语句
精准性	网络广告中的产品/品牌通常是与我有关的 网络广告中的产品/品牌通常符合我的需要 网络广告中的产品/品牌令我感兴趣
信息性	网络广告能提供给我详细的产品/品牌信息 网络广告能提供最新的品牌、产品的趋势和动态信息 网络广告的信息对我购买决策有帮助
可信性	网络广告的诉求真实可信 网络广告中的产品/品牌是真实可信 网络广告诉求值得信赖 网络广告中的产品/品牌值得信赖
欣赏性	网络广告制作精美 网络广告很有创意 网络广告很新颖 网络广告能让我享受一段时间的放松/惬意
激励性	网络广告中经常以有奖、优惠的方式激励我点击
刺激性	网络广告的数量太多 网络广告是动态炫目的，总会吸引我的视线 网络广告太大 网络广告总处于页面的显眼位置，视线没法避开
强迫性	网络广告通常无法忽视 网络广告通常无法避开 网络广告通常无法关闭 网络广告通常带有迷惑性，一点关闭反而打开
干扰性	网络广告经常分散我的注意力 网络广告会阻碍我浏览目标信息 网络广告经常打断我的网络行为

表 2－3　个体因素测量量表(李克特 5 级量表)

变量	因子	测量语句
网络使用	网络使用经验	我的此类网站使用经验丰富
	网络熟悉度	我很熟悉门户网站
	网络态度	此类网站提供的信息公正、客观 此类网站值得信赖 此类网站对我很有帮助 我喜欢此类网站 此类网站令我满意

续表

变量	因子	测量语句
	上网状态 （情绪状态） （时间压力感）	我浏览此类网站时是通常是认真的，而非心不在焉的 我浏览此类网站时是通常是兴奋的，而非倦怠的
		我浏览此类网站时通常是轻松自在的，没有时间紧迫感
个性倾向性	兴趣	我浏览网络时，有了解网络广告的兴趣 我有了解所接触到的网络广告中产品/品牌信息的兴趣
	需要	上网时，我有了解网络广告的需要。 上网时，我有购买商品（购物）的需要
	动机 （上网动机） （购买动机）	我浏览网站通常是为了获取信息 我浏览网站通常是为了消遣娱乐 我有购买特定产品和品牌的动机
	网络广告 先前观念	积极方面： 网络广告的存在很必要 我喜欢网络广告 总体而言，网络广告令我满意 网络广告对我很有帮助 网络广告是好的事物 消极方面： 点击网络广告有安全隐患 网络广告是商家推送给我的，是商家有目的的 网络广告不是我需要的信息 网络广告是虚假的 网络广告影响我上网，它们浪费我的时间
	品牌 先前观念	制作精良的网络广告中的品牌让人觉得有实力感 网络广告的好坏并不会影响我对品牌的忠诚度 我倾向于网购有品牌知名度的产品/在网购中我更信任品牌 我不喜欢干扰性强的网络广告中的品牌 我对制作粗略的网络广告中的品牌很反感
	网购先前观念	我支持网络购物 我依赖网络购物 我认为网络购物是安全的 我喜欢网络购物 网络购物存在风险 网络购物不安全 网络购物经常买到假货 网络购物退换货很麻烦

(二) 样本量与调研的实施

参照柯惠新和沈浩(2005)提及的非常简单随机抽样所需的最小样本量(见表 2-4),考虑到采集成本及执行时间等因素,在 95%的置信度下,如将误差控制在 4%以内,即总体样本量应不少于 600。考虑到回收的有效性,采用滚雪球的方式进行网络和邮寄调查,累计获得问卷填答 800 次时结束调查。

表 2-4 非常简单随机抽样所需的最小样本量(柯惠新和沈浩,2005)

允许绝对误差 ΔP 置信度	90%	95%	99%
1%	6 806	9 604	16 641
2%	1 702	2 401	4 160
3%	756	1 067	1 849
4%	425	600	1 040
5%	272	384	666
6%	189	267	462
7%	139	196	340

(三) 调查方法说明

问卷调查的实施可采用电话调查、邮寄调查、面访调查和网络调查等。结合研究对象和研究目的,考虑到调查执行费用、时间、回收率和有效性等因素,本调查选择使用网络问卷调查和邮寄调查相结合的方式。

网络调查具有方便填答、便于人际传播、填答快速、成本相对较低的优点,但填答质量较低,在网络调查执行时,通过"重复选项控制""答案逻辑控制""填答时间限定"等对网络问卷质量进行筛选,删除了无效或质量较差的问卷,以保证研究获得真实、有效的调查问卷。

为了扩大问卷回收量,收集到理想的数据,在进行网络在线调查的同时,本调查通过邮寄纸质版问卷给亲戚、朋友并委托他们的同事、同学、学生进行填答,考虑到样本覆盖的多样性,邮寄问卷选择了事业单位、私营公司、国企、央企、大学(本科)、民办大学(专科)和职业学校(高职)。通过回收问卷的填答情况,剔除了无效和填答不认真的问卷,以保证研究获得客观的数据。

第一轮问卷回收完成之后,根据样本分布情况进行了配额,继续追加了在读学生和男性网友的问卷调查,主要采用邮寄调查的方法。

(四) 调查数据完成情况

本研究问卷调查的执行期间为 2013 年 1 月—2 月，第一阶段(2013.1.24—2013.2.8)累计 15 天，通过网络在线调查滚雪球的方式，获得 350 份填答；第二阶段(2013.2.15—2.28)累计 14 天，通过书面形式发放的问卷总数为 450 份，回收 430 份；合计回收问卷 780 份，扣除被甄别掉的和填写不认真的问卷(态度测量量表填答得分矛盾)，有效问卷数量为 628 份，回收率为80.5%。

根据 CNNIC2012 年 12 月发布的中国网络市场的研究报告，网购群体年轻化，18 - 30 岁的网民是网购主力，占网络用户总数的81.7%；网购用户整体学历偏高，大学本科学历的占到了73.8%；从网购用户的职业分布看，网购用户主要为企业公司人员和在读学生群体。调查对象的样本构成分布如下，基本能够涵盖(代表)18 - 40 岁网民的状况(见表 2 - 5)。

表 2 - 5 调查对象的描述(受访网民人口统计特征—样本构成分布情况)

描述性统计变量	类型	频数	比例	样本数
性别	男 女 Total	310 318 628	49.4% 50.6% 100%	628
年龄	18 - 20 岁 21 - 25 岁 26 - 30 岁 31 - 35 岁 36 - 40 岁 Total	50 254 177 115 32 628	8.0% 40.4% 28.2% 18.2% 5.1% 100%	628
文化程度	初中及以下 高中/中专/职高/职专 大专 本科 研究生及以上 Total	3 14 96 393 122 628	0.5% 2.2% 15.3% 62.6% 19.4% 100%	628
职业状况	教师/科研/医生/律师等专业人员 计算机/互联网/通信/IT 保险/金融公司传媒/广告/公关 公司 政府机关/事业单位 企业中高管理层 全民/国有/集体企业职员 外资/合资企业职员私营企业职员	38 68 10 62 47 4 32 15	6.1% 10.8% 1.6% 9.9% 7.5% 0.6% 5.1% 2.4%	628

续表

描述性统计变量	类型	频数	比例	样本数
		86	13.7%	
	个体劳动者	2	0.3%	
	专业技术人员	25	4.0%	
	商业/服务业人员	9	1.4%	
	在读学生	196	31.2%	
	临时/兼职	13	2.1%	
	自由职业者	9	1.4%	
	待业中	5	0.8%	
	下岗/失业	1	0.2%	
	其他	6	1.0%	
	Total	628	100%	
个人收入	1 000元以下	162	25.8%	628
	1 000—1 999元	88	14.0%	
	2 000—2 999元	72	11.5%	
	3 000—3 999元	78	12.4%	
	4 000—4 999元	72	11.5%	
	5 000—5 999元	47	7.5%	
	6 000—6 999元	29	4.6%	
	7 000—7 999元	23	3.7%	
	8 000—8 999元	9	1.4%	
	9 000—9 999元	7	1.1%	
	10 000元及以上	41	6.5%	
	Total	628	100%	

二、深度访谈

深度访谈的目的是了解深访对象的网络使用情况、网购情况及对待三种类型网络广告的态度与行为。

本书选择 18 - 40 岁的网民作为深访对象，选择深度访谈样本时考虑到年龄、职业、性别的情况，累计访问 16 人（表 2 - 6）。

表 2 - 6　深访对象的基本情况介绍

编号	性别	年龄	职业	教育程度	网购产品类型
K01	女	26 岁	外企职员	硕士	服饰、化妆品、书籍、食品
K02	男	30 岁	事业单位员工	硕士	服饰
K03	女	33 岁	教师	硕士	服饰、化妆品

续表

编号	性别	年龄	职　业	教育程度	网购产品类型
K04	男	34 岁	事业单位员工	硕士	家电、数码、生活用品
K05	女	30 岁	国企员工	本科	家电、服装、化妆品
K06	女	28 岁	教师	本科	服装、化妆品
K07	女	27 岁	外企员工	本科	服装、化妆品、书籍
K08	女	26 岁	国企员工	本科	服装、化妆品、书籍
K09	男	28 岁	政府机关	本科	服装、数码、书籍
K10	女	31 岁	出版社	本科	服装
K11	男	20 岁	大学生	本科	服装、数码
K12	女	20 岁	大学生	本科	服装、化妆品
K13	女	19 岁	大学生	本科	服装、化妆品、日用品
K14	男	26 岁	研究生	硕士	书籍、火车、飞机票
K15	男	22 岁	军人	本科	服装、鞋子
K16	男	20 岁	大学生	本科	服装、书籍等

第三章　网络广告态度的数据分析

将问卷获取的数据录入SPSS之后，数据处理分为4个步骤进行：首先，对网络广告态度量表进行了信效度的检验，对量表进行了剔除和重新归类；第二步，通过描述统计分析获得网民对三种类型网络广告的态度，并对态度进行了比较；第三步，通过独立样本T检验，分析了广告态度的人口统计差异；第四步，通过回归分析，探讨了态度与行为的关系。

第一节　量表的信效度分析

“网络广告态度量表”的设计借鉴了以往研究的成果，并结合针对网民网络广告态度与行为的深度访谈的发现。量表设计后邀请了相关专家进行了评估和指导，在问卷调查实施前，网络广告态度的测量量表已经初步具备了结构效度和专家效度，现在将结合实际调查数据再次进行信效度分析。

本书用于测量网络广告态度的变量如表3－1所示，态度分为注意、认知、情绪情感、行为意向四个评价维度，为了考察态度与行为的关系，将行为列入附加维度。

表3－1　测量网络广告态度与行为的变量组成

变量分类		变量名	变量测量语句	与积极态度的方向
注意（Attention）	注意状态	A1	我通常会注意看网络广告	同
		A2	我一般对网络广告视而不见	反
	指向性	A3	网络广告经常会吸引我的视线	同
	集中性	A4	我通常会在吸引我视线的网络广告上停留	同

续表

变 量 分 类		变量名	变量测量语句	与积极态度的方向
认知(Cognition)	识别度	C1	我一般能快速识别出网络广告中品牌名称和 logo	同
		C2	我一般能快速识别出网络广告中的产品类型	同
		C3	我一般能快速识别出网络广告中的广告文案/标题	同
	理解度	C4	我能轻松理解网络广告的广告诉求	同
		C5	我能轻松理解网络广告中的产品功能	同
	记忆度	C6	我能记住网络广告中的产品	同
		C7	我能记住网络广告中的品牌	同
		C8	我对熟悉产品/品牌的网络广告的印象更深	同
		C9	我能回忆出网络广告的内容	同
	联想度	C10	通过广告,我经常联想我使用该产品和品牌的情形	同
		C11	通过网络广告,我能联想到其他相关产品和品牌	同
情绪情感(Emotion)	积极情绪	E1	网络广告让我心情愉快	同
		E2	网络广告让我有惊喜感	同
	消极情绪	E3	网络广告令我生气	反
		E4	网络广告惹人厌烦	反
行为意向(Intention)	积极方面(购买意向)	I1	网络广告能引发我的购买意愿	同
		I2	我通常会点击浏览我感兴趣的网络广告	同
		I3	我通常会点击浏览我需要产品的网络广告	同
		I4	我通常会收藏我感兴趣的广告页面/商品	同

续表

<table>
<tr><th colspan="2">变 量 分 类</th><th>变量名</th><th>变量测量语句</th><th>与积极态度的方向</th></tr>
<tr><td rowspan="5"></td><td rowspan="5">消极方面（广告回避）</td><td>I5</td><td>我通常关闭干扰我网络行为的网络广告</td><td>反</td></tr>
<tr><td>I6</td><td>我通常会关闭网络广告太多的页面</td><td>反</td></tr>
<tr><td>I7</td><td>我下拉网页上的滚动条以回避网络广告</td><td>反</td></tr>
<tr><td>I8</td><td>我采取任何能回避网络广告的行为</td><td>反</td></tr>
<tr><td>I9</td><td>我通常关闭所有我接触到的网络广告</td><td>反</td></tr>
<tr><td rowspan="2">行为（Behavior）</td><td>网络购买</td><td>B1</td><td>网络广告能引发我的网购行为</td><td>同</td></tr>
<tr><td>线下购买</td><td>B2</td><td>网络广告能引发我的线下购买行为</td><td>同</td></tr>
</table>

一、量表的信度分析

（一）描述性统计

经过对 5 个维度共计 30 个测量网络广告态度与行为的变量进行描述性统计分析，结果如表 3－2 所示。标准差显示出样本对不同测量项目态度上的差异，标准差越大，表明样本的态度差异越大。综合受访者对三种形式网络广告态度的数据，受访者对网络广告态度量表的态度差异不是很大。

表 3－2　测量网络广告态度变量的描述性统计分析

变量	Banner 广告描述统计量			关键词广告描述统计量			产品展示广告描述统计量		
	N	均值	标准差	N	均值	标准差	N	均值	标准差
A1	567	2.65	1.028	453	2.61	.912	418	3.50	.888
A2	567	2.35	1.012	453	2.43	.947	418	3.20	.931
A3	567	2.81	.986	453	2.77	.928	418	3.39	.853
A4	567	3.05	1.044	453	2.95	.963	418	3.44	.830
C1	567	3.08	.995	453	3.04	.899	418	3.33	.799
C2	567	3.18	.966	453	3.04	.840	418	3.44	.836
C3	567	3.10	.956	453	3.02	.901	418	3.26	.828
C4	567	3.13	.935	453	3.11	.849	418	3.33	.794

续表

变量	Banner 广告描述统计量			关键词广告描述统计量			产品展示广告描述统计量		
	N	均值	标准差	N	均值	标准差	N	均值	标准差
C5	567	2.99	.908	453	3.00	.884	418	3.30	.835
C6	567	2.50	.849	453	2.66	.787	418	2.95	.791
C7	567	2.62	.909	453	2.70	.780	418	2.97	.763
C8	567	3.39	.985	453	3.22	.934	418	3.46	.878
C9	567	2.45	.841	453	2.60	.794	418	2.83	.778
C10	567	2.80	.926	453	2.79	.870	418	3.13	.885
C11	567	2.74	.905	453	2.77	.842	418	3.07	.823
E1	567	2.19	.801	453	2.38	.824	418	2.86	.732
E2	567	2.30	.861	453	2.44	.831	418	2.93	.768
E3	567	2.66	.932	453	2.75	.868	418	3.02	.789
E4	567	2.45	.955	453	2.63	.866	418	2.95	.808
I1	567	2.43	.792	453	2.57	.816	418	3.27	.810
I2	567	2.87	1.103	453	2.90	.948	418	3.57	.817
I3	567	3.01	1.091	453	3.02	.999	418	3.58	.810
I4	567	2.43	1.059	453	2.71	1.006	418	3.35	.934
I5	567	1.78	.896	453	2.26	.916	418	2.43	.863
I6	567	1.77	.873	453	2.15	.878	418	2.35	.864
I7	567	2.00	.924	453	2.27	.859	418	2.50	.868
I8	567	2.30	.972	453	2.51	.952	418	2.67	.887
I9	567	2.38	.982	453	2.54	.941	418	2.76	.924
B1	567	2.41	.850	453	2.60	.827	418	3.26	.882
B2	567	2.45	.847	453	2.55	.867	418	2.91	.867
有效的 N	567			453			418		

(二) 内部一致性系数

一致性检验的目的是考察变量的内部一致性,"一个可信的量表,它的项目必须具有内部一致性”(柯惠新2005)。在信度分析中,克朗巴哈 α 系数,是目前最常用的信度系数。表 3-3 所示,通过对三种形式网络广告量表数据所进行的一致性检验,Cronbach α 均超过了0.9,学者 DeVellis(1991)认为,0.60～0.65(最好不要);0.65～0.70(最小可接受值);0.70～0.80(相当好);0.80～0.90(非常好)。量表的 α 系数越高,表示其信度越高。通过一致性检验分析,充分验证了本书的网络广告态度量表中的变量有很强的一致性。

表 3-3　克朗巴哈 α 系数检验结果(网络广告态度与行为变量)

网络广告类型	Cronbach's Alpha	项数
Banner 广告	.938	30
搜索引擎广告	.928	30
产品展示广告	.934	30

考虑到本书中网络广告态度量表所涉及的变量项目较多,而且用于测量网民对三种不同网络广告的态度,也将通过测量“删除项目时的 Cronbach α 值”来逐一检验某个具体变量对“网络广告态度”一致性的影响,具体结果见表(3-4、3-5、3-6)。

表 3-4　删除项目时的 Cronbach α 检验(Banner 广告)

	项已删除的刻度均值	项已删除的刻度方差	校正的项总计相关性	项已删除的 Cronbach's Alpha 值
A1	75.61	266.669	.567	.936
A2	75.90	268.351	.524	.937
A3	75.45	266.630	.595	.936
A4	75.21	266.341	.567	.936
C1	75.18	266.380	.597	.936
C2	75.08	268.901	.534	.937
C3	75.16	267.845	.575	.936
C4	75.13	270.621	.496	.937
C5	75.26	269.297	.558	.936
C6	75.76	266.869	.691	.935
C7	75.63	265.812	.679	.935

续表

	项已删除的刻度均值	项已删除的刻度方差	校正的项总计相关性	项已删除的 Cronbach's Alpha 值
C8	74.87	271.839	.429	.938
C9	75.81	267.835	.662	.935
C10	75.46	267.411	.610	.936
C11	75.51	269.091	.567	.936
E1	76.07	268.909	.655	.935
E2	75.95	266.832	.682	.935
E3	75.60	269.608	.532	.937
E4	75.81	269.991	.505	.937
I1	75.82	268.560	.676	.935
I2	75.38	262.558	.643	.935
I3	75.25	264.528	.593	.936
I4	75.83	266.007	.568	.936
I5	76.47	276.193	.327	.939
I6	76.48	275.035	.378	.938
I7	76.25	272.957	.424	.938
I8	75.96	269.002	.527	.937
I9	75.88	267.702	.563	.936
B1	75.85	268.583	.626	.936
B2	75.81	269.382	.599	.936

表 3-5 删除项目时的 Cronbach α 检验(搜索关键词广告)

	项已删除的刻度均值	项已删除的刻度方差	校正的项总计相关性	项已删除的 Cronbach's Alpha 值
A1	78.39	211.535	.592	.924
A2	78.57	215.397	.424	.927
A3	78.22	215.236	.440	.926
A4	78.05	211.181	.570	.925
C1	77.96	213.917	.507	.926

续表

	项已删除的刻度均值	项已删除的刻度方差	校正的项总计相关性	项已删除的 Cronbach's Alpha 值
C2	77.95	215.460	.482	.926
C3	77.97	213.889	.507	.926
C4	77.88	214.427	.519	.925
C5	78.00	213.881	.519	.925
C6	78.34	212.300	.660	.924
C7	78.30	212.396	.662	.924
C8	77.78	214.059	.481	.926
C9	78.40	213.440	.603	.924
C10	78.21	210.021	.685	.923
C11	78.23	210.888	.674	.923
E1	78.62	211.498	.663	.924
E2	78.55	212.336	.621	.924
E3	78.25	218.302	.351	.928
E4	78.36	217.095	.400	.927
I1	78.43	211.732	.660	.924
I2	78.10	209.756	.634	.924
I3	77.97	210.508	.571	.925
I4	78.29	210.980	.550	.925
I5	78.74	220.331	.254	.929
I6	78.85	218.556	.337	.928
I7	78.73	217.362	.394	.927
I8	78.49	215.069	.433	.927
I9	78.46	214.098	.475	.926
B1	78.40	211.781	.648	.924
B2	78.45	211.929	.609	.924

表 3-6　删除项目时的 Cronbach α 检验（购物网站产品展示广告）

	项已删除的刻度均值	项已删除的刻度方差	校正的项总计相关性	项已删除的 Cronbach's Alpha 值
A1	89.54	201.170	.588	.931
A2	89.84	204.496	.428	.933
A3	89.66	201.608	.595	.931
A4	89.60	199.396	.711	.930
C1	89.72	202.744	.588	.931
C2	89.61	200.407	.662	.930
C3	89.79	201.040	.640	.930
C4	89.72	200.669	.687	.930
C5	89.74	199.903	.685	.930
C6	90.10	203.611	.555	.931
C7	90.07	205.824	.473	.932
C8	89.59	200.895	.606	.931
C9	90.22	204.812	.509	.932
C10	89.91	200.813	.605	.931
C11	89.97	201.671	.616	.931
E1	90.18	203.369	.616	.931
E2	90.11	202.653	.618	.931
E3	90.03	204.858	.499	.932
E4	90.09	204.708	.493	.932
I1	89.78	201.399	.640	.930
I2	89.48	202.903	.566	.931
I3	89.46	202.758	.578	.931
I4	89.69	201.570	.540	.932
I5	90.62	212.241	.150	.936
I6	90.70	207.329	.349	.934
I7	90.55	205.097	.438	.933
I8	90.38	202.734	.524	.932

续表

	项已删除的刻度均值	项已删除的刻度方差	校正的项总计相关性	项已删除的 Cronbach's Alpha 值
I9	90.29	202.009	.529	.932
B1	89.79	201.995	.558	.931
B2	90.14	205.610	.418	.933

综合表 3-4、3-5、3-6 发现，变量 I5（行为意向）的“修正的项目总相关”数值相对较低，表明该项与其余题目的相关度最低，同时，该项目的“删除项目时的 Cronbach's Alpha 值”相对也略高，表明如果删除该项后，整个量表的内部一致性将得到一定程度的提升，但此变量的存在并未影响目前量表的信度。是否去除此项，需结合分维度变量的检验后决定。三种类型网络广告意向维度 KMO 值较高（分别为0.790、0.772、0.774），此项可保留。

综上，网络广告态度与行为量表的 30 个变量的信度接受了检验。

二、量表的效度分析

“效度分析最理想的方法是利用因子分析来测量量表的结构效度”（柯惠新，2005）。并且，网络广告态度的量表中包含了注意、认知、情绪情感、行为意向以及行为等不同维度，“通过因子分析可以考察所用的量表是否能测量出真正的结构”。

表 3-7　网络广告态度量表的 KMO 和 Bartlett 的检验结果

Banner 广告			关键字广告	产品展示广告
取样足够度的 Kaiser-Meyer-Olkin 度量		.912	.885	.898
Bartlett 的球形度检验	近似卡方	10 618.932	8 990.194	8 428.391
	df	435	435	435
	Sig.	.000	.000	.000

KMO 是 Kaiser-Meyer-Olkin 的取样适当性量数，当 KMO 值愈大时，表示变量间的共同因素愈多，愈适合进行因素分析，根据专家 Kaiser（1974）观点，如果 KMO 的值小于0.5时，较不宜进行因素分析，此处该量表测量三种网络广告态度时的 KMO 值分别为为0.912、0.885、0.898，Bartlett's 球形检验值显著，sig=.000，表明该量表结构效度很高，并适合进行因素分析。

通过对“网络广告态度”量表的 30 个变量进行因子分析，根据因素的特征值和旋转后的因素矩阵，采用了主成分分析法提取出公共因子，三种类型网络广告的数据中提取出的公共因子分别为 6 个、6 个和 7 个(详见表 3－8、3－9、3－10)。公共因子均涵盖了量表设计时的 5 个维度。通过因子分析中的“主成分分析”检测了变量的共同性，共同性数值越高代表该项目与共同属性的关系越密切，其中 29 个变量的共同度均大于0.5，只有 C8 一项出现了0.491和0.493的结果，考虑到和0.5的差别不大，考察保留该项时认知维度(C 项因子)的 KMO 值(分别为0.892、0.876、0.895)，说明该变量与认知维度的其他变量间有共同因素，该项得到保留。

表 3－8　Banner 广告态度与行为变量的因子分析(旋转后)

旋转成分矩阵[a]							
变量	成分						共同度
	1	2	3	4	5	6	
A1	.173	.173	.150	.754	.143	.123	.718
A2	.051	.120	.125	.687	.340	.132	.671
A3	.247	.282	.176	.633	.046	.109	.619
A4	.256	.242	.305	.562	.105	−.130	.546
C1	.748	.098	.211	.261	.200	−.035	.725
C2	.844	.136	.108	.202	.002	−.016	.784
C3	.826	.180	.079	.221	−.004	.029	.747
C4	.775	.095	.274	−.013	.028	.053	.631
C5	.758	.194	.185	−.009	.128	.126	.666
C6	.323	.260	.713	.137	.162	.093	.686
C7	.283	.189	.747	.203	.197	.013	.678
C8	.306	.009	.449	.263	.183	−.287	.491
C9	.185	.355	.716	.107	.116	.101	.674
C10	.275	.423	.478	.189	.008	.183	.572
C11	.341	.438	.388	.179	−.071	.050	.529
E1	.020	.339	.473	.409	.220	.230	.628
E2	.086	.317	.534	.413	.162	.263	.643

续表

旋转成分矩阵[a]							
变量	成分						
	1	2	3	4	5	6	共同度
E3	.049	.128	.166	.120	.804	.181	.743
E4	−.010	.167	.144	.123	.781	.161	.715
I1	.152	.567	.367	.318	.085	.233	.625
I2	.230	.754	.091	.276	.197	−.081	.743
I3	.226	.735	.002	.299	.224	−.204	.742
I4	.067	.683	.252	.189	.009	.200	.591
I5	−.018	.098	.066	.051	.172	.841	.723
I6	.073	.053	.062	.039	.249	.835	.760
I7	.068	.035	.101	.175	.339	.698	.642
I8	.088	.082	.094	.206	.660	.411	.677
I9	.212	.236	.090	.168	.608	.220	.583
B1	.077	.637	.321	.024	.262	.204	.624
B2	.136	.631	.334	.017	.200	.043	.564
单个公共因子的有效程度%	13.410	13.089	11.686	9.661	9.567	8.983	
累计方差贡献率	13.410	26.499	38.185	47.845	57.412	66.394	
提取方法：主成分。旋转法：具有 Kaiser 标准化的正交旋转法。a. 旋转在 9 次迭代后收敛							

Banner 广告态度与行为的测量数据中，因子分析获得的 6 个公共因子中，C1—C5（识别、理解）被归类在第 1 个因子中，I1—I4（积极行为意向）和 B1—B2（行为）被归类在第 2 个因子中，C6—C11（记忆、联想）和 E1—E2（积极情绪情感）被归类在第 3 个因子中，A1—A4（注意）被归类在第 4 个因子中，I8—I9（消极行为意向）和 E3—E4（消极情绪情感）被归类在第 5 个因子中，I5—I7（消极行为意向）被归类在第 6 个因子中。结果表明，预先设计的 5 个维度，被重新分在了 6 个类别中，认知维度被分成了 2 个类别，积极意向与行为在同一个类别，消极的情绪情感和消极行为意向在同一类别内。

表 3-9 关键词广告态度与行为变量的因子分析(旋转后)

旋转成分矩阵[a]							
变量	成分						
	1	2	3	4	5	6	共同度
A1	.339	.271	.121	.091	.704	.011	.697
A2	.128	.150	—.024	.148	.701	.211	.596
A3	.210	.184	.104	.071	.718	—.147	.618
A4	.442	.205	.256	—.030	.498	.002	.554
C1	.116	.195	.799	.046	.051	.029	.694
C2	.151	.123	.855	.007	.032	.022	.772
C3	.150	.182	.847	—.007	.056	—.036	.783
C4	.081	.295	.754	.039	.123	—.013	.676
C5	.161	.220	.795	.029	.056	.092	.699
C6	.133	.745	.255	.108	.211	.149	.717
C7	.137	.792	.239	.068	.188	.159	.762
C8	.204	.565	.249	—.161	.104	.216	.493
C9	.250	.760	.170	.111	.093	—.106	.705
C10	.347	.719	.264	.080	.162	—.074	.735
C11	.352	.668	.298	.067	.129	—.035	.689
E1	.499	.518	.089	.224	.120	.062	.600
E2	.482	.525	.075	.149	.120	.023	.549
E3	.142	.055	.017	.201	.001	.871	.821
E4	.167	.100	.025	.220	.026	.858	.831
I1	.619	.335	.072	.142	.261	.061	.600
I2	.763	.118	.201	—.011	.254	.121	.709
I3	.797	.117	.181	—.067	.138	.054	.690
I4	.669	.287	.055	—.011	.119	.101	.554
I5	.087	.065	—.008	.797	—.140	—.051	.675
I6	—.013	.139	.011	.863	.048	—.017	.765
I7	.144	.057	—.039	.786	.079	.181	.683

续表

旋转成分矩阵[a]							
变量	成 分						
	1	2	3	4	5	6	共同度
I8	.067	—.006	.074	.705	.270	.337	.683
I9	.113	.048	.116	.664	.244	.335	.647
B1	.695	.209	.138	.207	.141	.181	.639
B2	.689	.247	.123	.231	.035	.033	.613
单个公共因子的有效程度%	14.759	14.495	13.011	11.082	7.649	6.718	
累计方差贡献率	14.759	29.254	42.265	53.347	60.996	67.714	
提取方法：主成分。旋转法：具有 Kaiser 标准化的正交旋转法。a. 旋转在 9 次迭代后收敛							

关键词广告态度与行为的测量数据中，因子分析获得的 6 个公共因子中，I1—I4（积极行为意向）和 B1—B2（行为）被归类在第 1 个因子中，C6—C11（记忆、联想）和 E1—E2（积极情绪情感）被归类在第 2 个因子中，C1—C5（识别、理解）被归类在第 3 个因子中，I5—I9（消极行为意向）被归类在第 4 个因子中，A1—A4（注意）被归类在第 5 个因子中，E3—E4（消极情绪情感）被归类在第 6 个因子中。结果表明，预先设计的 5 个维度，被重新分在了 6 个类别中，注意维度单独在一个类别，认知维度被分成了 2 个类别，积极意向与行为在同一个类别，情绪情感分成了积极和消极 2 个类别，行为意向也分出了积极和消极 2 个类别。

表 3－10 产品展示广告态度与行为变量的因子分析(旋转后)

旋转成分矩阵[a]								
变量	成 分							
	1	2	3	4	5	6	7	共同度
A1	.215	.139	.091	.236	.761	.061	.126	.728
A2	.218	—.072	.118	—.112	.658	.171	.320	.643
A3	.194	.231	.142	.308	.705	.029	—.011	.705
A4	.356	.206	.085	.379	.618	.144	.116	.736

续表

旋转成分矩阵[a]

变量	成分							共同度
	1	2	3	4	5	6	7	
C1	.713	.310	.066	.109	.248	.014	—.018	.683
C2	.770	.188	.047	.230	.276	.099	.046	.772
C3	.816	.234	.037	.103	.140	.214	.043	.800
C4	.810	.228	.046	.174	.120	.224	.134	.824
C5	.733	.227	.102	.202	.138	.277	.055	.740
C6	.181	.824	.030	.124	.156	.073	.110	.770
C7	.203	.848	.013	.103	.038	.045	—.025	.775
C8	.395	.473	.092	.405	.071	.056	.146	.583
C9	.199	.732	.101	—.017	.020	.251	.090	.657
C10	.292	.600	.058	.110	.133	.369	.043	.617
C11	.329	.573	.029	.066	.199	.382	.040	.628
E1	.115	.291	.178	.092	.277	.693	.091	.703
E2	.110	.136	.240	.154	.365	.639	.130	.671
E3	.095	.158	.243	.119	.206	.048	.843	.863
E4	.060	.070	.333	.154	.152	.119	.828	.866
I1	.106	.108	.200	.480	.457	.360	.096	.641
I2	.246	.010	.029	.752	.309	.106	.164	.760
I3	.183	.136	.038	.815	.205	.202	.024	.801
I4	.230	.185	.015	.561	.033	.372	.144	.562
I5	—.025	—.028	.721	—.307	.013	.036	.199	.657
I6	.058	.066	.825	—.092	.019	.142	.052	.720
I7	.030	.072	.863	.116	.082	.115	.051	.787
I8	.062	.064	.798	.254	.167	.098	.124	.762
I9	.166	.042	.675	.293	.196	—.038	.270	.684
B1	.245	.128	.058	.426	.072	.621	—.052	.655

续表

旋转成分矩阵[a]								
变量	成　　分							
	1	2	3	4	5	6	7	共同度
B2	.213	.169	.038	.126	－.108	.686	.042	.575
方差的%	13.405	11.715	11.464	9.894	9.613	9.067	6.064	
累积%	13.405	25.120	36.584	46.478	56.091	65.158	71.222	

提取方法：主成分。旋转法：具有 Kaiser 标准化的正交旋转法。a. 旋转在 8 次迭代后收敛

关键词广告态度与行为的测量数据中，因子分析获得的 7 个公共因子中，C1—C5（识别、理解）被归类在第 1 个因子中，C6—C11（记忆、联想）被归类在第 2 个因子中，I5—I9（消极行为意向）被归类在第 3 个因子中，I1—I4（积极行为意向）被归类在第 4 个因子中，A1—A4（注意）被归类在第 5 个因子中，E1—E2（积极情绪情感）和 B1—B2（行为）被归类在第 6 个因子中，E3—E4（消极情绪情感）被归类在第 7 个因子中。结果表明，预先设计的 5 个维度，被重新分在了 7 个类别中，注意维度单独在一个类别，认知维度被分成了 2 个类别，情绪情感分成了积极和消极 2 个类别，行为意向也分出了积极和消极 2 个类别。

为了获得更微观层面的量表结构，以下将进行量表分维度的因子分析。对于分维度量表的处理，可根据因素的特征值和旋转后的因素矩阵，采用了主成分分析法抽取出共同因子，并在后续使用因素转轴方法中的 Varimax 最大变异法，转轴后去掉了因素负荷量小于0.1的的系数，按照从大到小的顺序进行排列，即可对变量进行了重新归类。为了考量态度量表的结构效度（注意、认知、情绪情感、行为意向和行为）的有效性，分别对三种类型网络广告态度调查数据进行了处理。

（一）“注意”维度的因子分析

注意维度包含 4 个变量，测量注意状态（主动注意 A1、注意回避 A2）、注意指向（A3）和注意集中（A4），对该维度 4 个变量的主成分分析结果（如表 3－11 所示）显示，公共因子只有 1 个，累积解释率为61.7%、58.8%、66.2%，说明此维度能较好地反映注意状态、注意指向、注意集中的含义，该维度的效度通过检验。

表 3－11 主成分分析(注意维度)

解释的总方差(Banner 广告注意维度变量)						
成分	初始特征值			提取平方和载入		
	合计	方差的%	累积%	合计	方差的%	累积%
1	2.469	61.717	61.717	2.469	61.717	61.717
2	.684	17.093	78.810			
3	.469	11.729	90.539			
4	.378	9.461	100.000			
解释的总方差(关键字广告注意维度变量)						
成分	初始特征值			提取平方和载入		
	合计	方差的%	累积%	合计	方差的%	累积%
1	2.354	58.838	58.838	2.354	58.838	58.838
2	.749	18.735	77.573			
3	.497	12.423	89.996			
4	.400	10.004	100.000			
解释的总方差(产品展示广告注意维度变量)						
成分	初始特征值			提取平方和载入		
	合计	方差的%	累积%	合计	方差的%	累积%
1	2.648	66.211	66.211	2.648	66.211	66.211
2	.673	16.828	83.038			
3	.367	9.182	92.220			
4	.311	7.780	100.000			
提取方法：主成分分析						

(二)"认知"维度的因子分析

认知维度包含 11 个变量，测量识别度(C1、C2、C3)、易懂度(C4、C5)、记忆度(C6、C7、C8、C9)和联想度(C10、C11)，对该维度 11 个变量的主成分分析获得了 2 个公共因子，使用因素转轴方法中的 Varimax 最大变异法，转轴后去掉了因素负荷量小于0.1的的系数，按照从大到小的顺序进行排列(如表 3－12 所示)，将认知维度重新归成了两类因子。

三种类别网络广告态度数据的处理结果显示，C1—C5 变量被重新归为一类，将其命名为“感知”因子，是指网民感知到网络广告“是什么”和有什么用”的心理活动，这个阶段的认知加工相对简单和容易；C6—C11 变量被归为一类，将其命名为“记忆”因子，是指网民识记、记住、回忆和联想的心理活动，这个阶段的认知加工相对复杂和困难。

表 3－12　旋转成分矩阵(认知维度)

旋转成分矩阵(Banner 广告)			旋转成分矩阵(关键词广告)			旋转成分矩阵(产品展示广告)		
变量	成分		变量	成分		变量	成分	
	1	2		1	2		1	2
C2	.856	.232	C10	.822	.249	C2	.851	.209
C3	.826	.262	C7	.815	.238	C4	.849	.284
C1	.795	.290	C9	.809	.164	C3	.846	.261
C5	.754	.269	C6	.790	.247	C5	.809	.281
C4	.754	.254	C11	.787	.284	C1	.746	.287
C9	.156	.840	C8	.656	.201	C6	.216	.829
C6	.297	.775	C2	.175	.864	C7	.193	.822
C7	.279	.767	C3	.219	.863	C9	.190	.781
C10	.209	.757	C1	.238	.802	C10	.369	.693
C11	.267	.681	C5	.259	.789	C11	.409	.663
C8	.322	.480	C4	.326	.744	C8	.492	.495
因子命名	感知	记忆	因子命名	记忆	感知	因子命名	感知	记忆
提取方法：主成分。旋转法：具有 Kaiser 标准化的正交旋转法。a. 旋转在 3 次迭代后收敛								

(三) “情绪情感”维度的因子分析

情绪情绪维度包含 4 个变量，积极的情绪情感(E1、E2)和消极情绪情感的(E3、E4)，对该维度 4 个变量的主成分分析，Banner 广告只获得一个公共因子(见表 3－13)，搜索引擎关键词广告和购物网站产品展示广告都获得了 2 个公共因子，旋转成分矩阵结果显示(表 3－14)，E1、E2 归为一类因子，E3、E4 归为一类因子,为了便于分析统计,分别重新命名为“积极情绪”因子,和“消极情绪”因子。

表 3-13 解释的总方差(Banner 广告)

成分	初始特征值			提取平方和载入		
	合计	方差的%	累积%	合计	方差的%	累积%
1	2.634	65.842	65.842	2.634	65.842	65.842
2	.963	24.072	89.914			
3	.219	5.484	95.398			
4	.184	4.602	100.000			
提取方法:主成分分析						

表 3-14 旋转成分矩阵[a] (情绪情感维度)

搜索引擎关键词广告			购物网站产品展示广告		
变量	成分		变量	成分	
	1	2		1	2
E3	.934	.140	E2	.947	.101
E4	.922	.194	E1	.936	.160
E1	.134	.933	E3		.944
E2	.200	.918	E4	.172	.929
因子命名	消极情绪	积极情绪	因子命名	积极情绪	消极情绪
提取方法:主成分。旋转法:具有 Kaiser 标准化的正交旋转法。a. 旋转在 3 次迭代后收敛					

(四)“行为意向”维度的因子分析

行为意向维度包含 9 个变量,积极意向(I1—I5)和消极意向(I6—I9),对该维度 9 个变量的主成分分析也获得了 2 个公共因子。旋转成分矩阵结果显示(表 3—15),I1—I5 归为一类因子,I6—I9 归为一类因子,为了便于分析统计,分别重新命名为“广告点击”因子,和“广告回避”因子。

表 3－15　旋转成分矩阵[a]（行为意向维度）

Banner 广告			关键词广告			产品展示广告		
变量	成分			成分			成分	
	1	2		1	2		1	2
I6	.840		I6	.842		I7	.855	.162
I7	.823	.119	I7	.819	.122	I6	.836	
I5	.787		I8	.800	.160	I8	.807	.322
I8	.734	.283	I9	.774	.248	I5	.770	－.245
I9	.552	.465	I5	.753		I9	.707	.369
I2		.888	I3		.889	I3		.885
I3		.880	I2		.866	I2		.859
I1	.252	.705	I4		.759	I4		.730
I4	.194	.702	I1	.218	.751	I1	.255	.721
因子命名	广告回避	广告点击	因子命名	广告回避	广告点击	因子命名	广告回避	广告点击
提取方法：主成分。旋转法：具有 Kaiser 标准化的正交旋转法。a. 旋转在 3 次迭代后收敛								

（五）“行为”变量的因子分析

“行为”包含 2 个变量，网购行为 B1 和线下购买行为 B2，对该维度 2 个变量的主成分分析结果（如表 3－16 所示）显示，公共因子只有 1 个，累积解释率分别为85.58％、84.48％、78.93％，该维度的效度通过检验，说明此维度能较好地反映购买行为的含义，我们将其命名为“购买行为”因子。

表 3－16　解释的总方差(行为维度)

解释的总方差（Banner 广告）						
成份	初始特征值			提取平方和载入		
	合计	方差的％	累积％	合计	方差的％	累积％
1	1.712	85.582	85.582	1.712	85.582	85.582
2	.288	14.418	100.000			

续表

解释的总方差(关键词广告)						
成份	初始特征值			提取平方和载入		
	合计	方差的%	累积%	合计	方差的%	累积%
1	1.690	84.480	84.480	1.690	84.480	84.480
2	.310	15.520	100.000			
解释的总方差(产品展示广告)						
成份	初始特征值			提取平方和载入		
	合计	方差的%	累积%	合计	方差的%	累积%
1	1.579	78.932	78.932	1.579	78.932	78.932
2	.421	21.068	100.000			
提取方法：主成分分析						

总之,经过网络广告态度与行为5个测量维度的因子分析,本书根据文献研究和专家评估获得的量表接受了检验,检验结果显示该量表结构效度理想。原有注意、认知、情绪情感、行为意向的态度结构划分接受了检验,只有认知维度得到了调整,4个类别的11个变量被重新划分为2个因子：感知(C1—C5)、记忆(C6—C11)。为了便于后续的分析,根据量表因子分析的结果,对网络广告态度的测量量表进行了最终的归类和命名,见表3-17。

表3-17 网络广告态度的测量量表(因子分析验证后)

测量维度	因子	因子 重新命名	变量
注意	A	注意	A1 A2 A3 A4
认知	CI	感知	C1 C2 C3 C4 C5
	CII	记忆	C6 C7 C8 C9 C10 C11
情绪情感 (Emotion)	E	积极情绪	E1 E2
		消极情绪	E3 E4
行为意向 (Intention)	I	广告点击	I1 I2 I3 I4
		广告回避	I5 I6 I7 I8 I9
行为 (Behavior)	B	购买行为	B1 B2

第二节　调查数据的描述性统计分析

一、互联网用户对门户网站 Banner 广告的态度

（一）互联网用户门户网站的使用情况

1. 受访网民经常访问的门户网站

在门户网站的访问上（如表 3－18 所示），受访网民习惯访问的门户网站依次为新浪（49.4%）、腾讯（28.8%）、网易（10.8%）、搜狐（6.5%）。

表 3－18　受访网民经常访问的门户网站

门户网站	频率	百分比	有效百分比	累积百分比
新浪	310	49.4	49.4	49.4
搜狐	41	6.5	6.5	55.9
网易	68	10.8	10.8	66.7
腾讯	181	28.8	28.8	95.5
其他	28	4.5	4.5	100.0
合计	628	100.0	100.0	

2. 受访网民访问门户网站的频次和时长

数据显示（表 3－19），网民访问门户网站的频次较高，超过76.7%的网民“每天访问”或“每天多次访问”门户网站，其余23.3%的受访对象不经常访问门户网站。

表 3－19　受访网民访问门户网站的频次

访问频次	频率	百分比	有效百分比	累积百分比
一天内多次	321	51.1	51.1	51.1
每天 1 次	161	25.6	25.6	76.8
多于每周 1 次	112	17.8	17.8	94.6
少于每周 1 次	34	5.4	5.4	100.0
合计	628	100.0	100.0	

3. 受访网民访问门户网站的时长

每次门户网站的访问时长上(表3-20),18.3%的用户访问时长在10分钟以下,49.7%的用户访问时长为10—30分钟,20.5%的受访用户的访问时长为30分钟—1小时,另有11.5%的访问时间在1小时以上。

表3-20 受访网民每次访问门户网站的时长

访问时长	频率	百分比	有效百分比	累积百分比
10分钟以下	115	18.3	18.3	18.3
10—30分钟	312	49.7	49.7	68.0
30分钟—1小时	129	20.5	20.5	88.5
1小时以上	72	11.5	11.5	100.0
合计	628	100.0	100.0	

4. 访问的频道情况

在门户网站的频道中,用户访问最多的前4个频道分别是新闻(81.7%)、娱乐(56.2%)、微博(44.4%)和视频(32.8%),其他12个频道也均有网民访问(如表3-21)。

表3-21 受访网民经常访问的门户网站频道(此题目多选题)

频道	频率			百分比(%)
	男	女	合计	
新闻	264	249	513	81.7
娱乐	131	222	353	56.2
财经	65	47	112	17.8
体育	137	19	156	24.8
科技	106	29	135	21.5
读书	33	76	109	17.4
汽车	71	24	95	15.1
旅游	36	79	115	18.3
房产	46	37	83	13.2
教育	26	47	73	11.6
女性	7	81	88	14

续表

频　道	频　率			百分比(%)
	男	女	合计	
游戏	63	22	85	13.5
视频	105	101	206	32.8
博客	24	48	72	11.5
微博	98	181	279	44.4
论坛	48	54	102	16.2

5. 用户的新闻信息获取来源

除了门户网站之外，用户新闻信息获取的渠道很多，其中微博、QQ 弹窗、微信、人人网、论坛等社交媒体，以及新闻门户、传统媒体、人际传播等都是人们知晓新闻的途径(见表 3－22)。

表 3－22　门户网站之外，受访网民获取新闻信息的来源(此题目多选题)

新闻信息获取渠道	频率	百分比(%)
新闻门户	278	44.3
微博	411	65.4
人人网	196	31.2
论坛	135	21.5
QQ 弹窗	302	48.2
微信	170	27.1
其他软件终端	59	9.4
传统媒体	192	30.6
人际传播	214	34.1
其他	17	2.7

6. 互联网用户对门户网站 Banner 广告的识别

用户上网时，网络广告对他们而言是一个整体概念，并不是所有用户都知晓每种类型的网络广告，对于门户网站的 Banner 广告，90.3%的受访对象在浏览门户网站时能识别出这种网络广告形式。

表 3-23　受访对象是否能辨别出门户网站 Banner 广告这种网络广告形式

是否能识别	频率	百分比	有效百分比	累积百分比
是	567	90.3	90.3	90.3
否	61	9.7	9.7	100.0
合计	628	100.0	100.0	

7. 能识别这种形式网络广告的用户构成情况

表 3-24　门户网站 Banner 广告受访网民人口统计特征—样本构成分布情况

描述性统计变量	类型	频数	样本数
性别	男 女	273 294	567
年龄	18—20 岁 21—25 岁 26—30 岁 31—35 岁 36—40 岁	49 243 166 89 20	567
文化程度	初中及以下 高中/中专/职高/职专 大专 本科 研究生及以上	0 13 92 354 108	567
职业状况	教师/科研/医生/律师等专业 人员 计算机/互联网/通信/IT 保险/金融公司 传媒/广告/公关公司 政府机关/事业单位 全民/国有/集体企业职员 外资/合资企业职员 私营企业职员 个体劳动者 专业技术人员 商业/服务业人员 在读学生 临时/兼职 自由职业者 待业中 下岗/失业 其他	30 61 8 5 840 26 10 79 1 23 9 190 13 7 5 1 6	567

续表

描述性统计变量	类型	频数	样本数
个人收入	1 000元以下	156	567
	1 000—1 999元	85	
	2 000—2 999元	67	
	3 000—3 999元	73	
	4 000—4 999元	65	
	5 000—5 999元	41	
	6 000—6 999元	22	
	7 000—7 999元	16	
	8 000—8 999元	5	
	9 000—9 999元	4	
	10 000元及以上	33	

（二）互联网用户对门户 Banner 广告的态度

1. 总体态度

测量广告态度的 30 个变量的得分统计结果见表 3－25，为了获得一致方向的得分，将负向测项进行了逆向处理，30 个变量的总体平均值即代表总体态度，不同维度的平均值则分别代表 Banner 广告的“注意”“认知”“情绪情感”行为意向和行为。总体态度得分为2.608（小于 3），整体来看，网民对待 Banner 广告的态度普遍消极。

表 3－25 门户网站 Banner 广告态度的描述性统计

维度	变量	认同情况（%）					M	SD
		很不同意	不同意	一 般	同 意	很同意	均值	标准差
注意	A1	13.9	31.6	33.9	17.3	3.4	2.65	1.028
	A2	0.9	14.3	27.0	35.1	22.8	2.35	1.012
	A3	9.9	27.3	38.3	21.3	3.2	2.81	.986
	A4	8.1	22.8	30.2	34.0	4.9	3.05	1.044
	Banner 广告的注意						2.714	.798
认知	C1	6.3	21.3	36.0	30.9	5.5	3.08	.995
	C2	5.8	16.6	36.5	36.0	5.1	3.18	.966
	C3	5.8	18.9	39.5	31.0	4.8	3.10	.956
	C4	5.1	18.0	40.7	31.4	4.8	3.13	.935
	C5	6.3	18.9	47.8	23.3	3.7	2.99	.908
	Banner 广告的感知						3.095	

续表

维度	变量	认同情况(%)					M	SD
		很不同意	不同意	一　般	同　意	很同意	均值	标准差
	C6	11.8	37.2	41.4	8.5	1.1	2.50	.849
	C7	10.2	34.4	40.7	12.3	2.3	2.62	.909
	C8	5.1	12.7	28.9	44.8	8.5	3.39	.985
	C9	12.9	38.4	40.4	7.4	0.9	2.45	.841
	C10	9.0	26.3	42.5	20.5	1.8	2.80	.926
	C11	9.0	28.0	44.4	16.6	1.9	2.74	.905
	Banner 广告的记忆						2.755	
认知							2.90	.661
情绪情感	E1	21.0	42.0	34.4	2.3	0.4	2.19	.801
	E2	20.1	35.8	38.1	5.8	0.2	2.30	.861
	E3	2.1	11.5	50.6	21.5	14.3	2.66	.932
	E4	1.4	9.9	40.0	29.6	19.0	2.45	.955
	Banner 广告的情绪情感						2.40	.720
行为意向	I1	12.9	36.9	44.4	5.6	0.2	2.43	.792
	I2	12.5	26.1	27.2	3.0	4.2	2.87	1.103
	I3	10.1	21.9	31.9	29.3	6.9	3.01	1.091
	I4	21.2	34.4	28.6	12.5	3.4	2.43	1.059
	积极意向(广告点击)						2.685	.828
	I5	1.4	3.4	13.1	36.3	45.9	1.78	.896
	I6	0.5	4.6	12.3	36.7	45.9	1.77	.873
	I7	1.2	4.6	21.5	38.4	34.2	2.00	.924
	I8	0.7	8.6	36.3	28.4	25.9	2.30	.972
	I9	1.2	9.7	37.7	28.4	22.9	2.38	.982
	消极意向(广告回避)						2.046	.720
行为意向							2.368	
总体态度							2.608	.564
购买行为	B1	16.8	33.0	43.4	6.7	0.2	2.41	.850
	B2	15.0	33.3	43.9	7.4	0.4	2.45	.847
行为							2.427	.785

（二）互联网用户对 Banner 广告的注意

受访网民对门户网站 Banner 广告的注意度如表 3－25 所示，因 A2 项测量语句与正向态度相反，该项均值经过逆向处理。

A1 变量测量“有意注意”、A2“注意回避”、A3“指向性”、A4“集中性”，数据显示，总体上受访网民对门户网站 Banner 广告的注意度不高，平均均值仅为 2.714；Banner 广告的注意回避明显（A2 逆向处理后 $M=2.35$），仅有20.7%的网民会选择“选择注意看 Banner 广告”（A1），58.9%的网民“我一般对门户网站的 Banner 广告视而不见”（A2），仅有24.5%的受访对象认同“门户网站 Banner 广告经常会吸引我的视线”（A3）的说法，38.9%的受访者认同“我通常会在吸引我视线的网络广告上停留”（A4）。

总体而言，用户对 Banner 广告的注意度低（$M=2.714$，小于 3），门户网站用户对 Banner 广告的注意回避明显。

（三）互联网用户对 Banner 广告的认知

认知包含了识别度（C1—C3）、易懂度（C4、C5）、记忆度（C6—C9）、联想度（C10、C11）4 个方面，数据结果显示（表 4－25），门户 Banner 广告的识别度和易懂度较高，均值分别为3.13和3.06，记忆度和联想度不高，均值分别为2.74和2.77。这说明门户 Banner 广告易感知，难记忆。

“记忆度”数据显示，门户 Banner 广告的识记（C6、C7）和回忆（C9）较低，但对熟悉品牌的再认（C8）较高（$M=3.59$），有82.2%的受访网民认同“我对熟悉产品/品牌的网络广告的印象更深”的说法，显示出知名产品、品牌广告对网民的提示效果。

总体而言，互联网用户对 Banner 广告的认知消极（$M=2.90$，小于 3），感知度较高（$M=3.095$），虽然记忆度不高（$M=2.755$），但是对熟悉品牌的再认效果较好。

（四）互联网用户对 Banner 广告的情绪情感

情绪情感包含积极情感（E1、E2）和消极情绪（E3、E4），均值统计时 E3、E4 经过逆向处理。数据显示（表 3－25），受访网民对 Banner 广告的情绪情感消极，此维度均值为2.40，88.6%的受访者认同“网络广告惹人厌烦”（E4），84.4%的受访者认同“网络广告令我生气”（E3），仅有2.7%的认同“网络广告让我心情愉快”、6%的认同“网络广告让我有惊喜感”。

总体而言，互联网用户对 Banner 广告的情绪情感消极。

（五）互联网用户对 Banner 广告的行为意向

行为意向分为“积极的意向”（I1—I4）和“消极的意向”（I5—I9），统计数据结果显示(表 3－25),门户 Banner 广告的行为意向较消极,均值仅为2.368。代表积极行为意向(广告点击)的 4 个变量中,“我通常会点击浏览我需要产品的网络广告”(I3)均值得分为3.01,相对其他变量得分较高。

代表消极行为意向(广告回避)的 5 个变量得分经过逆向处理统计,平均均值仅有2.046,说明网民对门户 Banner 广告回避行为明显。

总体而言,互联网用户对 Banner 广告的行为意向消极,广告点击行为不突出,广告回避行为明显。

(六) Banner 广告对用户购买行为的影响

门户 Banner 广告对购买行为的引发上并不突出(见表 3－25),网购行为(B1)均值为2.41,“线下购买”(B2)为2.45,但是值得注意的是,门户 Banner 广告对线下购买行为的引发相对“网购行为”更明显。

对 Banner 广告态度与行为处理结果发现:Banner 广告总体态度普遍消极;注意回避明显,有意注意的情况不高,指向与集中低;在 Banner 广告认知上,Banner 广告易感知、难记忆,但是对熟悉的品牌印象更深;Banner 广告情绪情感负面;Banner 广告积极意向不明显(对需要产品的广告相对积极),广告回避行为明显;相对网购行为,线下购买行为相对更多。

二、网民对搜索引擎关键词广告的态度

(一) 网民搜索引擎网站的使用情况

调查结果显示,网民对搜索引擎工具的依赖度很高,上网的过程中经常使用搜索引擎检索信息,超过94.7%的人每天都使用搜索引擎网站,87.8%的人一天内多次,需要时就使用;除了网页搜索之外,还可以搜索音乐、视频、地图、文库等,出于工作、学习、生活、娱乐的需要,大家已经习惯使用搜索引擎主动搜索自己需要的信息——新闻、产品、生活类信息等。“百度”在搜索引擎网站中具备绝对优势,是89.4%的受访网民经常使用的搜索引擎工具。大家一般能在较短的时间内获得想要的信息和结果,用户习惯浏览 2 页以内的检索结果。(如表 3－26 所示)。

表 3－26 受访网民搜索引擎网站使用情况

使用最多的搜索引擎网站	频率	有效百分比
谷歌	52	9.2
百度	507	89.4

续表

使用最多的搜索引擎网站	频率	有效百分比
综合搜索	5	.9
其他	3	.5
合计	567	100.0
使用搜索引擎的频次	频率	有效百分比
需要搜索时就使用，一天内多次	498	87.8
平均每天1次左右	39	6.9
平均每周3次左右	28	4.9
平均每周1次左右	1	.2
小于每周1次左右	1	.2
使用搜索引擎的原因(多选)	频率	有效百分比
工作需要	428	75.5
学习需要	460	81.1
娱乐需要	400	70.5
生活需要	452	79.7
其他	9	1.6
经常使用的搜索类别(多选)	频率	有效百分比
网页搜索	477	84.1
新闻搜索	335	59.1
音乐搜索	284	50.1
视频搜索	311	54.9
论坛/贴吧	184	32.5
知道/知识堂	256	45.1
图片	353	62.3
文库	266	46.9
词典	162	28.6
地图	327	57.7
搜索引擎结果页面的浏览情况	频率	有效百分比
首页面	116	20.5

续表

使用最多的搜索引擎网站	频率	有效百分比
1—2 页内的信息	206	36.3
5 页以内的信息	174	30.7
10 页以内的信息	50	8.8
10 页以上的信息	21	3.7

并不是所有的搜索引擎用户都能辨别出关键词广告，80.1%的受访搜索引擎用户知道关键词广告这种形式(见表 3－27)。这是由于关键词广告混在检索结果中，会被人当作正常的检索结果对待。能够辨别出关键词广告的网民构成情况见表 3－28。

表 3－27 受访对象是否能辨别出关键词广告这种网络广告形式

是否能识别	频率	百分比	有效百分比	累积百分比
是	454	72.3	80.1	80.1
否	113	18.0	19.9	100.0
合计	567	90.3	100.0	

表 3－28 门户网站 Banner 广告受访网民人口统计特征—样本构成分布情况

描述性统计变量	类型	频数	样本数
性别	男 女	213 242	454
年龄	18—20 岁 21—25 岁 26—30 岁 31—35 岁 36—40 岁	45 191 130 71 17	454
文化程度	初中及以下 高中/中专/职高/职专 大专 本科 研究生及以上	0 8 71 290 85	454

续表

描述性统计变量	类型	频数	样本数
职业状况	教师/科研/医生/律师等专业人员 计算机/互联网/通信/IT 保险/金融公司 传媒/广告/公关公司 政府机关/事业单位 全民/国有/集体企业职员 外资/合资企业职员 私营企业职员 个体劳动者 专业技术人员 商业/服务业人员 在读学生 临时/兼职 自由职业者 待业中 下岗/失业 其他	22 56 4 49 30 23 8 66 1 11 6 154 9 6 2 1 6	454
个人收入	1 000元以下 1 000—1 999元 2 000—2 999元 3 000—3 999元 4 000—4 999元 5 000—5 999元 6 000—6 999元 7 000—7 999元 8 000—8 999元 9 000—9 999元 10 000元及以上	126 70 56 54 48 31 17 14 5 4 29	454

(二) 搜索引擎关键词广告态度

1. 总体态度

测量广告态度的 30 个变量的得分统计结果见表 3 - 29，网民对待关键词广告的态度（$M = 2.687$，小于 3）普遍比较消极。

表 3－29　搜索引擎关键词广告态度

维度	变量	认同情况(%)					M	SD
		很不同意	不同意	一　般	同　意	很同意	均值	标准差
注意	A1	10.4	36.0	38.0	13.9	1.8	2.61	.912
	A2	0.7	14.1	29.2	39.5	16.3	2.43	.947
	A3	8.8	28.5	41.5	19.4	2.0	2.77	.928
	A4	8.4	21.4	39.1	28.9	2.2	2.95	.963
	关键词广告的注意						2.69	
认知	C1	6.0	17.2	47.7	25.6	3.5	3.04	.899
	C2	4.2	17.9	49.9	25.4	2.6	3.04	.840
	C3	6.4	16.2	50.1	23.4	4.0	3.02	.901
	C4	4.9	12.8	51.9	26.9	3.5	3.11	.849
	C5	6.4	16.8	50.6	23.2	3.1	3.00	.884
	关键词广告的感知							
	C6	7.3	31.6	49.7	11.0	0.4	2.66	.787
	C7	7.5	26.9	54.1	11.0	0.4	2.70	.780
	C8	4.6	16.1	36.6	37.7	4.9	3.22	.934
	C9	8.2	34.0	48.8	7.9	1.1	2.60	.794
	C10	6.8	28.9	44.4	18.5	1.3	2.79	.870
	C11	6.4	29.1	46.6	16.8	1.1	2.77	.842
	关键词广告的记忆							
认知							2.914	
情绪情感	E1	13.7	41.9	37.7	5.7	0.9	2.38	.824
	E2	12.6	39.3	40.0	7.5	0.7	2.44	.831
	E3	2.0	12.4	54.3	21.4	9.9	2.75	.868
	E4	1.8	9.7	49.4	28.3	10.8	2.63	.866
	关键词广告的情绪情感						2.55	
行为意向	I1	10.4	32.5	47.5	9.3	0.4	2.57	.816
	I2	7.5	25.6	38.4	26.3	2.2	2.90	.948
	I3	7.3	21.9	36.9	29.1	4.9	3.02	.999
	I4	11.9	30.2	36.2	18.3	3.3	2.71	1.006
	积极意向(广告点击)						2.845	

续表

维度	变量	认同情况(%)					M	SD
		很不同意	不同意	一　般	同　意	很同意	均值	标准差
	I5	1.5	6.8	28.5	42.4	20.8	.916	.896
	I6	1.3	4.4	25.6	44.8	23.8	.878	.873
	I7	0.7	6.4	30.7	43.7	18.5	.859	.924
	I8	1.1	11.7	41.7	27.8	17.7	.952	.972
	I9	1.1	11.9	43.5	26.9	16.6	.941	.982
	消极意向(广告回避)						2.346	
行为意向							2.595	
总体态度							2.687	
购买行为	B1	9.7	33.1	45.3	11.7	0.2	2.60	.827
	B2	12.6	31.3	45.7	9.3	1.1	2.55	.867
行为							2.575	

2. 用户对关键词广告的“注意”

受访网民对搜索引擎关键词广告的“注意”如表3-29所示，总体上受访网民对搜索引擎关键词广告的注意度不高，平均均值仅为2.69；受访对象对关键词广告的注意回避较明显，“选择注意看关键词广告”(A1)的均值仅为2.61，55.8%%的网民认同“我一般对关键词广告视而不见”(A2)说法，仅有21.4%的受访对象认同“关键词广告经常会吸引我的视线”(A3)的说法，31.1%的受访者认同“我通常会在吸引我视线的关键词广告上停留”(A4)。

3. 用户对关键词广告的认知

数据结果显示(表3-29)，搜索引擎关键词广告的识别度和易懂度较高，均值分别为3.03和3.05，记忆度和联想度不高，均值分别为2.795和2.78。

值得注意的是，搜索引擎关键词广告的识记(C6、C7)和回忆(C9)较低，但对熟悉品牌的再认较高，“我对熟悉产品/品牌的网络广告的印象更深”(C8)的均值为3.22，显示出网络广告对网民的提醒作用。

总体而言，互联网用户对关键词广告的认知不积极($M=2.914$，小于3)。

4. 用户对关键词广告的情绪情感

数据显示(表3-29)，受访网民对搜索引擎关键词广告的情绪情感消极，此维度均值为2.55，88.5%的受访者认同“网络广告惹人厌烦”(E4)，87.6%的受访者认同“网络广告令我生气”(E3)，仅有6.6%的认同“网络广告让我心情愉快”、8.2%的认同“网络广告让我有惊喜感”。

总体而言,用户对关键词广告情绪情感负面($M = 2.55$,小于 3)。

5. 用户对关键词广告的行为意向

统计数据结果显示(表 3 - 29),搜索引擎关键词广告的行为意向较消极,均值仅为2.595。代表积极行为意向的 4 个变量中,“我通常会点击浏览我需要产品的网络广告”(I3)均值得分为3.02,相对其他变量得分较高。

代表消极行为意向(广告回避行为)的 5 个变量得分经过逆向处理统计,平均均值仅有2.346,说明网民对搜索引擎关键词 Banner 广告回避行为明显。

6. 关键词广告引发的用户行为

搜索引擎关键词广告对购买行为的引发上并不突出(见表 3 - 29),网购行为(B1)均值为2.60,“线下购买”(B2)为2.55,相比线下购买行为,搜索引擎关键词广告对“网购行为”的引发相对明显。

三、网民对购物网站使用及产品展示广告态度

(一) 购物网站的使用情况

调查结果显示(表 3 - 30),淘宝网、当当、卓越、1 号店、京东商城等是网民光顾最多的购物网站。81%的受访网民每周至少使用购物网站 1 次。每次浏览购物网站的时间较长,25.4%的人是 10—30 分钟,41.1%的受访用户是 30 分钟—1 小时,26.9%的受访用户是一个小时以上。影响网购的因素很多,产品需要是首要前提,此外还受到促销活动、价格、商家信誉、网络口碑、朋友推荐的影响,也有用户会考虑商家所在区域、以及是否包邮,网络广告对网购的影响有限。

表 3 - 30 受访网民购物网站访问情况

购物网站使用频次	频率	有效百分比
每天内多次	96	21.2
每天 1 次	37	8.2
平均一周大于 3 次	115	25.4
平均一周小于 3 次	53	11.7
平均每周 1 次	66	14.6
平均每月 1 次	48	10.6
小于每月 1 次	38	8.4
合计	453	100.0

续表

购物网站使用频次	频率	有效百分比
平均每次浏览购物网站的时间	频率	有效百分比
10 分钟以内	30	6.6
10—30 分钟	115	25.4
30 分钟—1 小时	186	41.1
1 小时以上	122	26.9
合计	453	100.0
影响网购的因素	频率	有效百分比
产品需要	410	90.5
促销活动	300	66.3
商家信誉	280	61.9
价格	270	59.5
网络口碑	256	56.5
朋友推荐	240	63.1
是否包邮	141	31.2
商家所在区域	36	79
网络广告	35	7.5

随着电子商务网站的发展，可以网上购买的商品类别很多，受访购物网站用户网购最多的商品是：服装、书籍、鞋、话费充值、日用百货、书籍、化妆品等（见表 3 - 31）。男性用户和女性用户的网购商品存在差别，女性网购最多的商品集中在：服装、书籍、日用百货、化妆品、鞋；男性用户网购最多的商品是：服装、书籍、数码产品、话费充值、鞋；除了服装、书籍和鞋之外，男生更多网购数码产品，女性则更多购买日用品和化妆品。

表 3 - 31　网购商品类别与性别的交互分析

网购商品类别	E1. 性别		合计
	男	女	
服装	137	201	338
鞋	88	111	199

续表

网购商品类别	E 1. 性别		合计
	男	女	
数码	99	45	144
家电	35	17	52
书籍	109	134	243
化妆品	12	97	109
日用百货	58	106	164
美食吃喝	39	57	96
酒店住宿	12	10	22
飞机票、火车票	54	55	109
电影票	23	26	49
话费充值	92	87	179
游戏点卡	21	2	23
包包	13	52	65
家居建材	2	1	3
母婴用品	7	12	19
运动户外	21	3	24
珠宝手表	1	2	3
其他	4	3	7

并不是所有的网购用户都能辨别到产品展示广告的存在,92.3%的受访网购用户知道产品展示广告这种形式(见表 3-32)。产品展示广告混在检索结果中,会被人当作正常的检索结果对待。能够辨别出相关产品展示广告的网民构成情况见表 3-33。

表 3-32　网购用户是否能识别出产品展示广告

	频率	百分比	有效百分比	累积百分比
是	418	66.6	92.3	92.3
否	35	5.6	7.7	100.0
合计	453	72.1	100.0	

表 3－33　门户网站 Banner 广告受访网民人口统计特征—样本构成分布情况

描述性统计变量	类型	频数	样本数
性别	男	196	418
	女	222	
年龄	18—20 岁	43	418
	21—25 岁	174	
	26—30 岁	120	
	31—35 岁	67	
	36—40 岁	14	
文化程度	初中及以下	0	418
	高中/中专/职高/职专	8	
	大专	61	
	本科	271	
	研究生及以上	78	
职业状况	教师/科研/医生/律师等专业人员	20	418
	计算机/互联网/通信/IT	50	
	保险/金融公司	3	
	传媒/广告/公关公司	45	
	政府机关/事业单位	28	
	全民/国有/集体企业职员	19	
	外资/合资企业职员	8	
	私营企业职员	60	
	个体劳动者	1	
	专业技术人员	11	
	商业/服务业人员	6	
	在读学生	144	
	临时/兼职	8	
	自由职业者	6	
	待业中	2	
	下岗/失业	1	
	其他	6	
个人收入	1 000元以下	119	418
	1 000—1 999元	65	
	2 000—2 999元	52	
	3 000—3 999元	48	
	4 000—4 999元	43	
	5 000—5 999元	27	
	6 000—6 999元	17	
	7 000—7 999元	12	
	8 000—8 999元	5	
	9 000—9 999元	4	
	10 000元及以上	26	

(二) 购物网站产品展示广告的态度

1. 总体态度

测量广告态度的30个变量的得分统计结果见表3-34,产品展示广告总体态度得分为3.107,整体来看,网民对待产品展示广告的态度"中性"而非消极。

表3-34 产品展示广告态度

维度	变量	认同情况(%)					M	SD
		很不同意	不同意	一 般	同 意	很同意	均值	标准差
注意	A1	3.1	8.4	32.5	46.9	9.1	3.50	.888
	A2	5.5	33.0	43.8	11.7	6.0	3.20	.931
	A3	2.6	10.3	38.5	42.3	6.2	3.39	.853
	A4	1.0	10.0	35.9	45.9	6.2	3.44	.830
	产品展示广告的注意						3.38	
认知	C1	1.7	12.0	42.1	40.4	3.8	3.33	.799
	C2	1.9	10.5	35.2	46.2	6.2	3.44	.836
	C3	1.9	14.4	44.3	34.9	4.5	3.26	.828
	C4	2.6	9.1	44.0	40.9	3.3	3.33	.794
	C5	3.1	22.5	40.7	41.4	3.3	3.30	.835
	产品展示广告的感知						3.332	
	C6	2.9	23.7	51.0	20.8	1.7	2.95	.791
	C7	3.1	19.6	55.5	20.3	1.4	2.97	.763
	C8	2.6	8.9	37.8	41.4	9.3	3.46	.878
	C9	4.8	23.4	57.7	12.0	2.2	2.83	.778
	C10	3.6	22.2	59.8	12.9	1.4	3.13	.885
	C11	3.3	17.0	51.9	24.4	3.3	3.07	.823
	产品展示广告的记忆						3.068	
认知							3.195	
情绪情感	E1	3.6	22.2	59.8	12.9	1.4	2.86	.732
	E2	3.1	20.8	58.6	14.6	2.9	2.93	.768

续表

维度	变量	认同情况(%)					M	SD
		很不同意	不同意	一　般	同　意	很同意	均值	标准差
	E3	2.2	20.6	59.3	12.9	5.0	3.02	.789
	E4	2.4	18.2	56.9	17.5	5.0	2.95	.808
	产品展示广告的情绪情感						2.94	
行为意向	I1	2.4	12.4	44.7	37.1	3.3	3.27	.810
	I2	2.4	6.2	31.3	52.4	7.7	3.57	.817
	I3	2.4	5.7	39.6	53.6	7.7	3.58	.810
	I4	5.3	9.6	36.4	42.1	6.7	3.35	.934
	积极意向(广告点击)						3.39	
	I5	2.4	5.7	36.1	43.8	12.0	2.43	.863
	I6	0.7	7.2	34.9	40.7	16.5	2.35	.864
	I7	1.2	9.3	29.5	37.8	12.2	2.50	.868
	I8	1.0	14.8	45.0	28.7	10.5	2.67	.887
	I9	2.2	17.2	45.0	25.8	9.8	2.76	.924
	消极意向(广告回避)						2.542	
行为意向							2.916	
总体态度							3.107	
购买行为	B1	3.3	14.1	40.7	36.8	5.0	3.26	.882
	B2	6.0	22.0	49.3	20.3	2.4	2.91	.867
行为							3.805	

2. 注意

受访网民对购物网站产品展示广告的"注意"如表 3－34 所示，总体上，受访网民对产品展示广告的注意度较高，平均均值为3.38；

受访对象浏览购物网站时会主动注意产品展示广告，"选择注意看产品展示广告"(A1)的均值为3.50；仅有17.7%的网民认同"我一般对门户网站的产品展示广告视而不见"(A2)说法，"门户网站产品展示广告经常会吸引我的视线"(A3)的均值为3.49，52.1%的受访者认同"我通常会在吸引我视线的网络广告上停留”(A4)的说法。

3. 认知

数据结果显示(表 3－34),认知维度的均值为3.195,产品展示广告的识别度和易懂度相对较高,均值为3.31,记忆度和联想度相对较低,均值分别为3.05和3.10。

值得注意的是,搜索引擎关键词广告的识记(C6、C7)和回忆(C9)的均值低于3,但对熟悉品牌的再认较高,“我对熟悉产品/品牌的网络广告的印象更深”(C8)的均值为3.46,“通过广告我经常联想到使用该产品的情形”的均值为3.13,表明产品展示广告易引发网民的联想。

4. 情绪情感

数据显示(表 3－34),受访网民对产品展示广告的情绪情感不积极,此维度均值为2.94,22.5%的受访者认同“网络广告惹人厌烦”(E4),24.9%的受访者认同“网络广告令我生气”(E3),14.3%的认同“网络广告让我心情愉快”、17.5%的认同“网络广告让我有惊喜感”。

5. 行为意向

统计数据结果显示(表 3－34),在积极行为意向方面,网民对购物网站产品展示广告的行为意向较积极,均值3.39,代表积极行为意向的 4 个变量中,“我通常会点击浏览我感兴趣产品的网络广告”(I2)均值为3.57,“我通常会点击浏览我需要产品的网络广告”(I3)均值得分为3.58,相对其他变量得分较高。

代表消极行为意向(广告回避行为)的 5 个变量得分经过逆向处理统计,平均均值仅有2.542,说明网民对产品展示广告的回避行为也存在。其中“我通常关闭干扰我网络行为的网络广告”(I5)均值为2.43、I6“我通常会关闭网络广告太多的页面”(I6)均值为2.35、“我下拉网页上的滚动条以回避网络广告”(I7)均值为2.50,相对其他 I7、I8 变量得分较低。

(三) 购买行为

数据结果显示(见表 3－34),网购行为(B1)均值为3.26,可见购物网站产品展示能引发网购行为的发生。

四、三种类型网络广告态度与行为的比较

为了比较网民对三种类型网络广告态度的差异,对数据进行了筛选,选择了全部能辨别出这三种类型网络广告的样本共计 418 个,统计分析各个变量的均值,并对负向测量语句的变量 A2、E3、E4、I6—I9 进行了逆向处理计分,分数

越高表明态度越积极，以平均分 3 为参照分数，大于 3 态度偏向积极，小于 3 态度偏向消极。处理结果整理成表 3－35。

表 3－35　三种类型网络广告态度的比较

			门户网站产品展示广告			关键字广告		
维度	变量类别	变量名称	M 均值	SD 标准差	M 均值	SD 标准差	M 均值	SD 标准差
注意度	注意状态	A1	2.71	1.050	2.59	.902	3.50	.888
		A2	2.40	.992	2.44	.946	3.20	.931
	指向性	A3	2.86	.979	2.78	.924	3.39	.853
	集中性	A4	3.12	1.031	2.96	.955	3.44	.830
	平均均值		2.77		2.69		3.38	
认知	识别度	C1	3.15	1.011	3.06	.893	3.33	.799
		C2	3.25	.955	3.07	.828	3.44	.836
		C3	3.19	.949	3.04	.902	3.26	.828
	平均均值		3.197		3.057		3.343	
	易懂度	C4	3.17	.940	3.13	.837	3.33	.794
		C5	3.05	.916	3.01	.879	3.30	.835
	平均均值		3.11		3.07		3.315	
	记忆度	C6	2.57	.862	2.67	.791	2.95	.791
		C7	2.70	.928	2.72	.785	2.97	.763
		C8	3.44	.993	3.21	.933	3.46	.878
		C9	2.51	.866	2.61	.806	2.83	.778
	平均均值		2.805		2.75		3.05	
	联想度	C10	2.87	.927	2.80	.877	3.13	.885
		C11	2.80	.915	2.79	.845	3.07	.823
	平均均值		2.835		2.795		3.10	
	平均均值		2.987		2.925		3.195	
情绪情感	积极情绪	E1	2.22	.800	2.39	.834	2.86	.732
		E2	2.33	.853	2.45	.845	2.93	.768
	平均均值		2.275		2.42		2.895	
	消极情绪	E3	2.76	.905	2.76	.854	3.02	.789
		E4	2.54	.939	2.63	.856	2.95	.808

续表

			门户网站产品展示广告			关键字广告		
维度	变量类别	变量名称	M 均值	SD 标准差	M 均值	SD 标准差	M 均值	SD 标准差
	平均均值		2.65		2.695		2.985	
	平均值		2.463		2.507		2.94	
行为意向行为意向	积极意向	I1	2.46	.789	2.58	.825	3.27	.810
		I2	2.96	1.103	2.92	.952	3.57	.817
		I3	3.08	1.088	3.05	1.006	3.58	.810
		I4	2.48	1.073	2.73	1.018	3.35	.934
	平均值		2.725		2.82		3.39	
	广告回避	I5	1.81	.902	2.25	.899	2.43	.863
		I6	1.78	.896	2.15	.866	2.35	.864
		I7	2.02	.912	2.28	.866	2.50	.868
		I8	2.32	.970	2.51	.953	2.67	.887
		I9	2.42	.972	2.54	.939	2.76	.924
	平均均值		2.07		2.346		2.542	
	平均均值		2.4		2.593		2.916	
态度平均得分			2.655		2.679		3.11	
行为	网络购买	B1	2.45	.847	2.61	.834	3.26	.882
	线下购买	B2	2.51	.846	2.57	.871	2.91	.867
行为平均得分			2.48		2.59		3.085	
有效的 $N=418$								

(一) 整体态度的比较

用各维度的均值平均分来代表整体态度,结果显示,网民对产品展示广告的态度最积极,平均均值得分3.11,Banner 广告和搜索引擎广告整体态度得分相对较低,分别为2.655和2.679,可见网民对产品展示广告的态度最积极,对Banner 广告的态度最消极,搜索引擎广告态度也比较消极,稍高于 Banner 广告。

(二) 购买行为的比较

在三种类型网络广告所引发的购买行为上,产品展示广告相对明显,得分3.085,搜索引擎广告和 Banner 广告得分较低,分别为2.59和2.48,与态度的排

序一致，可见网络广告态度越积极，行为越积极。（当然态度的结构及其与行为的关系，仍需要后续的验证）

（三）"注意"的比较

三种类型网络广告在注意度上的排序是产品展示广告、Banner 广告、搜索引擎广告。产品展示广告的注意度最高，平均得分3. 38，4 个变量的得分也均为三种类型网络广告中最高，Banner 广告和搜索引擎广告注意度得分小于 3，分别为2. 77、2. 69。

在有意注意（A1）上，产品展示广告最突出，得分为3. 50；网民对 Banner 广告和搜索引擎广告的有意注意不积极，得分小于 3，分别为2. 71和2. 59，搜索引擎广告得分最低。

Banner 广告的注意回避最明显，在注意回避（A2）变量得分最低，为2. 40，搜索引擎次之，为2. 44。

在注意指向（A3）与集中（A4）的变量上，也均是产品展示广告得分最高，分别为3. 39和3. 44；搜索引擎关键词广告得分最低，分别为2. 78和2. 96。

（四）"认知"的比较

在总体认知水平上，三种类型网络广告的排序是：产品展示广告最高，得分3. 195；Banner 广告次之，得分2. 987；搜索引擎广告最低，得分2. 925。

识别度上，产品展示广告得分最高3. 343；Banner 广告次之，得分3. 197；搜索引擎最低，得分3. 06。值得注意的是，该项的在 3 个变量中，三种形式网络广告中 C2 变量得分均为最高，这表明，在对网络广告的识别中，网民对"网络广告中的产品类型"的识别最容易。

在理解度上，产品展示广告得分最高，Banner 广告次之，搜索引擎最低。在 C4 变量上，得分一致比较高，这表明网民对网络广告的理解中，对"网络广告的广告诉求"的理解最轻松。

因此在"感知"上的排序是：产品展示广告、Banner 广告、搜索引擎关键词广告。

在记忆度上，三种类型网络广告的得分普遍较低，Banner 广告记忆度最低，搜索引擎广告次之，产品展示广告稍高。值得注意的是，在 4 个变量中，C8 变量的得分一致最高，C9 变量的得分一致最低。这表明，网民普遍对"对熟悉产品/品牌的网络广告的印象更深"（C8），而对网络广告的回忆（C9）较难。

在联想度上，产品展示广告最高，得分为3. 10；Banner 广告次之，得分为2. 835；搜索引擎最低，得分为 2，795。其中，C10 变量得分一致高于 C11 变量得分，这表明，看到网络广告时，相比"联想到相关产品和品牌"，人们更容易"联想使用该产品和品牌的情形”。

(五)“情绪情感”的比较

在情绪情感上,网民对 Banner 广告的情绪最消极,得分为2.463;搜索引擎广告次之,得分为2.507;产品展示广告的情绪维度的均值为2.94,情绪情感处于正负面的中间状态。

(六)“行为意向”的比较

网民对三种类型网络广告“行为意向”上的排序是:产品展示广告(得分2.916)、关键词广告(得分2.593)、Banner 广告(得分2.4)。

在广告点击(积极意向)上,产品展示广告最积极,得分3.39;搜索引擎次之,得分2.82;网民对 Banner 广告的点击行为最不积极,得分为2.725。

在广告回避(积极意向)上,Banner 广告最突出,得分为2.07;搜索引擎次之,得分为2.346;产品展示再次,得分为2.542。

可见,受访网民对 Banner 广告的“行为意向”最消极,即广告回避最明显。

五、研究假设检验情况的总结

综上,网络广告态度与行为的研究假设的验证情况如表3-36。对于“网络广告总体态度消极”的假设,产品展示广告未通过验证;在“注意消极”“认知消极”“行为消极”上,产品展示广告也未通过验证。

表3-36　研究假设的验证情况(三种类型网络广告的差别)

标号	研究假设	Banner 广告结论	关键词广告结论	产品展示广告结论
H1-1	网络广告总体态度消极	支持	支持	不支持
H1-2	网民对网络广告的注意消极	支持	支持	不支持
H1-3	网民对网络广告的认知消极	支持	支持	不支持
H1-4	网民对网络广告的情绪情感消极	支持	支持	支持
H1-5	网民对网络广告的行为意向消极	支持	支持	支持
H1-6	网络广告不易引发购买行为	支持	支持	不支持

第三节　不同网民的网络广告态度差异

一、网络广告态度的性别差异

（一）广告总体态度的性别差异

使用Banner广告总体态度的均值进行了性别差异的"独立样本T检验"，SPSS统计结果如表3－37所示，男性和女性对Banner广告总体态度的均值分别为2.645 1和2.682 1，F的相伴概率(sig)为0.365，大于显著性水平0.05，不能拒绝方差相等的假设，可以认为在Banner广告的总体态度不存在性别差异；然后看方差相等时T检验的结果，也就是表3－37中第一行结果，T统计量的相伴概率为0.501，大于显著性水平0.05，不能拒绝T检验的零假设，也就是说，男女对待Banner广告态度平均值不存在显著差异。另外，从两个样本的均值差的95%置信区间来看，区间跨0，这也说明男女对待Banner广告的态度无显著差异。

表3－37　Banner广告总体态度与性别的独立样本T检验

<table>
<tr><th colspan="6">组统计量</th></tr>
<tr><th></th><th>性别</th><th>N</th><th>均值</th><th>标准差</th><th>均值的标准误</th></tr>
<tr><td rowspan="2">Banner广告总体态度</td><td>男</td><td>196</td><td>2.645 1</td><td>.592 18</td><td>.042 30</td></tr>
<tr><td>女</td><td>222</td><td>2.682 1</td><td>.532 76</td><td>.035 76</td></tr>
</table>

<table>
<tr><th colspan="10">独立样本检验</th></tr>
<tr><th rowspan="3"></th><th colspan="2">方差方程的Levene检验</th><th colspan="7">均值方程的t检验</th></tr>
<tr><th rowspan="2">F</th><th rowspan="2">Sig.</th><th rowspan="2">t</th><th rowspan="2">df</th><th rowspan="2">Sig.(双侧)</th><th rowspan="2">均值差值</th><th rowspan="2">标准误差值</th><th colspan="2">差分的95%置信区间</th></tr>
<tr><th>下限</th><th>上限</th></tr>
<tr><td>假设方差相等</td><td>.823</td><td>.365</td><td>－.674</td><td>416</td><td>.501</td><td>－.037 06</td><td>.055 02</td><td>－.145 22</td><td>.071 10</td></tr>
<tr><td>假设方差不相等</td><td></td><td></td><td>－.669</td><td>395.202</td><td>.504</td><td>－.037 06</td><td>.055 39</td><td>－.145 95</td><td>.071 83</td></tr>
</table>

表 3－38 所示,男性和女性对关键词广告总体态度的均值分别为2.695 7和2.721 6,F 的相伴概率(sig)为0.975,大于显著性水平0.05,不能拒绝方差相等的假设;方差相等时,T 统计量的相伴概率为0.598,大于显著性水平0.05,不能拒绝 T 检验的零假设,也就是说,男女对待关键词广告态度平均值不存在显著差异。另外,从两个样本的均值差的 95%置信区间来看,区间跨 0,这也说明男女对待关键词广告的态度无显著差异。

表 3－38 关键词广告总体态度的性别差异

组统计量					
	E1. 性别	N	均值	标准差	均值的标准误
关键词广告总体态度均值	男	196	2.695 7	.502 49	.035 89
	女	222	2.721 6	.499 01	.033 49

独立样本检验									
	方差方程的 Levene 检验		均值方程的 t 检验						
	F	Sig.	t	df	Sig.(双侧)	均值差值	标准误差值	差分的 95% 置信区间	
								下限	上限
假设方差相等	.001	.975	−.527	416	.598	−.025 87	.049 07	−.122 33	.070 58
假设方差不相等			−.527	408.888	.598	−.025 87	.049 09	−.122 38	.070 63

表 3－39 所示,男性和女性对产品展示广告总体态度的均值分别为3.085 5和3.115 8,F 的相伴概率(sig)为0.487,大于显著性水平0.05,不能拒绝方差相等的假设;方差相等时,T 统计量的相伴概率为0.530,大于显著性水平0.05,不能拒绝 T 检验的零假设,也就是说,男女对待产品展示广告态度平均值不存在显著差异。另外,从两个样本的均值差的 95%置信区间来看,区间跨 0,这也说明男女对待产品展示广告的态度无显著差异。

表 3 - 39　产品展示广告总体态度的性别差异

组统计量

	E 1. 性别	N	均值	标准差	均值的标准误
产品展示广告总体态度均值	男	196	3. 085 5	. 479 19	. 034 23
	女	222	3. 115 8	. 501 40	. 033 65

独立样本检验

	方差方程的 Levene 检验		均值方程的 t 检验						
	F	Sig.	t	df	Sig.（双侧）	均值差值	标准误差值	差分的 95% 置信区间	
								下限	上限
假设方差相等	. 485	. 487	—. 628	416	. 530	—. 030 22	. 048 14	—. 124 84	. 064 40
假设方差不相等			—. 630	413. 379	. 529	—. 030 22	. 048 00	—. 124 58	. 064 13

（二）广告态度不同维度的性别差异

Banner 广告态度不同维度的性别差异比较，如表 3 - 40 所示，各维度的 F 值相伴概率大于0. 05，不能拒绝方差相等的假设，可以认为在 Banner 广告态度的不同维度不存在性别差异；方差相等时 T 检验的结果，T 统计量的相伴概率也都大于显著性水平0. 05，不能拒绝 T 检验的零假设，也就是说，Banner 广告态度不同维度的男女差异不显著；另外，从男女样本的均值差的 95%置信区间来看，各维度的区间都跨 0，Banner 广告态度的不同维度无性别上的显著差异。

对关键词广告的注意维度上（见表 3 - 41），男性和女性的均值总分分别为11. 117 3和10. 473 0，F 值的相伴概率为0. 951，大于显著性水平0. 05，不能拒绝方差相等的假设；方差相等时，T 统计量的相伴概率为0. 021，小于显著性水平0. 05，拒绝 T 检验的零假设，也就是说，男生相对而言，对关键词广告的注意度更高；另外，从两个样本的均值差的 95%置信区间来看，区间不跨 0，这也说明男女对关键词广告的注意存在显著差异。

表 3－40　Banner广告态度不同维度性别差异的独立样本检验

		方差方程的 Levene 检验		均值方程的 t 检验					差分的 95%置信区间	
		F	Sig.	t	df	Sig.（双侧）	均值差值	标准误差值	下限	上限
注意度	假设方差相等	.245	.621	.499	416	.618	.154 85	.310 48	−.455 45	.765 16
	假设方差不相等			.500	413.297	.617	.154 85	.309 63	−.453 79	.763 50
认知	假设方差相等	1.353	.245	−1.266	416	.206	−.841 33	.664 36	−2.147 26	.464 60
	假设方差不相等			−1.259	396.341	.209	−.841 33	.668 46	−2.155 50	.472 84
情绪情感	假设方差相等	.094	.759	.076	416	.939	.021 10	.275 88	−.521 20	.563 40
	假设方差不相等			.076	406.444	.939	.021 10	.276 37	−.522 20	.564 40
积极意向	假设方差相等	.481	.488	−1.640	416	.102	−.535 85	.326 81	−1.178 25	.106 54
	假设方差不相等			−1.639	408.811	.102	−.535 85	.326 96	−1.178 59	.106 88
广告回避	假设方差相等	3.014	.083	1.029	416	.304	.365 74	.355 26	−.332 59	1.064 07
	假设方差不相等			1.023	395.076	.307	.365 74	.357 62	−.337 33	1.068 81
行为	假设方差相等	1.823	.178	−1.485	416	.138	−.225 73	.151 97	−.524 45	.072 99
	假设方差不相等			−1.481	404.658	.139	−.225 73	.152 37	−.525 27	.073 81

N=418　男 196 女 222

表 3－41　关键词广告注意维度性别差异的独立样本检验

组统计量					
	性别	N	均值	标准差	均值的标准误
关键词广告的注意度	男	196	11.117 3	2.814 16	.201 01
	女	222	10.473 0	2.856 55	.191 72

独立样本检验									
	方差方程的 Levene 检验		均值方程的 t 检验						
	F	Sig.	t	df	Sig.（双侧）	均值差值	标准误差值	差分的 95% 置信区间	
								下限	上限
假设方差相等	.004	.951	2.318	416	.021	.644 37	.278 04	.097 84	1.190 91
假设方差不相等			2.320	411.026	.021	.644 37	.277 78	.098 33	1.190 42

在认知、行为意向、行为 3 个维度上无性别显著差异。如表 3－42 所示，各维度的 F 值相伴概率大于0.05，不能拒绝方差相等的假设；方差相等时 T 检验的结果，T 统计量的相伴概率也都大于显著性水平0.05，不能拒绝 T 检验的零假设；另外，从男女样本的均值差的 95%置信区间来看，各维度的区间都跨 0；研究假设未被验证。

表 3-42 关键词广告态度不同维度性别差异的独立样本检验

		方差方程的 Levene 检验		均值方程的 t 检验					差分的 95%置信区间	
		F	Sig.	t	df	Sig.(双侧)	均值差值	标准误差值	下限	上限
认知	假设方差相等	.594	.441	−1.247	416	.213	−.892 03	.715 20	−2.297 89	.513 83
	假设方差不相等			−1.239	396.078	.216	−.892 03	.719 68	−2.306 90	.522 84
积极意向	假设方差相等	.032	.858	−.874	416	.382	−.268 85	.307 44	−.873 17	.335 48
	假设方差不相等			−.875	410.126	.382	−.268 85	.307 33	−.872 99	.335 30
广告回避	假设方差相等	5.282	.022	−.379	416	.705	−.134 63	.355 17	−.832 78	.563 52
	假设方差不相等			−.377	398.014	.706	−.134 63	.357 13	−.836 73	.567 47
行为	假设方差相等	7.065	.008	−1.267	416	.206	−.194 34	.153 35	−.495 77	.107 10
	假设方差不相等			−1.257	391.139	.209	−.194 34	.154 58	−.498 25	.109 58

在情绪情感维度，男性和女性的均值总分分别为9.913 3和10.527 0，F值的相伴概率为0.891，大于显著性水平0.05，不能拒绝方差相等的假设；方差相等时，T统计量的相伴概率为0.013，小于显著性水平0.05，拒绝T检验的零假设，也就是说，男生相对而言，对关键词广告的情绪情感更消极；另外，从两个样本的均值差的95%置信区间来看，区间不跨0，这也说明男女对关键词广告的情绪情感存在显著差异。

表3-43　关键词广告情绪情感维度性别差异的独立样本检验

	性别	N	均值	标准差	均值的标准误
关键词广告的情绪情感	男	196	9.913 3	2.549 54	.182 11
	女	222	10.527 0	2.498 27	.167 67

独立样本检验

关键词广告的情绪情感	方差方程的 Levene 检验		均值方程的 t 检验						
								差分的 95% 置信区间	
	F	Sig.	t	df	Sig.(双侧)	均值差值	标准误差值	下限	上限
假设方差相等	.019	.891	−2.483	416	.013	−.613 76	.247 23	−1.0997 4	−.127 78
假设方差不相等			−2.479	407.412	.014	−.613 76	.247 54	−1.100 38	−.127 14

综上，在搜索引擎广告的注意上，男性比女性更积极，对关键词广告的情绪情感上，女性比男性积极。

产品展示广告态度不同维度的性别差异比较，如表3-44所示，产品展示广告的注意、认知、情绪情感、行为意向四个维度的F值相伴概率均大于0.05，不能拒绝方差相等的假设；方差相等时T检验的结果，T统计量的相伴概率也都大于显著性水平0.05，不能拒绝T检验的零假设，也就是说，产品展示广告态度在以上四个不同维度的男女差异不显著；另外，从男女样本的均值差的95%置信区间来看，各维度的区间都跨0，也说明产品展示广告态度的不同维度无性别上的显著差异。研究假设未被验证。

表 3 - 44　产品展示广告态度不同维度的性别差异比较

		方差方程的 Levene 检验		均值方程的 t 检验						
		F	Sig.	t	df	Sig.（双侧）	均值差值	标准误差值	差分的 95%置信区间 下限	差分的 95%置信区间 上限
注意	假设方差相等	.656	.418	−.308	416	.758	−.085 59	.278 09	−.632 22	.461 05
	假设方差不相等			−.308	412.415	.758	−.085 59	.277 54	−.631 16	.459 99
认知	假设方差相等	.000	.989	−.801	416	.423	−.527 21	.657 98	−1.820 59	.766 17
	假设方差不相等			−.802	411.402	.423	−.527 21	.657 19	−1.819 09	.764 66
情绪情感	假设方差相等	.168	.682	−1.104	416	.270	−.259 24	.234 88	−.720 93	.202 46
	假设方差不相等			−1.111	415.895	.267	−.259 24	.233 29	−.717 82	.199 34
积极意向	假设方差相等	.039	.843	−1.687	416	.092	−.451 37	.267 59	−.977 37	.074 63
	假设方差不相等			−1.695	415.164	.091	−.451 37	.266 26	−.974 76	.072 02
消极意向	假设方差相等	1.851	.174	1.276	416	.203	.443 28	.347 29	−.239 37	1.125 93
	假设方差不相等			1.264	387.003	.207	.443 28	.350 56	−.245 96	1.132 52
行为	假设方差相等	.039	.843	−.174	416	.862	−.026 52	.152 53	−.326 35	.273 31
	假设方差不相等			−.174	409.642	.862	−.026 52	.152 53	−.326 36	.273 32

二、网络广告态度的年龄差异

(一) 网络广告总体态度上存在年龄差异

假设未被验证，经过单因素方差分析（如表 3－45 所示），三种类型网络广告总体态度在不同年龄上并无显著差异（P 值大于0.05）。

表 3－45　三种类型网络广告总体态度年龄差异的 ANOVA 分析

总体态度	年龄	N	均值	标准差	P 值
Banner 广告	18—20 岁	43	2.804 7	.427 84	0.423
	21—25 岁	174	2.676 2	.541 86	
	26—30 岁	120	2.620 0	.653 49	
	31—35 岁	67	2.622 9	.511 33	
	36—40 岁	14	2.676 2	.516 80	
关键词广告	18—20 岁	43	2.841 1	.399 00	0.363
	21—25 岁	174	2.694 4	.525 77	
	26—30 岁	120	2.723 6	.520 42	
	31—35 岁	67	2.648 8	.436 91	
	36—40 岁	14	2.661 9	.548 79	
产品展示广告	18—20 岁	43	3.087 6	.422 33	0.727
	21—25 岁	174	3.133 7	.502 29	
	26—30 岁	120	3.079 7	.468 77	
	31—35 岁	67	3.094 0	.551 30	
	36—40 岁	14	2.969 0	.446 15	

(二) 态度不同维度上的年龄差异

通过单因素方差分析（表 3－46），结果显示 Banner 广告态度的注意、情绪情感、行为意向在不同年龄上并无显著差异（P 值大于0.05），只有认知维度存在显著的年龄差异（P 值为0.001，小于0.05），不同年龄阶段在认知维度的均值显示，年龄越轻，对 Banner 广告的认知越积容易。

表 3-46 Banner 广告态度不同维度的年龄差异

维度	年龄	样本数	均值	标准差	P 值
注意	18—20	43	11.069 8	2.806 42	0.990
	21—25	174	11.178 2	3.072 79	
	26—30	120	10.991 7	3.586 85	
	31—35	67	11.059 7	3.029 55	
	36—40	14	10.928 6	2.368 52	
认知	18—20	43	32.674 4	5.121 02	0.001
	21—25	174	29.764 4	6.606 77	
	26—30	120	28.450 0	7.666 20	
	31—35	67	27.671 6	5.950 27	
	36—40	14	27.142 9	5.171 77	
情绪情感	18—20	43	10.000 0	2.786 02	0.539
	21—25	174	9.839 1	2.639 73	
	26—30	120	9.641 7	2.989 61	
	31—35	67	10.014 9	2.992 38	
	36—40	14	10.857 1	2.597 55	
积极意向	18—20	43	11.511 6	2.772 07	0.674
	21—25	174	10.890 8	3.434 71	
	26—30	120	10.808 3	3.621 36	
	31—35	67	11.000 0	2.974 64	
	36—40	14	11.785 7	3.042 74	
消极意向	18—20	43	10.093 0	3.421 32	0.537
	21—25	174	10.097 7	3.490 15	
	26—30	120	10.525 0	3.938 52	
	31—35	67	10.626 9	3.638 33	
	36—40	14	11.500 0	3.031 88	

通过单因素方差分析(表 3-47),结果显示关键词广告态度的注意、情绪情感、积极意向(广告点击)在不同年龄上并无显著差异(P 值大于0.05)。在认知维度,各年龄阶段的差异显著(P 值为0.001,小于0.05),均值比较发现,年纪越

轻对网络广告的认知越积极。在消极意向维度，18—20岁的网民相比其他年龄段，广告回避相对明显。

表3-47　关键词广告态度不同维度的年龄差异

维度	年龄	样本数	均值	标准差	P值
注意	18—20	43	10.8140	2.80523	0.486
	21—25	174	10.6437	2.93071	
	26—30	120	11.1500	2.78245	
	31—35	67	10.5373	2.82483	
	36—40	14	10.2143	2.75062	
认知	18—20	43	36.2558	5.41204	0.001
	21—25	174	33.3678	7.15900	
	26—30	120	31.6250	8.19516	
	31—35	67	31.1045	6.36785	
	36—40	14	30.4286	5.98349	
情绪情感	18—20	43	10.6512	2.22415	0.377
	21—25	174	10.1839	2.50100	
	26—30	120	10.4417	2.54636	
	31—35	67	9.7761	2.76789	
	36—40	14	10.1429	2.65611	
积极意向	18—20	43	12.0930	2.85202	0.462
	21—25	174	11.1437	3.27136	
	26—30	120	11.3000	2.97779	
	31—35	67	11.0746	3.27207	
	36—40	14	11.0000	2.90887	
消极意向	18—20	43	11.5349	3.11180	0.265
	21—25	174	11.3046	3.62143	
	26—30	120	12.0667	3.61540	
	31—35	67	12.2687	4.00599	
	36—40	14	12.1429	2.85164	

通过单因素方差分析(表 3-48),结果显示产品展示广告态度的注意、情绪情感、积极意向(广告点击)在不同年龄上并无显著差异(P 值大于0.05)。在认知维度,各年龄阶段的均值差别不大,但是 18—20 岁与 36—40 岁的多重比较 P 值为0.043(小于0.05),表明 18—20 岁的网民比 36—40 岁的网民对产品展示广告的认知积极。在消极意向维度,18—20 岁的网民相比其他年龄段,广告回避相对明显。

表 3-48　产品展示广告态度不同维度的年龄差异

维度	年龄	样本数	均值	标准差	P 值
注意	18—20	43	13.093 0	2.571 03	0.592
	21—25	174	13.637 9	2.851 01	
	26—30	120	13.383 3	2.959 63	
	31—35	67	13.910 4	2.890 59	
	36—40	14	13.428 6	1.949 92	
认知	18—20	43	36.325 6	7.262 82	0.302
	21—25	174	35.350 6	7.177 20	
	26—30	120	34.841 7	5.735 04	
	31—35	67	34.656 7	6.968 66	
	36—40	14	32.142 9	4.896 74	
情绪情感	18—20	43	11.697 7	1.958 31	0.590
	21—25	174	11.988 5	2.578 23	
	26—30	120	11.566 7	2.244 45	
	31—35	67	11.701 5	2.564 41	
	36—40	14	11.357 1	1.645 84	
积极意向	18—20	43	13.767 4	2.102 57	0.675
	21—25	174	13.925 3	2.709 47	
	26—30	120	13.608 3	2.858 85	
	31—35	67	13.835 8	3.033 14	
	36—40	14	12.928 6	2.302 65	
消极意向	18—20	43	11.534 9	3.057 77	0.200
	21—25	174	12.954 0	3.365 61	
	26—30	120	12.800 0	3.638 27	
	31—35	67	12.537 3	4.102 21	
	36—40	14	13.142 9	3.158 80	

综上，研究发现，在注意、情绪情感、积极意向、行为等维度上，三种类型网络广告态度在年龄上无显著差异；但在认知维度，一致表明年龄越轻，对网络广告的认知越积极；在广告回避上，Banner 广告和关键词广告的年龄差异不显著，年龄越轻，对产品展示广告的回避越明显。

三、网络广告态度的教育程度差异

(一) 总体态度的教育程度差异

经过单因素方差分析（如表 3－49 所示），Banner 广告和关键词广告总体态度在教育程度上并无显著差异（P 值大于0.05），产品展示广告总体态度呈现教育程度上的差异（P 值为0.000，小于0.05），均值表明，教育程度越高，产品展示广告总体态度越积极。

表 3－49　三种类型网络广告总体态度教育程度差异的 ANOVA 分析

网络广告	教育程度	N	均值	标准差	P 值
Banner 广告	高中/中专/职高/职专	8	2.620 8	.708 66	0.258
	大专	61	2.552 5	.543 36	
	本科	271	2.702 1	.550 45	
	研究生及以上	78	2.627 4	.591 54	
关键词广告	高中/中专/职高/职专	8	2.687 5	.574 30	0.963
	大专	61	2.703 8	.509 43	
	本科	271	2.718 3	.492 55	
	研究生及以上	78	2.685 5	.520 78	
产品展示广告	高中/中专/职高/职专	8	2.833 3	.343 65	0.000
	大专	61	2.881 4	.576 05	
	本科	271	3.131 7	.443 24	
	研究生及以上	78	3.196 6	.536 53	

(二) 态度不同维度的教育程度差异

1. Banner 广告

通过单因素方差分析（表 3－50），结果显示 Banner 广告态度的注意、情绪情感、行为意向在不同年龄上并无显著差异（P 值大于0.05）。在认知维度，存在教育程度差异（P 值为0.019，小于0.05），均值比较发现，本科学历的网民对 Banner

广告的认知最积极,本科学历和研究生学历比大专和高中学历的网民对 Banner 广告的认知相对积极。

表 3-50 Banner 广告态度不同维度教育程度差异的 ANOVA 分析

维度	教育程度	样本数	均值	标准差	P 值
注意	高中/中专/职高/职专	8	10.125 0	2.474 87	0.087
	大专	61	10.213 1	2.775 58	
	本科	271	11.291 5	3.105 53	
	研究生及以上	78	11.153 8	3.607 63	
认知	高中/中专/职高/职专	8	26.500 0	8.194 07	0.019
	大专	61	27.836 1	6.770 48	
	本科	271	30.014 8	6.708 74	
	研究生及以上	78	28.051 3	6.607 55	
情绪情感	高中/中专/职高/职专	8	10.625 0	2.774 24	0.720
	大专	61	9.573 8	2.667 45	
	本科	271	9.915 1	2.802 81	
	研究生及以上	78	9.820 5	2.979 34	
积极意向	高中/中专/职高/职专	8	12.375 0	4.438 07	0.575
	大专	61	11.245 9	3.462 44	
	本科	271	10.889 3	3.291 22	
	研究生及以上	78	10.935 9	3.323 82	
消极意向	高中/中专/职高/职专	8	11.000 0	3.779 64	0.327
	大专	61	9.573 8	3.840 40	
	本科	271	10.479 7	3.601 25	
	研究生及以上	78	10.448 7	3.507 50	

2. 搜索引擎广告

通过单因素方差分析(表 3-51),结果显示网民对关键词广告的注意、情绪情感、行为意向在不同年龄上并无显著差异(P 值大于0.05)。在认知维度,存在教育程度差异(P 值为0.014,小于0.05),均值比较发现,本科学历的网民对关键词广告的认知最积极,本科学历和研究生学历比大专和高中学历的网民对关键词广告的认知相对积极。

表 3-51　关键词广告态度不同维度教育程度差异的 ANOVA 分析

维度	教育程度	样本数	均值	标准差	P 值
注意	高中/中专/职高/职专	8	11.250 0	1.982 06	0.934
	大专	61	10.836 1	3.061 48	
	本科	271	10.786 0	2.885 20	
	研究生及以上	78	10.641 0	2.672 49	
认知	高中/中专/职高/职专	8	29.750 0	9.207 92	0.014
	大专	61	31.049 2	7.524 24	
	本科	271	33.538 7	7.185 21	
	研究生及以上	78	31.397 4	6.973 68	
情绪情感	高中/中专/职高/职专	8	10.250 0	2.915 48	0.436
	大专	61	9.803 3	2.971 08	
	本科	271	10.372 7	2.445 98	
	研究生及以上	78	10.115 4	2.454 68	
积极意向	高中/中专/职高/职专	8	11.875 0	2.642 37	0.462
	大专	61	11.803 3	2.897 24	
	本科	271	11.132 8	3.172 34	
	研究生及以上	78	11.269 2	3.234 04	
消极意向	高中/中专/职高/职专	8	12.250 0	3.195 98	0.919
	大专	61	11.573 8	3.917 73	
	本科	271	11.793 4	3.686 02	
	研究生及以上	78	11.576 9	3.217 32	

3. *产品展示广告*

通过单因素方差分析(表 3-52),结果显示网民对产品展示广告的注意在教育程度上并无显著差异(P 值大于0.05)。在认知维度,存在教育程度差异(P 值为0.008,小于0.05),均值比较发现,学历越高的网民对产品展示广告的认知越积极。在情绪情感维度,也存在教育程度差异(P 值为0.008,小于0.05),均值比较发现,学历越高的网民对产品展示广告的情绪情感越积极。在积极意向上,存在教育程度差异(P 值为0.000,小于0.05),均值比较发现,学历越高的网民对产品展示广告的意向越积极。在广告回避上,存在教育程度差异(P 值为0.008,小于0.05),均值比较发现,大专学历的产品展示广告回避最明显,研究生及以上学历的网民对产品展示广告的回避最小。

表 3－52 产品展示广告态度不同维度教育程度差异的 ANOVA 分析

维度	教育程度	样本数	均值	标准差	P值
注意	高中/中专/职高/职专	8	13.000 0	1.690 31	0.097
	大专	61	12.737 7	3.140 60	
	本科	271	13.682 7	2.795 97	
	研究生及以上	78	13.756 4	2.735 94	
认知	高中/中专/职高/职专	8	31.625 0	3.852 18	0.008
	大专	61	32.803 3	8.211 41	
	本科	271	35.383 8	6.379 97	
	研究生及以上	78	36.192 3	6.349 27	
情绪情感	高中/中专/职高/职专	8	10.750 0	2.121 32	0.008
	大专	61	10.934 4	2.651 22	
	本科	271	11.863 5	2.178 98	
	研究生及以上	78	12.205 1	2.774 46	
积极意向	高中/中专/职高/职专	8	11.750 0	2.659 22	0.017
	大专	61	13.049 2	2.996 81	
	本科	271	13.915 1	2.515 91	
	研究生及以上	78	14.038 5	3.118 62	
消极意向	高中/中专/职高/职专	8	12.375 0	3.700 87	0.000
	大专	61	10.934 4	3.614 18	
	本科	271	12.929 9	3.403 52	
	研究生及以上	78	13.333 3	3.602 55	

综上,数据分析结果显示,在认知维度上,三种类型网络广告均存在教育程度上的显著差异:学历越高,对广告的认知越积极。在产品展示广告的总体态度上,学历越高越积极;同时学历越高,对待产品展示广告的情绪情感越积极。

综上,网络广告态度的人口统计差异的研究假设验证情况见表 3－53,结果显示,网络广告的认知上存在显著年龄差异,关键词广告的认知、情绪情感存在显著性别差异,产品展示广告的总体态度、情绪情感存在显著教育程度差异,除此之外,网络广告态度的人口统计差异不显著。

表 3－53　研究假设的验证情况(网络广告态度的人口统计差异)

标号	研　究　假　设	Banner 广告结论	关键词广告结论	产品展示广告结论
H9－1	网络广告总体态度存在性别差异	不支持	不支持	不支持
H9－2	网民对网络广告的注意存在性别差异	不支持	支持	不支持
H9－3	网民对网络广告的认知存在性别差异	不支持	不支持	不支持
H9－4	网民对网络广告的情绪情感存在性别差异	不支持	支持	不支持
H9－5	网民对网络广告的行为意向存在性别差异	不支持	不支持	不支持
H10－1	网络广告总体态度存在年龄差异	不支持	不支持	不支持
H10－2	网民对网络广告的注意存在年龄差异	不支持	不支持	不支持
H10－3	网民对网络广告的认知存在年龄差异	支持	支持	支持
H10－4	网民对网络广告的情绪情感存在年龄差异	不支持	不支持	不支持
H10－5	网民对网络广告的行为意向存在年龄差异	不支持	不支持	不支持
H11－1	网络广告总体态度存在教育程度差异	不支持	不支持	支持
H11－2	网民对网络广告的注意存在教育程度差异	不支持	不支持	不支持
H11－3	网民对网络广告的认知存在教育程度差异	不支持	不支持	不支持
H11－4	网民对网络广告的情绪情感存在教育程度差异	不支持	不支持	支持
H11－5	网民对网络广告的行为意向存在教育程度差异	不支持	不支持	不支持

第四节　互联网用户网络广告态度与其行为的关系

本书假设 H2 认为“网络广告态度对购买行为的正向影响显著”，以下将使用回归分析的方法，对三种类型网络广告总体态度与行为的关系，以及“注意”“认知”“情绪情感”“积极意向”“广告回避”5 个维度与购买行为发生之间的关系进行分析。

一、互联网用户对 Banner 广告态度与其行为的关系

(一) 态度与行为的关系

以“Banner 广告引发的购买行为”为因变量，Banner 广告总体态度为自变

量,进行线性回归分析,结果见表 3 - 54, $R^2=0.462$,说明行为的发生有46.2%是可以由态度的变化来解释的,拟合度较好。模型的方差分析结果显示,统计值显著,表明回归有意义。回归标准化系数显示 Banner 广告态度对行为存在正向影响,即 Banner 广告态度越积极,越有可能引发购买行为的发生。

表 3 - 54 总体态度与行为的回归分析(Banner 广告)

系数[a]						
模型		非标准化系数		标准系数	t	Sig.
		B	标准误差	试用版		
1	(常量)	-.050	.271		-.186	.853
	Banner 广告总体态度平均均值	1.881	.100	.680	18.894	.000
a. 因变量:Banner 广告行为 R=.680 R^2=.462 F=356.999 P<0.01						

(二) 态度成分与行为关系

针对态度成分对行为的影响,以行为为因变量,注意、认知、情绪情感、积极意向、消极意向为自变量,通过逐步(stepwise)回归探讨影响关系及程度。结果显示,最终积极意向、情绪情感、认知 3 个变量被引入,随着新变量的引入,校正后的决定系数 R^2 增大,模型可解释的变异的比例也随之增大。

表 3 - 55 回归模型(Banner 广告态度成分对行为的影响)

模型汇总				
模型	R	R 方	调整 R 方	标准估计的误差
1	.619[a]	.383	.382	1.220 65
2	.649[b]	.421	.418	1.184 73
3	.662[c]	.438	.434	1.168 02
a. 预测变量:(常量),Banner 广告的积极意向。 b. 预测变量:(常量),Banner 广告的积极意向,Banner 广告的情绪情感。 c. 预测变量:(常量),Banner 广告的积极意向,Banner 广告的情绪情感,Banner 广告的认知				

方差分析的结果也显示,逐步回归获得的 3 个模型在统计上均为显著,符合模型构建的要求,见表 3 - 56。

表 3－56　方差分析(Banner 广告态度成分对行为的影响)

Anova[d]						
模型		平方和	df	均方	F	Sig.
1	回归	385.554	1	385.554	258.763	.000[a]
	残差	619.834	416	1.490		
	总计	1 005.388	417			
2	回归	422.898	2	211.449	150.649	.000[b]
	残差	582.490	415	1.404		
	总计	1 005.388	417			
3	回归	440.579	3	146.860	107.647	.000[c]
	残差	564.809	414	1.364		
	总计	1 005.388	417			

a. 预测变量：(常量)，Banner 广告的积极意向。
b. 预测变量：(常量)，Banner 广告的积极意向，Banner 广告的情绪情感。
c. 预测变量：(常量)，Banner 广告的积极意向，Banner 广告的情绪情感，Banner 广告的认知。
d. 因变量：Banner 广告行为

再使用进入回归的分析方法，获得回归标准化系数(见表 3－57)，在对购买行为的影响上依次是，积极意向(广告点击)、认知、情绪情感，即对 Banner 行为意向越积极，越有可能引发购买行为的发生；认知越积极，越有可能发生购买行为；情绪情感越积极，越有可能发生购买行为。注意度对购买行为的影响不大。

表 3－57　回归系数(Banner 广告态度成分对行为的影响)

系数[a]						
模型		非标准化系数		标准系数	t	Sig.
		B	标准误差	试用版		
1	(常量)	.590	.276		2.141	.033
	Banner 广告注意度	−.003	.025	−.007	−.133	.894
	Banner 广告的认知	.039	.011	.169	3.391	.001
	Banner 广告的情绪情感	.081	.029	.147	2.762	.006
	Banner 广告的积极意向	.193	.024	.415	8.082	.000
	Banner 广告的回避	.035	.020	.081	1.786	.075

a. 因变量：Banner 广告行为

二、互联网用户对关键词广告态度与其行为的关系

（一）态度与行为的关系

以"关键词广告引发的购买行为"为因变量，关键词广告总体态度为自变量，进行线性回归分析，结果见表 3－59，$R^2=.526$，说明行为的发生有52.6%是可以由态度的变化来解释的，拟合度较好。模型的方差分析结果显示，统计值显著，表明回归有意义。回归标准化系数是0.725，关键词广告态度对行为存在正向影响，即关键词广告态度越积极，越有可能引发购买行为的发生。

表 3－58　总体态度与行为的回归分析(关键词广告)

系数[a]						
模型		非标准化系数		标准系数	t	Sig.
		B	标准误差	试用版		
1	（常量）	－.977	.291		－3.355	.001
	关键词广告总体态度平均均值	2.270	.106	.725	21.488	.000

a. 因变量：关键词广告行为 R＝.725 R^2＝.526 F＝461.737 P＜0.01

（二）态度成分与行为的关系

针对态度成分对行为的影响，以行为为因变量，注意、认知、情绪情感、积极意向、消极意向为自变量，通过逐步（stepwise）回归探讨影响关系及程度。结果显示，最终积极意向、情绪情感、认知、广告回避 4 个变量被引入，随着新变量的引入，校正后的决定系数 R^2 增大，模型可解释的变异的比例也随之增大。

表 3－59　回归模型(关键词广告态度成分对行为的影响)

模型汇总				
模型	R	R 方	调整 R 方	标准估计的误差
1	.673[a]	.453	.452	1.159 18
2	.704[b]	.496	.494	1.114 17
3	.716[c]	.513	.509	1.096 85
4	.720[d]	.518	.513	1.092 11

a. 预测变量：（常量），关键词广告的积极意向。
b. 预测变量：（常量），关键词广告的积极意向，关键词广告的情绪情感。
c. 预测变量：（常量），关键词广告的积极意向，关键词广告的情绪情感，关键词广告的回避。
d. 预测变量：（常量），关键词广告的积极意向，关键词广告的情绪情感，关键词广告的回避，关键词广告的认知

方差分析的结果也显示，逐步回归获得的 4 个模型在统计上均为显著，符合模型构建的要求，见表 3 - 60。

表 3 - 60　回归模型的方差分析(关键词广告态度成分对行为的影响)

Anova[e]						
模型		平方和	df	均方	F	Sig.
1	回归	463.270	1	463.270	344.770	.000[a]
	残差	558.981	416	1.344		
	总计	1 022.251	417			
2	回归	507.084	2	253.542	204.244	.000[b]
	残差	515.167	415	1.241		
	总计	1 022.251	417			
3	回归	524.172	3	174.724	145.229	.000[c]
	残差	498.080	414	1.203		
	总计	1 022.251	417			
4	回归	529.668	4	132.417	111.023	.000[d]
	残差	492.583	413	1.193		
	总计	1 022.251	417			

a. 预测变量：(常量)，关键词广告的积极意向。
b. 预测变量：(常量)，关键词广告的积极意向，关键词广告的情绪情感。
c. 预测变量：(常量)，关键词广告的积极意向，关键词广告的情绪情感，关键词广告的回避。
d. 预测变量：(常量)，关键词广告的积极意向，关键词广告的情绪情感，关键词广告的回避，关键词广告的认知。
e. 因变量：关键词广告行为

再使用进入回归的分析方法，获得回归标准化系数(见表 3 - 61)，在对购买行为的影响上依次是，积极意向(广告点击)、认知、情绪情感，即行为意向越积极，越有可能引发购买行为的发生；认知越积极，越有可能发生购买行为；情绪情感越积极，越有可能发生购买行为。因广告回避(消极意向)得分经过逆向处理，所以，广告回避对购买行为显著负向影响，即广告回避越明显，购买行为发生的可能性越小。注意度对购买行为的影响不大。

表 3-61 回归标准化系数(关键词广告态度成分对行为的影响)

系数[a]						
模型		非标准化系数		标准系数	t	Sig.
		B	标准误差	试用版		
1	(常量)	-.222	.306		-.724	.469
	关键词广告的注意度	.036	.024	.065	1.528	.127
	关键词广告的认知	.017	.008	.079	2.068	.039
	关键词广告的情绪情感	.092	.027	.149	3.383	.001
	关键词广告的积极意向	.251	.023	.503	11.032	.000
	关键词广告的回避	.058	.016	.134	3.541	.000

a. 因变量：关键词广告行为

三、用户对产品展示广告态度与其行为的关系

(一) 态度与行为的关系

以“产品展示广告引发的购买行为”为因变量，以产品展示广告总体态度为自变量，进行线性回归分析，结果见表 3-62，$R^2=0.599$，说明行为的发生有35.9%是可以由态度的变化来解释的，拟合度较好。模型的方差分析结果显示，统计值显著，表明回归有意义。回归标准化系数是15.275，产品展示广告态度对行为存在显著正向影响，即广告态度越积极，越有可能引发购买行为的发生。

表 3-62 总体态度与行为的回归分析(Banner 广告)

系数[a]						
模型		非标准化系数		标准系数	t	Sig.
		B	标准误差	试用版		
1	(常量)	.283	.390		.726	.468
	产品展示广告总体态度均值	1.899	.124	.599	15.275	.000

a. 因变量：产品展示广告行为 R=.599 R^2=.359 F=233.311 P<0.01

(二) 态度成分与行为关系

针对态度不同维度对行为的影响，以行为为因变量，注意、认知、情绪情感、积极意向、消极意向为自变量，通过逐步（stepwise）回归探讨影响关系及程度。结果显示，最终只有积极意向、认知 2 个变量被引入，随着新变量的引入，校正后的决定系数 R^2 增大，模型可解释的变异的比例也随之增大。

3－63　回归模型(产品展示广告态度成分对行为的影响)

模型汇总				
模型	R	R 方	调整 R 方	标准估计的误差
1	.514[a]	.264	.262	1.335 04
2	.577[b]	.333	.330	1.272 45

a. 预测变量：(常量)，产品展示广告的积极意向。
b. 预测变量：(常量)，产品展示广告的积极意向，产品展示广告的认知

方差分析的结果也显示，逐步回归获得的 3 个模型在统计上均为显著，符合模型构建的要求，见表 3－64。

表 3－64　回归模型的方差分析(产品展示广告态度成分对行为的影响)

Anova[c]						
模型		平方和	df	均方	F	Sig.
1	回归	266.147	1	266.147	149.325	.000[a]
	残差	741.451	416	1.782		
	总计	1 007.598	417			
2	回归	335.656	2	167.828	103.653	.000[b]
	残差	671.942	415	1.619		
	总计	1 007.598	417			

a. 预测变量：(常量)，产品展示广告的积极意向。
b. 预测变量：(常量)，产品展示广告的积极意向，产品展示广告的认知。
c. 因变量：产品展示广告的行为

再使用进入回归的分析方法，获得回归标准化系数(见表 3－65)，在对购买行为的影响上依次是，积极意向(广告点击)、认知，即行为意向越积极，越有可能引发购买行为的发生；认知越积极，越有可能发生购买行为。情绪情感、广告回避、注意度对购买行为的影响不显著。

表 3-65 回归标准化系数(产品展示广告态度成分对行为的影响)

模型		非标准化系数 B	非标准化系数 标准误差	标准系数 试用版	t	Sig.
1	(常量)	.918	.396		2.319	.021
	产品展示广告的注意度	−.062	.030	−.112	−2.036	.042
	产品展示广告的认知	.075	.012	.324	6.216	.000
	产品展示广告的情绪情感	.065	.037	.100	1.764	.078
	产品展示广告的积极意向	.197	.031	.347	6.315	.000
	产品展示广告的消极意向	−.002	.021	−.004	−.088	.930

系数[a]

a. 因变量：产品展示广告的行为

通过考察广告态度和态度成分对购买行为的影响，可以发现：广告态度越积极，购买行为越容易发生。在态度成分的影响上，三种类型网络广告表现出了差异，广告点击(积极意向)对行为的影响最大，其次是认知。注意对购买行为的发生的作用不显著。研究假设的验证情况见表 3-66。

表 3-66 研究假设的验证情况(态度与行为的关系)

标号	研究假设	Banner 广告结论	关键词广告结论	产品展示广告结论
H2-1	态度对行为的正向影响显著	支持	支持	支持
H2-2	注意对行为的正向影响显著	不支持	不支持	不支持
H2-3	认知对行为的正向影响显著	支持	支持	支持
H2-4	情绪情感对行为的正向影响显著	支持	支持	不支持
H2-5	行为意向对行为的正向影响显著	支持	支持	支持

第四章　互联网用户网络广告态度的结果探讨

通过信效度分析，对网络广告态度的测量量表进行了最终的归类和命名，注意、认知、情绪情感、行为意向、行为的结构划分接受了检验，5 个类别的变量共提取 8 个因子：注意、感知、记忆、积极情绪、消极情绪、广告点击、广告回避和购买行为。以下将结合数据处理结果和深度访谈结果进行探讨。

第一节　网民对门户网站 Banner 广告的态度

一、研究结果总结

根据调查数据结果，从态度的视角考察 Banner 广告的效果发现：同研究假设的设想一样，Banner 广告效果并不理想，人们对待 Banner 广告的态度消极，Banner 广告引发购买行为的作用有限。

虽然 Banner 广告极力在吸引人们的视线，但是却适得其反，Banner 广告的注意度低，网民"有意不注意网页上的 Banner 广告"的做法显著。在对 Banner 广告的认知上，门户网站用户一般能快速"感知到"和"辨别出"Banner 广告，之后一般不会进行更深层次的信息加工，Banner 广告易被感知、难以记忆；但是值得注意的是，人们对熟悉品牌的"再认"度较高。受访网民对 Banner 广告的情绪情感负面、行为意向消极，广告点击情形的发生有限，仅"我通常会点击浏览我需要产品的 Banner 广告"一项的均值为3.01，其他各项得分都小于 3，并且网民对 Banner 广告的"广告回避"明显，经常会选择"关闭广告"。

总体来看，Banner 广告态度越积极，购买行为才更有可能发生。认知、情绪情感和行为意向对购买行为的正向影响显著，但是注意对购买行为的影响不显著，即表明：仅靠提升 Banner 广告的注意度并不能提升实际广告效果(引发购买)。

网民 Banner 广告态度的人口统计差异不显著,仅在 Banner 广告的认知上存在年龄差异,年龄越轻的网民对 Banner 广告的认知越容易。

以下,将结合深度访谈的结果对 Banner 广告态度与行为进行深入的分析。

二、对研究结果的讨论

(一) 门户网站 Banner 广告态度——"情感"成分主导态度

同研究假设结果一致,网民对待门户网站 Banner 广告的态度消极($M=2.655$),*Banner* 广告效果需要提升。*Banner* 广告态度结构上,情绪情感($M=2.463$)、行为意向($M=2.4$)与态度方向一致(消极),认知($M=2.987$)未显示出明显的倾向性,*Banner* 广告态度是"情感性"态度,即情感成分主导态度。

依据态度理论,态度中的三种成分可能相互协调,也可能不协调。所谓协调是指,广告态度中的认知、情绪情感、行为意向是同方向的。例如:网民发现门户网站首页上的顶端 Banner 广告中的产品正是自己打算买的(认知),会产生惊喜感(情绪情感),对广告有了解的兴趣,于是会点击广告(行为意向)。但也有许多情况下,广告态度的三种成分是不协调的,网民理智上认同网络广告存在的必要性(积极认知),但是对网络广告形式(暴露方式)的干扰和强迫很反感(消极情感),即便可能是其需要产品的广告,也不会产生积极的意向(点击广告)。当认知和情绪情感相矛盾时,人们往往容易被情绪所左右,消极的负面情感又决定了消极的行为意向。

可见,在态度成分上,负面情感是导致 Banner 广告态度消极的主要因素。网民对 Banner 广告的负面经验主要集中于广告干扰和打断所引发的负面情绪,由于这些负面的情感经验,网民在接触到 Banner 广告时持负面态度。这种负面态度又会累积形成负面经验,会对再次遇到网络广告时的态度起到强化作用。负面的情感反应经验使网民对 Banner 广告形成了刻板印象"广告特别烦人(我很反感 Banner 广告)",这种刻板印象会产生"消极心理暗示"效应,使网民对待 Banner 广告呈一贯的消极态度。

在认知成分上,当网民认知到网络广告对自己有意义时,广告态度则积极,无意义时,广告态度则消极。可以推断,认知成分(感知、记忆)虽负面倾向不明显,但可能受众认知到无意义(认为网络广告与自己无关),因此对待 Banner 广告态度消极。导致"无意义"评价的原因有二:其一是网络广告不是网民的上网目标和任务;其二,广告不符合用户的需要,精准性差。

网民 Banner 广告的行为意向受到情感方向的决定,负面的情绪情感一般伴随消极的行为意向，即广告回避。

综合分析发现，减少网民对待 Banner 广告的负面情绪情感体验，增强网民对待 Banner 广告的积极情感体现，是实现积极网络广告态度的关键。

（二）Banner 广告的注意——“注意回避”明显

调查数据已显示，Banner 广告的注意度低（$M=2.77$），且注意回避（$M=2.40$）最显著。究其原因，主要是门户网站用户的“有意注意”对象是网页上的信息，对广告处于“无意注意”的状态，但是由于 Banner 广告比信息内容更炫目，容易转移用户的视线，用户甚至还要刻意不去“注意”到广告，长此以往，门户网站用户养成了对 Banner 广告“视而不见”的习惯。

1. 注意“指向”信息，必然“忽视”广告

依据心理学的“注意”理论，注意通常指选择性注意，即注意有选择地加工某些刺激而忽视其他刺激的倾向。浏览门户网站时，用户有意注意的对象是网页上信息，根据注意的“指向性”，用户选择网页信息作为注意对象时，心理活动就“指向”了网页信息，而对网络广告熟视无睹：

“看新浪时，我一般只找自己感兴趣的标题点进去，很少会关注（看）广告。”（K15）

认知科学家把自主产生的注意力称为具有“目的指向性”的，把外界点燃的注意力称为由“刺激驱动”的。那么，对网页信息内容的注意就是“目的指向性”的，对广告的注意就是由”刺激驱动的，对信息的筛选通常是这两种机制共同作用的结果。浏览网页的时候，读者的目的指向性已经很明确，直冲着正文内容而去，因此看到各种 Banner 广告的时候视线常常跳过，并不会停下来摄取信息：

“对 Banner 广告视而不见是我的处理方式，门户网站上的广告字体、颜色都比较醒目，肯定不自觉就看到了，但是我不会继续留意（维持）和点击，直接去找我想看的新闻信息（有意注意）。”（K14）

面对用户的忽视，Banner 广告通过提高“刺激性”来吸引用户的注意力，即便用户“注意指向”广告，但是如果不是用户需要和感兴趣的信息，这种“指向”并不能获得“维持”，甚至会由于 Banner 广告“转移”了用户对信息内容的注意，而引发用户的不良情绪，进而导致消极的行为意向：

“我一般不会“看”（有意注意）新浪网页上的广告；除非有些广告干扰到了我阅读新闻，这个时候我会看（注意转移）这些广告，找到关闭按钮，关掉它（广告回避），这个过程大概 1－2s，我一般不会看它的内容（认知）。”（K09）

因此，网民对待 Banner 广告的“忽视”，是注意的“选择性”所致，注意选择信息内容，必然放弃选择广告。如果网民内刺激性更强的网络广告吸引了注意（注

意指向)，就对信息内容造成了“分心”(注意转移)；由于网民的注意目标是信息内容，并不是广告，为了避免被广告分散注意力，网民通常对 Banner 广告“视而不见”。

2. 注意“集中”于信息，需要做出“避免注意”广告的努力

注意的集中性是指人的心理活动保持在一定的对象上，并深入下去，保持一定的强度和紧张度，以使事物得到清晰的反映，同时抑制无关工作，对无关事物或活动反映模糊或不能反映。用户浏览门户网站的目标是信息，对页面上的信息(广告之外)处于有意注意的状态，这个时候广告就成了边缘信息，再加上广告的动态和炫目，比信息的视觉刺激要强，用户为了能集中注意力在所需要的信息上，也需要一定的努力，这种努力就是保持对转移视线广告的“刻意忽视”。所以，浏览门户的人们通常刻意“避免注意”到 Banner 广告。深访过程中就得到了一致发现：

“我一般很少会注意到门户网站的 Banner 广告，我一般大体清楚他们出现在什么位置(先前经验)，我会尽量不让视线在那些位置停留，都选择性地忽视它们了。我也觉得这些网络广告对我没什么用(先前观念)，我也不会去点它们，浏览网页的时候我会扫一眼(无意注意)，但是这些广告不会进到我的脑子里去(认知)，我对门户网站布局比较熟悉，而且我很清楚它每个版块都分布在什么位置，每次有固定浏览的路径，比如先看国内新闻，有感兴趣的标题就点击阅读新闻，看完之后再去转到娱乐新闻部分，看完之后，就离开门户网站，去做别的事情了。看新闻的这个过程中，我有主动关注的对象，这些广告完全不在我的考量范围之内。”(K03)

可见，为了将心理活动“保持”在网页信息内容上，需要抑制对网络广告的注意，所以网民通常需要努力“避免注意”到广告。

3. “Banner 广告无用”刻板印象，强化了网民对广告的“忽视”

人脑的信息加工能力是有限的，在同一瞬间，只能加工部分信息。当网络用户进行网络行为时，注意的选择功能使他们只注意符合自己需要、兴趣、与活动目标一致的信息。网络广告通常被认为不符合用户需要，又分散了其对信息内容的注意，被视为“有用信息的干扰”存在，注意的选择功能使大脑排除网络广告的干扰作用，通常都会对网络广告视而不见和刻意视觉上回避。

另外，对网络广告的负面观念“不是我需要的信息”也影响了网民对网络广告的有意注意：

“人们上门户网站的时候，都是想‘放风’或者想获取一些新闻，这个时候出现的广告，可能并不是需要的信息。”(K15)

网民长期浏览门户网站形成了一定的经验，对 Banner 广告的“忽视”已经成为网络习惯的一部分：

“上网过程中，比如浏览新浪，我大概知道网络广告出现在哪些位置，在看网页的过程中，我会尽量避免视线在那些位置停留。”（K04）

可见，网民对 Banner 广告的先前经验和观念，也一定程度上影响了其对待广告的“有意注意”，强化了对待广告的“忽视”。

（三）Banner 广告的认知——“易感知，难记忆”

对 Banner 广告认知的考察包含了“识别”（觉察和分辨）出广告，“明白”（确认）是什么广告，形成记忆、引起再认/联想的过程。调查的研究结果表明，Banner 广告易感知（即觉察、分辨到广告，明白是什么产品的广告），难以进入更深层次的信息加工（存储和回忆），但是“对熟悉品牌的再认”较高。

1. 易“感知”Banner 广告

Banner 广告感知强度高（刺激性强、动态、炫目），而且与信息内容的差异明显，所以 Banner 广告往往容易被受众感知。除此之外，用户已建立了 Banner 广告的认知图式，也是 Banner 广告易被感知的重要原因。

由于用户上网过程中不断接触 Banner 广告，逐渐形成了很多有关 Banner 广告的经验，包括：广告的形状、大小、出现的位置、与信息内容的区别，以及广告中产品、品牌、广告语出现的形式及位置，基于这些经验，消费者能在很短的时间内感知到 Banner 广告，并快速做出这是什么广告、是否与我有关的判断。如果广告与我有关，才可能进入更深层次的信息加工：

“动的 Banner 广告，你可能会注意到它在动，一般不会注意它的内容是什么，但是如果是我感兴趣的产品图片，比如一个长裙，我就会去注意它。”（K03）

另外，深度访谈也发现，在感知 Banner 广告的过程中，是遵循一定顺序的，由于图片的刺激性更强，所以通常是图片先被感知，接下来是标题、文案（文字）。

“我觉得对联广告（Banner 广告的一种形式）挺讨厌的，因为它总是动啊、晃啊，转移我的注意力，另外图片上的那个衣服我也觉得不好看（除了动的广告吸引了该用户的注意力之外，他感知到了广告图片中的产品，并做出了判断——产品我不感兴趣），有时我会看到促销的价格，比如 99（感知到文案），但是有时候我看到 99 后，就更没有点击的意愿了，因为我根本不会买 99 元的东西（他的观念是便宜没好货），当我认为广告产品跟我的需求没关系时，我不会再有继续关注广告（点击）的意愿。保健品的网络广告我也不会点击，是因为我觉得网上保健品坑人和欺骗的程度更大一些（先前观念）。”（K02）

网民对 Banner 广告的认知图式，除了感知 Banner 广告的一些经验之外，还包括对Banner广告的主观看法,比如,深访中提到的“便宜的东西不要买”“保健品的网络广告欺骗性强”的观念,这些观念也会决定网民对Banner广告的认知。

2. 用户难记住Banner广告,但对熟悉的品牌再认高

对Banner广告的记忆是在用户头脑中积累和保存广告自身、产品、品牌经验的心理过程,是对广告所进行的深层次加工。广告记忆的效果体现在:不一定能立刻引发直接的购买行为,但是对产品和品牌的识记、存储之后,如在用户需要购买产品时能提取这些记忆,也能引发购买行为。由于用户在感知阶段就对广告是不是符合自己的兴趣和需要做出了判断,所以不符合需要和兴趣的广告不会进入到这个层次的信息加工。调查结果显示,Banner广告记忆度低,但是对熟悉品牌的再认度较高:

“除非是我熟悉的产品,比如一个洗发水的网络广告,我可能会对产品和品牌有记忆,其他的一般不会。另外,观看好、漂亮的广告,也容易让人记住。比如女孩会对漂亮的鞋子、衣服啊、香水感兴趣,这些产品的网络广告我会点击观看,但是前提是悠闲的上网时才会,有事情做时是不会点击网络广告的。”(K03)

可见,对于用户而言,一个不知名、不熟悉的品牌,除非是用户需要的产品,否则很难产生广告效果:

“对于熟悉的品牌会主动看一下那个广告,了解下促销及活动信息。不熟悉的品牌一般就忽略不看。”(K16)

电视广告通常依靠重复播放的策略提升广告记忆效果,以提高品牌的知名度,但是这一策略在Banner网络广告中并不适用,用户在网络使用上拥有很强的自主性,如果一旦感知到不是自己需要、感兴趣、熟悉的产品,就会终止信息加工。

因此,对于Banner广告而言,适合投放知名品牌的广告,不适合借助Banner广告建立知名度。

(四) Banner广告的情绪情感——负面情绪情感体验

情绪情感是人对客观事物的态度的体验,是人的需要是否获得满足的反映。三种类型的网络广告中,Banner广告的情绪情感得分最低,门户网站用户对Banner广告的情绪情感体验消极。究其原因,主要源自Banner广告的刺激过度以及干扰性带来的逆反情绪。这种负面情绪是一种“即时”体验,由于未进入深层次的信息加工,负面情绪不会迁移至广告中的产品和品牌。但是负面情绪情感的后果体现在两个方面:其一,阻碍积极行为意向(广告点击行为),容易导致消极行为意向(广告回避行为);其二,负面情绪情感体验会强化对待Banner

广告的负面印象(偏见)。

1. 刺激过度(分心)的负面体验

Banner 广告所引发的情绪,是广告刺激过度引发的用户负面情绪体验,由于用户浏览门户网站是为了查看信息内容,刺激性强的广告易引发用户的视线转移,造成分心和视觉疲劳:

"我觉得门户网站的 Banner 广告给人不清爽的感觉,做得眼花缭乱的(感知混杂),让人觉得视觉疲劳,还不容易集中注意力看网页(分心),不想看到这些东西。"(K02)

用户浏览门户网站时的需要是"顺利查看网页内容",网络广告的"分心"造成对用户上网行为的干扰,用户的需要因此不能得到满足,进而导致负面情绪。

2. 干扰引发的逆反情绪

Banner 广告对上网行为的干扰和影响,也是引发负面情绪的原因:

"我不喜欢网易门户里的那种广告,一打开网页之后,会出现一个巨大的广告,而且还会影响你登录邮箱,尤其是你在特别着急想查邮箱里的东西的时候,特别反感。阻碍我的任务,还影响我的办事效率。"(K07)

由于用户不会有意注意 Banner 广告,所以 Banner 广告通过增强刺激性、强迫观看的方式吸引注意力,但是却引发了用户的逆反情绪,反映出了 Banner 广告投放的误区。由于用户浏览门户网站的需要是获取信息内容,干扰性强的 Banner 广告会造成用户的"目标任务障碍"和"上网行为的打断",需要得不到满足,产生负面情绪。

3. 一种即时性的负面情绪体验

这种对 Banner 广告的反感(消极情绪情感),是一种即时情绪体验,并不影响对网站和品牌的态度:

"比如说,你在浏览网页时,如果强行出现的新广告页面,你就会很不爽,感觉这个网站做广告的方式太粗暴,反而引发受众的反感,这种反感就是一种即时的负面情绪体验。我很反感这种做广告的方式,但是不会因为此就不访问这个网站了,如果网站对我有用,我还是会访问网站的。"(K03)

Banner 广告态度与行为的关系也显示,情绪情感对购买行为有显著正面影响,因此,提升 Banner 广告的情绪情感体验非常必要,特别是减少引发负面体验的广告投放方式,以及增加带来积极体验的更符合用户需要的广告投放。

(五) Banner 广告的行为意向

1. 对 Banner 广告的积极意向:"符合需要"时为数不多的"点击"

调查结果显示,Banner 广告行为意向在三类网络广告中最消极,广告点击情形最少发生。主要原因可能来自两个方面：其一，由于用户浏览门户网站时，缺少购买动机，自然没有点击广告的意愿；其二，Banner 广告精准性差，不符合用户的兴趣和需要，也不会点击广告。

"网页里的横幅广告，我会注意到产品和文案，比如"网易公开课"，"OLAY-Men"，如果是符合我兴趣的产品，我会点击看看。"（K02）

如果广告符合用户的兴趣和需要，就会有积极的行为意向发生——广告点击。

2. 对 Banner 广告的消极意向：网民已建立广告回避的条件反射

调查结果显示，三种类型的网络广告中，网民对 Banner 广告的回避行为最明显。究其原因，是网络广告的干扰性所致（将在影响因素部分重点探讨）。用户甚至建立了广告回避的条件反射，遇到广告就点击关闭按钮："对于弹出来的广告，我一般随手就把它关了。"（K14）

（六）Banner 广告难以引发购买行为

Banner 广告引发直接购买的情形很少，除非是用户上门户网站时刚好有购买动机，且看到的广告正是想买的产品。究其原因，主要是用户浏览门户网站的动机是信息获取和休闲，并没有购买动机。调查结果显示，很多网民上网时，工作和学习正式开始前的事情之一就是通过访问门户网站获取最新信息，特别是浏览新闻、娱乐资讯，以及访问自己感兴趣的频道为主。可见，获取最新信息是门户网站使用的主要动机。

按照消费者购买决策过程理论，即便有购买动机，还需要进行信息搜集，这个过程中，不会简单、轻易受到网络广告的影响，消费者还会从其他渠道进行信息搜集：

"我觉得，我们对网络信息有很自主的辨别能力，比如要买手机的时候，我会去比较专业的网站，比如中关村在线去做产品的对比，而不是轻易受到网络广告的影响。"（K14）

"有些时候，门户 Banner 广告也会让我点击，但是点击之后不一定就是直接购买产品，我还需要更多信息的搜集，Banner 广告可能是我信息搜集的一步，比如我用的香皂用完了，我想再买一块皂，我在门户网站看到了薰衣草皂的广告，点开进入了电子商务网站，但是进入这个网站之后，我还会去做进一步的比较和对比，不一定非得在这一家买，还会在淘宝里进行产品检索，确定合适的产品和卖家。"（K03）

态度对购买行为影响的回归分析显示，由于网民对待 Banner 广告态度消极，所以 Banner 广告难以引发购买行为。在态度成分对购买行为的影响上，消极行为意向(广告回避)对购买行为的负向影响最显著,其次是认知和情绪情感;注意不能引发购买行为的发生。

三、本部分小结

1. 从态度的视角审视 Banner 广告效果,点击率下降的主要原因是用户对 Banner 广告的视而不见。广告很难进入深加工,效果有限。

2. 但是不能仅用"是否引发购买行为"去衡量广告效果,熟悉品牌的广告对消费者提醒作用仍有效。

3. 一味吸引注意的广告策略存在误区。网络广告主为了减少网络用户对互联网广告的回避,尽量使用动态的、有声音的、浮动、突然弹出等方式吸引用户注意的转移、吸引用户的注意。但是由于广告信息不是用户当下网络任务下需要、感兴趣的信息,这种注意力的吸引和转移,对用户而言造成了"分心""干扰"和"任务中断"反而引发了负面情绪和回避行为的发生。正如消费者所言:"对于这些广告,我是会注意的,因为你的视线跳不开,对于熟悉的品牌,你可能会意识到,但是对于不知名和不熟悉的品牌,这种广告是无效的,因为我根本不会继续关注它,尽管它暂时吸引了我的视线。"(K05)

4. 负面情绪情感是导致网络广告态度消极的关键因素,所以,提升网民对 Banner 广告情绪情感体验,是获得良好广告效果的重要对策。

第二节　网民对关键词广告的态度与行为

一、研究结果总结

调查数据显示,同研究假设一致,关键词广告总体态度消极,广告效果有待提升。

在三种类型网络广告态度的比较上,关键词广告的认知水平最低,在注意、情绪情感、行为意向等维度上也都消极,但得分高于门户网站 Banner 广告。

态度对行为正向影响显著,即态度越积极,购买行为越有可能发生。注意对行为的影响显著的假设未得到验证。

关键词广告态度与行为的人口统计差异不显著,在对关键词广告的注意、情绪情感上存在性别差异,相对而言,男性对关键词广告的注意度更高,情绪情感更负面。在对关键词广告的认知上,年龄越小越积极;相对而言,本科学历的受访网民对关键词广告的认知最积极。

为了深入分析以上的这些发现,将结合深度访谈的结果和相关理论对关键词广告态度与行为进行深入的分析。

二、对研究结果的讨论

(一) 搜索引擎关键词广告态度

同研究假设结果一致,网民搜索引擎关键词广告态度消极($M = 2.679$)。在关键词广告态度结构上,情绪情感($M = 2.507$)、行为意向($M = 2.593$) 与态度方向一致(消极),认知($M = 2.925$) 未显示出明显的倾向性。

关键词广告态度的三种成分也不协调,负面情绪情感是导致负面态度的首要因素。同 Banner 广告不同,网民对关键词广告的负面情绪情感,主要源自于广告与目标搜索信息内容不符的,即用户快速获得搜索结果的需要未得到满足。搜索引擎的使用是网民主动“寻找答案”的过程,在这个过程中,用户的使用心理是:“希望最短时间内获得满意答案”,广告如果不是其需要的信息,降低了信息检索效率,导致恼怒感。另外,用户使用搜索引擎是希望自己检索到答案,对于广告推送信息,产生抗拒性反感。这些经验,使网民对关键词广告形成了刻板印象“关键词广告与我无关”,这种刻板印象会产生“消极心理暗示”效应,使网民对待关键词广告呈一贯的消极态度。这种负面态度又会累积形成负面经验,会对再次遇到网络广告时的态度起到强化作用。

在认知成分上,当网民认知到网络广告对自己有意义时,广告态度则积极,无意义时,广告态度则消极。可以推断,认知成分(感知、记忆)虽负面倾向不明显,但可能受众认知到无意义(认为网络广告与自己无关),因此对待关键词广告态度消极。导致“无意义”评价主要原因有二,其一:广告不符合用户的信息需要;其二:网民希望主动检索信息,对待推送广告持逆反心理。

网民关键词广告的行为意向受到情感方向的决定,负面的情绪情感一般伴随消极的行为意向,即广告回避。因此,减少网民对待关键词广告的负面情绪情感体验,是实现积极网络广告态度的关键。

(二) 关键词广告的注意

调查数据显示,在三种类型的网络广告中,关键词广告的注意度最低 ($M = 2.69$)。关键词广告注意度低的主要原因有二:其一,广告不符合其预定目的,有意注意难以维持;其二,受到了个体知识经验的影响。

1. 有意注意难以维持

用户使用搜索引擎的目的是找到自己满意的信息,这个过程中,用户会对搜索结果进行辨别和筛选，以确定是否是自己想找的信息，对于搜索引擎检索结果，用户对它们是“有意注意”的状态。由于关键词广告以检索结果的形式出现，网民一般情况下会把它们与搜索结果“一视同仁”。关键词广告与信息结果的呈现方式一样：标题 + 网址，为了吸引用户的注意力，一般通过标题加大、增加 logo 的方式增强“刺激性”，以及放置在搜索结果页面的前几条（显眼位置）；还有一些广告出现在页面的右侧，以文字链接的形式、或者广告图片的形式出现。由于用户对搜索结果的注意是从上到下逐条的视线顺序，处在页面前几条的信息肯定会先被注意到。一般情况下，用户不会对关键词广告刻意回避。

尽管用户对关键词广告处于“有意注意”状态，但因其并不符合用户有意注意的预定目的，注意不能维持，因此关键词广告的注意度低。有意注意是一种有预定目的的注意，比如，当用户使用搜索引擎检索“雅思口语资料”时，用户便自动将心理过程集中和指向（有意注意）检索结果，用户为了获取满意的信息，一般会按顺序对搜索结果进行阅读或点击（信息加工），这个过程中，用户的预定目的是获得“雅思口语资料”，在浏览（有意注意）检索结果的过程中，符合其目的的结果更易维持有意注意，而广告一般不能提供相关信息和资料，不符合用户预定目的，因此有意注意不能维持。

2. 用户知识经验与“注意回避”

用户的知识经验对关键词广告的注意也有重要影响。“我一般对关键词广告视而不见（注意回避）”的做法，就受到过去知识经验的影响。依据以往的知识和经验，大家清楚广告一般出现在搜索结果的右侧和前几条，因此，在浏览搜索结果时，用户会对前面几条疑似广告的结果一扫而过（意识水平低），或者直接跳过和忽视。特别是在用户的先前知识经验里，如果认为“广告并不是他们需要的信息”，一般都会刻意忽视和回避关键词广告。

“搜索引擎结果的前几条一般都是广告（知识经验），对这些都见怪不怪了，一般也不会去看它（注意），比如我搜索联想笔记本时，我是奔着中关村在线的网页和它的官网去的（有意注意预定目的）。”（K14）

“除了竞价排名之外，旁边的广告链接，我一般都不会关注（注意），直接对其视而不见。因为我认为那些是纯粹的广告信息，我没有关注它们的需要和兴趣。”

（三）关键词广告的“认知”——把它当信息还是广告？

由于关键词广告以搜索结果的方式出现，表现方式与信息结果差别不大，并不是所有的搜索引擎用户都能辨别出关键词广告。关键词广告的“感知”没有 Banner 广告那么高，同时记忆度也有限，但是对熟悉产品和品牌的印象会更深。用户对于关键词广告认知的特点是：广告如果符合我的信息要求时就是信息，如果不符合我的信息要求时就是“广告”。

1. “符合我目标”的广告就是信息

前文已述，用户使用搜索引擎的目的是希望快速找到符合自己要求的信息。虽然用户长期使用搜索引擎网站，对广告出现的方式和位置已拥有感知经验，能够感知到网络广告的存在，但是如果是符合需要的信息，认知就积极：

“我使用百度比较多，我搜信息都用百度搜一遍，对于广告推广链接，只要是我要找的信息就行，我不会在意它到底是自然结果，还是广告链接。”(K04)

“我觉得搜索引擎让你获取的信息更加集中和直接。广告链接也是信息筛选的对象，我会对它进行快速的认知和判断，是否是我需要的信息，如果广告链接符合我的需求(信息)，我会点击，这个时候广告和其他搜索链接结果对我而言是一样的。”(K02)

“我虽然知道那是竞价排名的广告，但是我把它当作信息结果对待了，至于旁边的那些广告推广链接，我一般很少会留意和关注。”(K10)

相对而言，与竞价排名关键词广告相比，右侧广告链接的认知要消极，究其原因，源自于消费者的对关键词广告的认知图示：他们一般很少注意右侧的广告，因为知道右侧的信息是广告(感知经验)。之所以不关注广告的原因，是因为他们认为这些广告不是他们要找的信息(先前观念)。

2. “不符合我目标”的广告就是广告

用户使用搜索引擎的目的是获得想了解的信息，由于广告所提供的都是商品信息和购买信息，用户可能这个时候没有购买动机，因此，这个时候的广告并不能满足用户的信息要求。

“我使用搜索引擎时，有明确的目标，比如我母亲住院了，用的药副作用比较大，我就想查一下这个药，结果就发现很多销售广告的链接会在结果中出现，但是这些信息对我没用，我一点也不关心，因为我不是买这个药，只是想了解它的副作用。”(K14)

另外，由于关键词广告的信息呈现以广告语为主，信息承载量有限，从信息的丰富性而言，并不能让用户获得信息上的满足。

“前一段时间，我想考人力资源师，就在网络上搜索，搜出来发现，前面几个页面的内容都是各种培训学校，后来我实在没办法了(很崩溃)，就去人保部的网站了，因为我想首先看到官方的，比较正规的东西。”(K07)

3. 认知对象以标题为主

与 Banner 广告和产品展示广告的认知对象不同，关键词广告的呈现方式以文字为主，用户对于关键词广告认知，主要是通过对标题的信息加工。这个时候，标题就成了影响关键词广告认知的关键因素：

“你之所以忽略搜索引擎广告链接，是因为它的标题看起来就是一个网络广告，比如你要搜一个租车，它的标题就是——‘××租车，京城第一’，这种一看就是广告，用户很容易筛选出来，不理睬它。”(K05)

可见，如果广告的“推送性”太明显，用户反而很容易感知和识别，一旦感知和识别到是网络广告，对于寻找信息而不是广告的用户来说，就会终止信息加工。

搜索引擎广告为了能吸引用户注意，只有在标题上做文章，“口号化”的关键词广告是一把双刃剑，使人们易于感知的同时，也可能因“标题广告色彩太明显”而止步于深度信息加工。

(四) 对关键词广告的情绪情感

由于用户使用搜索引擎的目的是获取信息，与 Banner 广告干扰性引发的负面情绪情感体验不同，搜索引擎用户对关键词广告情绪情感负面的主要原因是：广告不能满足其信息需求。

按照“情绪情感”的心理学理论，导致负面情绪情感的主要原因是个体的需要未得到满足。对于关键词广告所引发的负面情绪，可能源于广告影响或信息需求未得到满足：

“前一段时间，我想考人力资源师，就在网络上搜索，搜出来发现，前面几个页面的内容都是各种培训学校，后来我实在没办法了(负面情绪)，就去人保部的网站了，因为我想首先看到官方的，比较正规的东西。”(K07)

同时，这种负面情绪可能会加剧“广告与我无关”的负面观念(刻板印象)。

(五) 对关键词广告的“行为意向”：“符合需要”的信息就点击

关键词广告以标题 + 网站链接的方式出现，用户如果对该信息感兴趣的话，就会进行点击，点击结果进入官方网站或者电子商务网站。

另外，由于关键词广告的干扰性和强迫性不同于 Banner 广告。对关键词广告的关闭行为(消极行为意向)，主要是指：通过连接点击进入网站，发现其是广告后，如果不是用户需要的内容，用户一般很快关闭网页。

通过深访发现，用户识别出关键词广告之后，一般很少会主动点击，究其原因是受到了先前观念的影响，对广告的负面观念，是影响他不点击关键词广告的主要原因：

“我发现搜索结果的前面几条都是广告，一般都不会点击，因为我觉得没用，即便点进去了也发现跟你没什么关系，不是你要找的信息。”(K11)

“百度搜索结果的前几条网站，可能是钓鱼网站，我就有过这样的经验。上次我买机票的时候，搜索一个特价机票，前三条信息都显示同一个网站，它用了不同了域名,因为当时特别着急,没有太仔细看,就在上面预订了,结果受骗了。百度应该对广告商进行资质考察,起码保证真实性,不然的话,对消费者而言,是非常大的伤害。"(K08)

深访结果也证实,当用户有购买动机,或广告符合需要时,就会引发积极的行为意向:"我在百度里搜索四六级考试,就点击了排在前面的广告链接,因为我觉得能花钱做百度推广的,起码有一定的实力吧,再加上它承诺了包过率,对我还是很有吸引力的,我就选择报名了。"(K12)

"比如我想买一块手表,就在百度上搜索手表品牌,搜索结果里就出现了官方网店的广告链接,这个时候,我会点击进入官网了解品牌和产品。但是如果产品和品牌目标不明确的时候,比如想买爽肤水,但是没有明确的品牌目标时,搜索结果里出现某个品牌的广告链接,我不会点击看。"(K03)

可见,影响广告点击的情形很复杂,会受到个体因素(购买动机、先前观念)的影响,也会受到广告本身的而影响,需要后续分析中继续探讨。

(六) 关键词广告引发的购买行为

关键词广告引发的购买行为有限,究其原因,主要是用户只是搜集信息,没有购买目的;即便有购买目的,通过搜索引擎检索商品相关信息时,还处在购买决策的信息搜集阶段:

"我使用搜索引擎搜索品牌的目的,主要是想找到消费者对它的使用评价。"(K10)

"百度和谷歌中的关键词广告链接很少能引发我当时的购买行为,因为检索信息这个过程中,还是购买前的信息搜索阶段,需要信息、需要多方比较,除非我有明确的购买目标。"(K03)

另外,网民习惯去购物网站购买商品,因此搜索引擎广告也很难引发直接的购买行为发生。

"但是搜索引擎广告引发我直接购买的情况很少,我觉得这不是我购物的一个渠道,我要购物的话就会去专门的购物网站去进行选择和比较。"(K10)

如果当用户拥有明确的购买目标时,通过搜索引擎网站检索,很容易引发购买行为的发生:

"有一次我想租车,我就在谷歌搜索了"租车",然后搜到了一家租车品牌,最后还真的从它家租了车,感觉服务还不错,后来又有朋友租车,我就向他推荐了这家店,他也进行了谷歌搜索"一嗨租车",最后也从这家租了车。(人际分享——直接分享链接/告知品牌——对方搜索)。我在决定是否在神州一嗨租车前,搜索了"一嗨租车评价"。其他人使用经验的口碑,成为了我决定是否在这家租车的影响关键。"(K02)

三、本部分小结

1. 决定关键词广告效果好坏的关键因素是：广告是否符合用户的信息需求。消费者搜索非商业信息时，广告这种商业信息，由于提供的信息单一（不够丰富），肯定不会满足他们的信息需求；消费者搜索商业信息时，仍处在购买决策的信息搜索阶段，很多情况下只是想获取消费者口碑和评价，一味推送广告的说服效果有限；消费者直接检索明确的品牌时，官网链接（广告）就是其信息目标，这种情形下广告态度最积极。

2. 由此来看，目前单一的"广告标题＋官网/电子商务网站"的关键词广告形式不能满足用户的信息需求。应该充分了解用户的搜索动机，优化关键词。

3. 不能把引发直接的购买行为当作衡量关键词广告效果的唯一标准。关键词广告在信息搜集阶段对消费者信息的帮助的作用，值得重视。

第三节　网民对产品展示广告的态度与行为

一、研究结果总结

调查结果显示，产品展示广告效果比预期理想：广告总体态度"中性"，并没有想象的那么消极。

产品展示广告的情绪情感维度不够积极之外（$M=2.94$），注意、认知、行为意向上都积极（均值大于3），是三种类型网络广告中效果最好的。

在广告态度的人口统计差异上，产品展示广告态度存在教育程度差异：网民学历越高，广告态度越积极，对待产品展示广告的情绪情感越积极。

总体来看，产品展示广告态度对购买行为的正向影响显著。认知、行为意向对网购行为的正面影响显著，但注意和情绪情感对网购行为的影响并不显著，即增强对广告的认知有利于促进购买行为的发生。

为了深入分析以上的这些发现，将结合深度访谈的结果和相关理论对产品展示广告态度与行为进行深入探讨。

二、对研究结果的讨论

（一）产品展示广告态度——"认知"成分主导态度

同研究假设结果不一致，网民对待购物网站产品展示广告的态度并非消极

($M=3.11$)。在态度结构上,认知($M=3.195$)与态度方向一致(积极),情绪情感($M=2.94$)、行为意向($M=2.916$)未显示出明显的倾向性。

与其他两种类型网络广告态度不同,产品展示广告态度中认知成分在起主要作用。依据态度理论,认知成分是态度的基础,认知的情境规定作用,主要表现在对态度对象的评价和判断上,当一个人把自己的态度对象评价为无意义时,他的态度是消极的,否定的。只有态度对象评价为有意义,才会形成一种积极的、肯定的态度。用户对产品展示广告的评价和判断是:"对我有用的信息""可能会方便我选择商品",对产品展示广告的积极认知是导致态度积极的首要因素。

(二) 产品展示广告的"注意"

调查结果显示,产品展示广告的注意度最高($M=3.38$),网民一般会注意看产品展示广告($M=3.50$),注意回避发生的情形相对较少,产品展示广告注意度比预期理想。导致注意度高的主要原因是广告符合用户的预定目标和需要,以及对网络广告积极先前观念。

1. 对产品展示广告的"无意注意"

在购物网站"选购"商品时,用户的习惯和流程是:以自己的产品需求为关键词进行"站内检索",然后网站会根据关键词生成产品列表,"产品展示广告"一般出现在结果页面的右侧和下方,与产品列表所在区域相区别,广告和产品列表形式完全一样,以商品图片、价钱、产品名称为主。由于用户集中精力选择商品,用户对产品列表处于"有意注意"的状态。这个时候,用户的预定目标是找到感兴趣和满意的商品,视线一般集中于商品图片上,从视觉中心和视线顺序来看,右侧和页面下面并不是注意的中心,用户一般会将视线集中在结果列表上。对广告属于无意注意,如果广告吸引了用户的视线,用户也可能在广告上停留,因为此时的用户具有商品购买需求,所以对产品展示广告不像对待 Banner 广告那样"视而不见"。

凡是符合人的需要的事物,都容易吸引人们的注意。网络广告如果能够提供用户需要的产品,就会吸引人们的注意。受访对象表示,并未刻意回避产品展示广告,如果产品展示广告中的商品是我感兴趣的,也会点击进一步了解(注意维持)。

2. 对产品展示广告的"有意后注意"

甚至有些用户会对这些广告"有意后注意"。"有意后注意"是个人的心理活动对有意义、有价值的事物的指向和集中,比如有些用户觉得网络广告对个人购物有指导作用,就会专门选择去注意广告。由于搜索结果数量巨大,全部看完所有的产品需要耗费很多精力和时间，用户认为“如果广告中的产品符合自己的需要，可以提高商品选择效率”“广告里的产品热销性价比更优”，这些积极观念会引发对广告的“有意后注意”。

可见，对网络广告指导购物的“期待”也是引起注意的重要条件，由于期待通过网络广告能指导购物，那么网络广告自然容易吸引我们的注意。相反，如果用户对待产品展示广告的观念是“广告不可信”“广告不是我需要的信息”时，可能会忽视网络广告。

可见，由于产品展示广告与用户的网络任务并不矛盾，因此，对待网络广告的注意度较高。同时，积极的先前观念更利于用户注意网络广告。

(三) 产品展示广告的“认知”

网民对产品展示广告的认知积极，相比 Banner 广告和关键词广告，不仅感知积极，记忆和联想也相对积极，表明信息加工处理水平较高。

产品展示广告的呈现方式同产品列表一样，主要包括“产品展示图片”“价格”和“商品名称”，点击图片即可以进入商品页面，能更全面地了解商品详细信息和用户评价。

“在淘宝买衣服，我一般都有明确的品牌目标，比如我买一件衬衣，会搜“Tommy”、然后选择“全球购”，以往搜全站的时候也会出现很多很便宜的，但是我觉得它们的真实性不高，比如 tommy97 元”，这种我肯定不相信啊，因为从产品图片来看，不是真的，真的 Tommy 是不会做成这个样子的。所以后面根据经验，选择只搜“全球购”，这样搜索出来的结果更符合我的要求。我觉得这些跟我的消费经验累积有关系。衣服肯定是产品图片更吸引我，如果在检索的过程中，广告里的衣服图片很漂亮、是我喜欢的、感兴趣的款式，我就会点击去看看。”(K02)

由于购物网站用户拥有购买动机，信息加工的目标是选择满意的商品。按照 ELM 模型理论，广告兴趣和动机越高，越倾向于对广告信息进行精细加工。消费者对广告内容越有兴趣，参与度就越高，就越倾向于对广告进行精细加工，通过中心路径形成态度。这种类型的信息加工，消费者通常会认真考虑广告内容，综合多方面的信息与证据，分析、判断广告中商品的性能，在此基础上形成对待产品和品牌的态度，这个过程中，他们把注意力集中在广告中与产品有关的信息上，并实行深度加工。

网民对产品展示广告的信息加工水平较高，这个时候用户关注的焦点是对商品性能的分析和判断，因此通过提供丰富的产品信息的广告策略，利于提高产品展示广告的认知效果。

(四)产品展示广告的"情绪情感"

产品展示广告的情绪情感不积极的主要原因是,用户在选择比较商品时,购物网站的产品搜索结果数量多,商品"琳琅满目",面临着大量的信息,处于"信息超载"的状况下:

其实在淘宝上买东西挺烦的,又得看款式,还得比价钱,还得看评价,那么多东西到最后都不知道选哪件,我觉得挺花时间的,最后的想法是赶紧随便买一个得了。选一个东西可累人了,要好几个小时,感觉很崩溃。"(K10)

这个时候用户对广告怀有期待:希望广告能快速指导购买。

"淘宝里搜索结果右侧的广告,让你省了很多麻烦,我点击它们的情况还挺多的。"(K10)

当广告产品不符合其兴趣,广告中的产品不能满足其要求时,这种期待就得不到满足,而产生"失望"的负面情绪:

"比如我想买毛衣,搜出来结果就找不到自己感兴趣的产品,产品太多了,看得都心烦了。所以我经常先在'美丽说'先搜索,锁定商品后,再在淘宝搜索。"(K12)

(五)产品展示广告的"行为意向"

产品展示广告和产品列表一样,用户通过对图片、价格和名称的认知,会对其做出是否继续了解的判断。如果产品符合需要,用户对产品感兴趣时,就会点击进入,做更深入的了解:

"对于搜索结果中的产品展示广告,如果是比较好的品牌,质量有保证,价格便宜的话可我就会点击它。"(K04)

"对于购物网站的产品展示广告,我只会选择我感兴趣和需要品牌的广告点击看:获得产品和品牌详细信息。对于我不需要的、我没听说过的、我不了解的品牌,我一般不会点进去看。"(K09)

按照消费者购买决策过程理论,用户在购买时仍需要进行产品的选择,他们倾向于把网络广告当作快速聚焦购买目标的途径,所以行为意向积极:

"比如,我在淘宝买衣服,当我不知道要选哪个品牌时,我会先看一下首页的广告,因为我觉得能花钱做广告的品牌,实力应该还是可以的,服务和质量应该是有保证的。如果还没有找到目标的话,我会使用关键词检索,检索出来的结果里,右侧的产品展示广告里,广告图片如果是能吸引我的,我觉得好看的,我会点进去看。还有就是付完款之后,我的淘宝界面里,也会有"你可能会感兴趣"的产品推荐,如果看到款式你喜欢、价格还不错的产品,可能也会唤起你的需要。(K08)

当用户购买动机不够强烈时，也可能先选择收藏，然后最终再决定是否购买。

（六）购买行为易达成

用户浏览购物网站时，一般有购买动机，再加上点击购买即可进入交易环节，相比其他两种网络广告形式，产品展示广告更易引发购买行为的发生：

"我一般在网上买衣服，除了我自己的衣服，我爸妈最近迷上了淘宝，我一般也帮他们买，因为他们不会支付，但是他们会自己选商品。我会在淘宝上充值手机话费，因为方便快捷；还有一些日常不容易买到的东西，我也会在淘宝上搜索和购买。我以前购置家电的时候，会去京东买家电。我一般目的性很强，直接检索商品关键词，我购买我的笔记本电脑时，就受到了"本周明星产品"（广告）的影响，我觉得产品配置符合我要求，价钱便宜，3 999、什么功能都有，正好符合我的需要，功能都有、性价比最高，我就买了。"（K02）

而且，当用户信赖网购、广告中的产品符合自己的需要时，广告更容易引发购买行为。

三、本部分小结

1. 由于用户浏览购物网站具有购买动机，因此对待产品展示广告的态度与行为相比 Banner 广告和关键词广告积极。

2. 网民对产品展示广告的信息加工属于精细加工，关注产品性能，广告应注重对产品的全面展示。

3. 产品展示广告态度是"认知性"态度，增强受众认知有利于提升网络广告态度。

第五章　互联网用户广告特性感知对其广告态度的影响

第一节　数据分析

本部分的数据处理分为3个步骤：首先，对网络广告特性量表进行了信效度的检验，对量表进行了剔除和重新归类；第二步，对三种类型网络广告特性进行了描述统计分析，并进行了比较；第三步，使用多元回归分析，探讨了广告特性对广告态度与行为的影响。

一、量表的信效度分析

"网络广告特性量表"的编制综合参考了以往研究成果和深度访谈结果，如表5-1所示，分为精准性、信息性、可信性、欣赏性、激励性、刺激性、强迫性、干扰性8个类别，共25个变量。测量语句邀请了相关专家进行了评估和指导，现在将结合实际调查数据再次进行信效度分析。

表5-1　网络广告特性量表

变量分类	变量名	测量语句
精准性	精准性1 精准性2 精准性3	网络广告中的产品/品牌通常是与我有关的 网络广告中的产品/品牌通常符合我的需要 网络广告中的产品/品牌令我感兴趣
信息性	信息性1 信息性2 信息性3	网络广告能提供给我详细的产品/品牌信息 网络广告能提供最新的品牌、产品的趋势和动态信息 网络广告的信息对我购买决策有帮助

续表

变量分类	变量名	测量语句
可信性	可信性 1 可信性 2 可信性 3 可信性 4	网络广告的诉求真实可信 网络广告中的产品/品牌真实可信 网络广告诉求值得信赖 网络广告中的产品/品牌值得信赖
欣赏性	欣赏性 1 欣赏性 2 欣赏性 3 欣赏性 4	网络广告制作精美 网络广告很有创意 网络广告很新颖 网络广告能让我享受一段时间的放松/惬意
激励性	激励性	网络广告中经常以有奖、优惠的方式激励我点击
刺激性	刺激性 1 刺激性 2 刺激性 3	网络广告的数量太多 网络广告是动态炫目的,总会吸引我的视线 网络广告总处于页面的显眼位置,视线没法避开
强迫性	强迫性 1 强迫性 2 强迫性 3 强迫性 4	网络广告通常无法忽视 网络广告通常无法避开 网络广告通常无法关闭 网络广告通常带有迷惑性,一点关闭反而打开
干扰性	干扰性 1 干扰性 2 干扰性 3	网络广告经常分散我的注意力 网络广告会阻碍我浏览目标信息 网络广告经常打断我的网络行为

(一) 信度分析

1. 描述性统计

经过对 8 个类别共计 25 个测量网络广告特性的变量进行描述性统计分析,结果如表 5－2 所示,综合三种形式网络广告特性的调查数据,每个变量的标准差都不大,说明受访者对网络广告特性变量的评价差异不大。

表 5－2 网络广告特性变量的描述性统计分析

变量	Banner 广告描述统计量			关键词广告描述统计量			产品展示广告描述统计量		
	N	均值	标准差	N	均值	标准差	N	均值	标准差
精准性 1	567	2.51	.828	453	2.82	.861	418	3.22	.897
精准性 2	567	2.44	.768	453	2.76	.806	418	3.16	.809
精准性 3	567	2.52	.770	453	2.71	.767	418	3.25	.845
信息性 1	567	2.57	.803	453	2.83	.801	418	3.21	.773

续表

变量	Banner 广告描述统计量			关键词广告描述统计量			产品展示广告描述统计量		
	N	均值	标准差	N	均值	标准差	N	均值	标准差
信息性 2	567	2.91	.959	453	2.95	.842	418	3.25	.831
信息性 3	567	2.66	.850	453	2.80	.841	418	3.37	.780
可信性 1	567	2.41	.808	453	2.52	.754	418	2.89	.668
可信性 2	567	2.50	.847	453	2.57	.754	418	2.88	.695
可信性 3	567	2.43	.792	453	2.49	.745	418	2.83	.681
可信性 4	567	2.49	.795	453	2.53	.763	418	2.88	.686
欣赏性 1	567	2.84	.879	453	2.64	.799	418	3.00	.715
欣赏性 2	567	2.85	.861	453	2.61	.838	418	2.92	.660
欣赏性 3	567	2.82	.871	453	2.63	.864	418	2.93	.707
欣赏性 4	567	2.44	.863	453	2.45	.804	418	2.85	.786
激励性	567	2.85	1.042	453	2.84	.932	418	3.21	.923
刺激性 1	567	3.99	.855	453	3.74	.852	418	3.59	.804
刺激性 2	567	3.11	.986	453	2.99	.914	418	3.12	.869
刺激性 3	567	3.81	.867	453	3.55	.865	418	3.51	.769
强迫性 1	567	3.60	.890	453	3.45	.844	418	3.54	.774
强迫性 2	567	3.71	.856	453	3.51	.874	418	3.55	.755
强迫性 3	567	3.39	.978	453	3.37	.897	418	3.39	.900
强迫性 4	567	4.09	.876	453	3.53	.985	418	3.39	.991
干扰性 1	567	3.78	.871	453	3.51	.856	418	3.47	.831
干扰性 2	567	4.06	.827	453	3.63	.879	418	3.37	.867
干扰性 3	567	3.80	.990	453	3.47	.944	418	3.28	.914
有效的 N	567			453			418		

2. 内部一致性系数

表 5－3 所示，通过对三种形式网络广告量表数据所进行的一致性检验，Cronbach α 均超过了0.8，验证了网络广告特性量表的可靠性。

表 5－3　克朗巴哈 α 系数检验结果（网络广告特性变量）

可靠性统计量		
网络广告类型	Cronbach's Alpha	项数
Banner 广告	.824	25
搜索引擎广告	.839	25
产品展示广告	.817	25

考虑到网络广告特性量表所涉及 8 个类别、25 个变量项目，而且用来测量网民对三种类型网络广告特性的评价，通过测量“删除项目时的 Cronbach α 值”来逐一检验单个具体变量对“网络广告特性”一致性的影响，具体结果见表（5－4、5－5、5－6）。

表 5－4　删除项目时的 Cronbach α 检验（Banner 广告）

变量	项已删除的刻度均值	项已删除的刻度方差	校正的项总计相关性	多相关性的平方	项已删除的 Cronbach's Alpha 值
精准性 1	74.07	83.795	.433	.583	.815
精准性 2	74.14	83.781	.474	.670	.814
精准性 3	74.06	82.480	.570	.595	.810
信息性 1	74.02	82.899	.513	.498	.812
信息性 2	73.68	80.741	.544	.506	.810
信息性 3	73.92	81.689	.562	.548	.810
可信性 1	74.17	82.392	.545	.731	.811
可信性 2	74.09	82.336	.520	.773	.812
可信性 3	74.16	82.412	.556	.773	.811
可信性 4	74.10	82.983	.513	.673	.812
欣赏性 1	73.75	82.092	.513	.614	.812
欣赏性 2	73.74	82.327	.510	.774	.812
欣赏性 3	73.77	81.930	.530	.774	.811
欣赏性 4	74.15	83.118	.456	.484	.814
激励性	73.73	82.584	.389	.231	.817
刺激性 1	72.60	89.046	.078	.313	.829

续表

变量	项已删除的刻度均值	项已删除的刻度方差	校正的项总计相关性	多相关性的平方	项已删除的 Cronbach's Alpha 值
刺激性 2	73.47	82.275	.435	.277	.815
刺激性 3	72.78	86.035	.264	.447	.822
强迫性 1	72.99	86.337	.236	.433	.823
强迫性 2	72.88	87.238	.192	.450	.825
强迫性 3	73.20	88.017	.113	.290	.829
强迫性 4	72.49	89.102	.071	.419	.830
干扰性 1	72.81	88.166	.129	.430	.827
干扰性 2	72.53	89.702	.042	.549	.830
干扰性 3	72.79	89.405	.035	.480	.833

表 5-5　删除项目时的 Cronbach α 检验(搜索引擎关键字广告)

变量	项已删除的刻度均值	项已删除的刻度方差	校正的项总计相关性	多相关性的平方	项已删除的 Cronbach's Alpha 值
精准性 1	72.09	86.125	.316	.578	.836
精准性 2	72.14	85.782	.367	.634	.834
精准性 3	72.20	84.418	.490	.623	.830
信息性 1	72.08	84.620	.451	.562	.831
信息性 2	71.96	83.808	.479	.544	.830
信息性 3	72.10	83.195	.522	.566	.828
可信性 1	72.38	85.047	.453	.722	.831
可信性 2	72.33	85.143	.446	.789	.831
可信性 3	72.42	84.669	.487	.752	.830
可信性 4	72.38	84.174	.511	.693	.829
欣赏性 1	72.27	83.152	.558	.771	.827
欣赏性 2	72.30	82.275	.587	.878	.826
欣赏性 3	72.27	82.354	.562	.821	.826
欣赏性 4	72.45	83.226	.548	.591	.828
激励性	72.07	85.230	.338	.224	.835

续表

变量	项已删除的刻度均值	项已删除的刻度方差	校正的项总计相关性	多相关性的平方	项已删除的Cronbach's Alpha 值
刺激性 1	71.16	88.916	.141	.192	.842
刺激性 2	71.92	83.281	.467	.320	.830
刺激性 3	71.36	86.084	.316	.436	.836
强迫性 1	71.46	85.913	.338	.701	.835
强迫性 2	71.40	86.134	.309	.734	.836
强迫性 3	71.54	87.935	.189	.483	.841
强迫性 4	71.38	87.329	.196	.455	.842
干扰性 1	71.40	86.772	.276	.535	.837
干扰性 2	71.28	88.895	.135	.628	.843
干扰性 3	71.43	87.366	.207	.643	.841

表 5－6　删除项目时的 Cronbach α 检验(购物网站产品展示广告)

变量	项已删除的刻度均值	项已删除的刻度方差	校正的项总计相关性	多相关性的平方	项已删除的Cronbach's Alpha 值
精准性 1	76.83	69.615	.286	.679	.815
精准性 2	76.89	69.973	.301	.669	.813
精准性 3	76.80	68.607	.385	.621	.810
信息性 1	76.84	69.038	.395	.563	.809
信息性 2	76.80	67.788	.455	.574	.807
信息性 3	76.67	68.786	.411	.580	.809
可信性 1	77.15	69.363	.440	.652	.808
可信性 2	77.17	69.599	.399	.742	.810
可信性 3	77.21	69.385	.428	.775	.809
可信性 4	77.17	68.930	.466	.634	.807
欣赏性 1	77.05	68.482	.483	.659	.806
欣赏性 2	77.12	69.306	.452	.770	.808
欣赏性 3	77.12	68.777	.463	.794	.807
欣赏性 4	77.20	69.304	.366	.487	.811

续表

变量	项已删除的刻度均值	项已删除的刻度方差	校正的项总计相关性	多相关性的平方	项已删除的Cronbach's Alpha 值
激励性	76.83	67.289	.433	.301	.807
刺激性 1	76.46	72.565	.109	.321	.822
刺激性 2	76.93	67.319	.465	.321	.806
刺激性 3	76.54	69.592	.353	.546	.811
强迫性 1	76.50	69.474	.359	.674	.811
强迫性 2	76.50	68.653	.438	.738	.808
强迫性 3	76.66	70.389	.232	.574	.817
强迫性 4	76.66	71.205	.151	.590	.822
干扰性 1	76.57	69.099	.356	.553	.811
干扰性 2	76.68	71.049	.199	.677	.818
干扰性 3	76.76	70.714	.205	.688	.819

根据数据处理结果，三种类型的网络广告特性测量数据中，刺激性 1、强迫性 4、干扰性 2、干扰性 3 这 4 项变量的“修正的项目总相关”数值相对较低，表明这些题目与其余题目的相关度最低，同时，这些项目的“删除项目时的 Cronbach's Alpha 值”相对也略高，表明如果删除这些项目后，整个量表的内部一致性将得到一定程度的提升。因此这 4 项变量需要重新考虑是否保留，应结合分类别变量的因子分析做出判断。

（二）效度分析

该量表测量三种网络广告特性时的 KMO 值分别为为 0.889、0.872、0.833，Bartlett's 球形检验值显著，*sig*=.000，表明该量表结构效度很高，并适合进行因素分析（表 5-7 所示）。

表 5-7 网络广告态度量表的 KMO 和 Bartlett 的检验结果

Banner 广告			关键字广告	产品展示广告
取样足够度的 Kaiser-Meyer-Olkin 度量		.889	.872	.833
Bartlett 的球形度检验	近似卡方	7744.980	7292.608	4735.331
	df	300	300	171
	Sig.	.000	.000	.000

通过对“网络广告特性”量表8个类别的25个变量进行因子分析，根据因素的特征值和旋转后的因素矩阵，采用了主成分分析法提取出公共因子，三种形式网络广告的数据中提取出的5个公共因子(详见表5-8)。这说明，8个类别特性的分类可进行重新归类，某几个特性可归为一类，通过使用因素转轴方法中的Varimax最大变异法，转轴后去掉了因素负荷量小于0.1的系数，按照从大到小的顺序进行排列，对变量进行了重新归类，数据结果显示(表5-8)，8个类别的网络广告特性刚好可以归入前两个公共因子，精准性、信息性、可信性、欣赏性、激励性可同时归入第一个因子，刺激性、强迫性、干扰性同时归入第二个因子。将第一个因子命名为“导致积极态度的广告特性”，第二个因子命名为“导致消极态度的广告特性”。

表5-8　成分矩阵[a](网络广告特性变量)

Banner广告			关键字广告			产品展示广告		
变量	成分		变量	成分		变量	成分	
	1	2		1	2		1	2
可信性3	.805		可信性4	.757		可信性3	.744	
可信性1	.789		可信性3	.757		可信性4	.720	
可信性2	.789		可信性2	.746		可信性1	.701	
可信性4	.771		可信性1	.739		精准性3	.689	
精准性3	.742		欣赏性4	.714		信息性3	.689	
信息性3	.709		精准性3	.697		可信性2	.681	
欣赏性1	.669		信息性3	.688		精准性2	.658	
欣赏性4	.662		欣赏性3	.684		信息性1	.658	
信息性1	.647		欣赏性1	.682		信息性2	.628	
欣赏性3	.647		欣赏性2	.678		精准性1	.619	
欣赏性2	.627		信息性2	.626		欣赏性4	.472	
信息性2	.626		信息性1	.608		欣赏性1	.470	
精准性2	.622		精准性1	.613		欣赏性3	.404	
精准性1	.553		精准性2	.587		欣赏性2	.392	
激励性	.427		激励性	.460		激励性	.364	
刺激性2		.327	强迫性2		.760	强迫性2		.726

续表

Banner 广告			关键字广告			产品展示广告		
变量	成分		变量	成分		变量	成分	
	1	2		1	2		1	2
强迫性 2		.644	强迫性 1		.741	干扰性 1		.634
刺激性 3		.629	干扰性 1		.703	刺激性 3		.624
干扰性 1		.618	干扰性 3		.685	干扰性 3		.615
干扰性 2		.609	强迫性 4		.654	强迫性 1		.611
强迫性 4		.587	刺激性 3		.629	干扰性 2		.598
干扰性 3		.557	干扰性 2		.623	强迫性 3		.585
刺激性 1		.511	强迫性 3		.619	强迫性 4		.563
强迫性 3		.489	刺激性 1		.397	刺激性 2		.476
强迫性 1		.581	刺激性 2		.344	刺激性 1		.420
提取方法：主成分。 a. 已提取了 5 个成分			提取方法：主成分。 a. 已提取了 5 个成分			提取方法：主成分。 a. 已提取了 5 个成分		

接下来通过因子分析中的“主成分分析”分别检测了“导致积极态度”和“导致消极态度”广告特性变量的共同性。“导致积极态度”的 15 个广告特型变量的共同性检验结果如表 5 - 9 所示，其中激励性一项的共同性数值(见表 5 - 9 中“提取”一项)在三类网络广告中均小于0.5，虽暂可保留此项，但表明激励性与其他“可能导致积极态度”广告特性的共同性较低。另外“信息性 2”变量在 Banner 广告数据结果中为0.491，考察保留该项时“信息性”一项的 KMO 值(分别为 0.705、0.712、0.705 5)，KMO 值大于0.7在可接受的范围之内，该项得到保留。

表 5 - 9　变量间的共同性分析(导致积极态度的网络广告特性变量)

公因子方差 (Banner 广告)			公因子方差 (搜索关键字广告广告)			公因子方差 (产品展示广告)		
	初始	提取		初始	提取		初始	提取
精准性 1	1.000	.648	精准性 1	1.000	.635	精准性 1	1.000	.643
精准性 2	1.000	.753	精准性 2	1.000	.681	精准性 2	1.000	.672
精准性 3	1.000	.672	精准性 3	1.000	.693	精准性 3	1.000	.670

续表

公因子方差（Banner 广告）			公因子方差（搜索关键字广告广告）			公因子方差（产品展示广告）		
信息性 1	1.000	.558	信息性 1	1.000	.592	信息性 1	1.000	.609
信息性 2	1.000	.491	信息性 2	1.000	.574	信息性 2	1.000	.592
信息性 3	1.000	.575	信息性 3	1.000	.613	信息性 3	1.000	.647
可信性 1	1.000	.799	可信性 1	1.000	.804	可信性 1	1.000	.763
可信性 2	1.000	.861	可信性 2	1.000	.852	可信性 2	1.000	.834
可信性 3	1.000	.854	可信性 3	1.000	.825	可信性 3	1.000	.854
可信性 4	1.000	.766	可信性 4	1.000	.750	可信性 4	1.000	.706
欣赏性 1	1.000	.712	欣赏性 1	1.000	.823	欣赏性 1	1.000	.741
欣赏性 2	1.000	.841	欣赏性 2	1.000	.910	欣赏性 2	1.000	.810
欣赏性 3	1.000	.843	欣赏性 3	1.000	.864	欣赏性 3	1.000	.869
欣赏性 4	1.000	.564	欣赏性 4	1.000	.661	欣赏性 4	1.000	.588
激励性	1.000	.259	激励性	1.000	.253	激励性	1.000	.328
提取方法：主成分分析								

“导致消极态度”的 10 个广告特型变量的共同性检验结果如表 5－10 所示，其中“刺激性 1”一项的共同性数值在三类网络广告中均小于0.5，应该剔除此项。

另外“刺激性 2”变量在 Banner 广告数据、产品展示广告数据中也低于0.5，“强迫性 3”在 Banner 广告数据中低于0.5，应进一步分项的因子分析来判定是否保留以上 2 项。保留“刺激性 2”变量时“刺激性”一项的 KMO 值（分别为0.511、0.545、0.575），且“刺激性 2”变量的共同度小于0.5，因此“刺激性 2”变量的效度较低，应删除。

保留“强迫性 3”变量时“强迫性”一项的 KMO 值（分别为0.640、0.732、0.675），在可接受的范围之内，可保留“强迫性 3”变量。

表 5-10　变量间的共同性分析(导致消极态度的网络广告特性变量)

公因子方差（Banner 广告）			公因子方差（搜索关键字广告广告）			公因子方差（产品展示广告）		
	初始	提取		初始	提取		初始	提取
刺激性 1	1.000	.334	刺激性 1	1.000	.491	刺激性 1	1.000	.282
刺激性 2	1.000	.371	刺激性 2	1.000	.670	刺激性 2	1.000	.192
刺激性 3	1.000	.656	刺激性 3	1.000	.506	刺激性 3	1.000	.706
强迫性 1	1.000	.672	强迫性 1	1.000	.818	强迫性 1	1.000	.773
强迫性 2	1.000	.535	强迫性 2	1.000	.836	强迫性 2	1.000	.788
强迫性 3	1.000	.305	强迫性 3	1.000	.642	强迫性 3	1.000	.536
强迫性 4	1.000	.537	强迫性 4	1.000	.555	强迫性 4	1.000	.633
干扰性 1	1.000	.529	干扰性 1	1.000	.644	干扰性 1	1.000	.523
干扰性 2	1.000	.676	干扰性 2	1.000	.784	干扰性 2	1.000	.716
干扰性 3	1.000	.636	干扰性 3	1.000	.785	干扰性 3	1.000	.789
提取方法：主成分分析								

以下将进行量表分类别的因子分析，以考查广告精准性、信息性、可信性、欣赏性、激励性、刺激性、强迫性、干扰性类别分类的合理性。

1. 精准性

“精准性”是指广告产品与网民需要、兴趣的匹配情况，共包含 3 个变量，主成分分析结果显示，公共因子只有 1 个，分析指标如表 5-11 所示，各项指标基本都在正常值范围内，该项变量效度接受了检验。

表 5-11　变量分类别因子分析数据表(精准性)

Banner 广告				
变量	共同度	特征值	累计方差解释百分比%	KMO
精准性 1	.763	2.248	74.947	0.678
精准性 2	.833			
精准性 3	.653			

续表

关键词广告				
变量	共同度	特征值	累计方差解释百分比%	KMO
精准性 1	.749	2.227	74.249	0.678
精准性 2	.826			
精准性 3	.653			
产品展示广告				
变量	共同度	特征值	累计方差解释百分比%	KMO
精准性 1	.807	2.315	77.171	0.704
精准性 2	.824			
精准性 3	.684			

2. 信息性

"信息性"包含 3 个变量，主成分分析结果显示，公共因子只有 1 个，分析指标如表 5－12 所示，各项指标基本都在正常值范围内，该项变量效度接受了检验。

表 5－12　变量分类别因子分析数据表(信息性)

Banner 广告				
变量	共同度	特征值	累计方差解释百分比%	KMO
信息性 1	.698	2.133	71.091	0.705
信息性 2	.744			
信息性 3	.691			
关键词广告				
变量	共同度	特征值	累计方差解释百分比%	KMO
信息性 1	.731	2.193	73.095	0.712
信息性 2	.764			
信息性 3	.698			
产品展示广告				
变量	共同度	特征值	累计方差解释百分比%	KMO

续表

信息性 1	.713	2.206	73.525	0.705
信息性 2	.787			
信息性 3	.705			

3. 可信性

"可信性"包含 4 个变量，主成分分析结果显示，公共因子只有 1 个，分析指标如表 5-13 所示，各项指标基本都在正常值范围内，该项变量效度接受了检验。

表 5-13　变量分类别因子分析数据表(可信性)

Banner 广告				
变量	共同度	特征值	累计方差解释百分比%	KMO
可信性 1	.806	3.292	82.299	0.847
可信性 2	.853			
可信性 3	.862			
可信性 4	.771			
关键词广告				
变量	共同度	特征值	累计方差解释百分比%	KMO
可信性 1	.793	3.233	80.825	0.811
可信性 2	.846			
可信性 3	.836			
可信性 4	.758			
产品展示广告				
变量	共同度	特征值	累计方差解释百分比%	KMO
可信性 1	.766	3.148	78.707	0.823
可信性 2	.814			
可信性 3	.857			
可信性 4	.711			

4. 欣赏性

“欣赏性”包含 4 个变量，主成分分析结果显示，公共因子只有 1 个，分析指标如表 5－14 所示，各项指标基本都在正常值范围内，该项变量效度接受了检验。

表 5－14　变量分类别因子分析数据表(欣赏性)

Banner 广告				
变量	共同度	特征值	累计方差解释百分比%	KMO
欣赏性 1	.734	2.989	74.722	0.798
欣赏性 2	.833			
欣赏性 3	.846			
欣赏性 4	.576			
关键词广告				
变量	共同度	特征值	累计方差解释百分比%	KMO
欣赏性 1	.831	3.260	81.507	0.801
欣赏性 2	.908			
欣赏性 3	.864			
欣赏性 4	.658			
产品展示广告				
变量	共同度	特征值	累计方差解释百分比%	KMO
欣赏性 1	.762	3.057	76.421	0.814
欣赏性 2	.831			
欣赏性 3	.867			
欣赏性 4	.596			

5. 刺激性

“刺激性”包含 3 个变量，主成分分析结果显示，公共因子只有 1 个，分析指标如表 5－15 所示，只有刺激性 3 的指标在正常值范围内，刺激性 1 和刺激性 2 的共同度小于0.5，而且该项 KMO 值低于0.6，因此，同前面的数据结果的结论一致，变量刺激性 1 和刺激性 2 的效度不高，应该在量表中去除。

表 5 - 15　变量分类别因子分析数据表(刺激性)

<table>
<tr><td colspan="5">Banner 广告</td></tr>
<tr><td>变量</td><td>共同度</td><td>特征值</td><td>累计方差解释百分比%</td><td>KMO</td></tr>
<tr><td>刺激性 1</td><td>.476</td><td rowspan="3">1.462</td><td rowspan="3">48.75</td><td rowspan="3">0.511</td></tr>
<tr><td>刺激性 2</td><td>.307</td></tr>
<tr><td>刺激性 3</td><td>.680</td></tr>
<tr><td colspan="5">关键词广告</td></tr>
<tr><td>变量</td><td>共同度</td><td>特征值</td><td>累计方差解释百分比%</td><td>KMO</td></tr>
<tr><td>刺激性 1</td><td>.613</td><td rowspan="3">1.433</td><td rowspan="3">47.753</td><td rowspan="3">0.545</td></tr>
<tr><td>刺激性 2</td><td>.236</td></tr>
<tr><td>刺激性 3</td><td>.584</td></tr>
<tr><td colspan="5">产品展示广告</td></tr>
<tr><td>变量</td><td>共同度</td><td>特征值</td><td>累计方差解释百分比%</td><td>KMO</td></tr>
<tr><td>刺激性 1</td><td>.462</td><td rowspan="3">1.524</td><td rowspan="3">50.814</td><td rowspan="3">0.575</td></tr>
<tr><td>刺激性 2</td><td>.432</td></tr>
<tr><td>刺激性 3</td><td>.630</td></tr>
</table>

6. 强迫性

“强迫性”包含 4 个变量，主成分分析结果显示，公共因子只有 1 个，分析指标如表 5 - 16 所示，强迫性 4 在三类网络广告中的共同度都小于0.5，强迫性 1 和强迫性 3 在 Banner 广告中的共同度分别为.461 和.478，考虑到这 2 个变量在关键词广告和产品展示广告中的指标较高，且 KMO 值高于0.6，被予以保留。变量刺强迫性 4，应该在量表中去除。

表 5 - 16　变量分类别因子分析数据表(强迫性)

<table>
<tr><td colspan="5">Banner 广告</td></tr>
<tr><td>变量</td><td>共同度</td><td>特征值</td><td>累计方差解释百分比%</td><td>KMO</td></tr>
<tr><td>强迫性 1</td><td>.461</td><td rowspan="4">2.040</td><td rowspan="4">51.005</td><td rowspan="4">0.640</td></tr>
<tr><td>强迫性 2</td><td>.693</td></tr>
<tr><td>强迫性 3</td><td>.478</td></tr>
<tr><td>强迫性 4</td><td>.409</td></tr>
</table>

续表

关键词广告				
变量	共同度	特征值	累计方差解释百分比%	KMO
强迫性 1	.738	2.651	66.271	0.732
强迫性 2	.813			
强迫性 3	.630			
强迫性 4	.460			
产品展示广告				
变量	共同度	特征值	累计方差解释百分比%	KMO
强迫性 1	.651	2.533	63.328	0.651
强迫性 2	.789			
强迫性 3	.678			
强迫性 4	.415			

7. 干扰性

"干扰性"包含 3 个变量，主成分分析结果显示，公共因子只有 1 个，分析指标如表 5－17 所示，各项指标基本都在正常值范围内，该项变量效度接受了检验。

表 5－17　变量分类别因子分析数据表(干扰性)

Banner 广告				
变量	共同度	特征值	累计方差解释百分比%	KMO
干扰性 1	.649	2.104	70.141	0.690
干扰性 2	.759			
干扰性 3	.696			
关键词广告				
变量	共同度	特征值	累计方差解释百分比%	KMO
干扰性 1	.701	2.297	76.573	0.713
干扰性 2	.788			
干扰性 3	.808			

续表

产品展示广告				
变量	共同度	特征值	累计方差解释百分比%	KMO
干扰性 1	.675	2.094	73.525	0.705
干扰性 2	.838			
干扰性 3	.781			

根据量表的因子分析结果,"刺激性 1""刺激性 2""强迫性 4""激励性"4 个变量被去除,并对测量维度进行了最终的归类,获得 7 个类别的归类,共 20 个变量,见表 5 - 18。

表 5 - 18　网络广告特性量表(因子分析后)

变量分类	变量名称	具体变量	测　量　语　句
导致积极态度的广告特性	精准性	精准性 1 精准性 2 精准性 3	网络广告中的产品/品牌通常是与我有关的 网络广告中的产品/品牌通常符合我的需要 网络广告中的产品/品牌令我感兴趣
	信息性	信息性 1 信息性 2 信息性 3	网络广告能提供给我详细的产品/品牌信息 网络广告能提供最新的品牌、产品的趋势和动态信息 网络广告的信息对我购买决策有帮助
	可信性	可信性 1 可信性 2 可信性 3 可信性 4	网络广告的诉求真实可信 网络广告中的产品/品牌真实可信 网络广告诉求值得信赖 网络广告中的产品/品牌值得信赖
	欣赏性	欣赏性 1 欣赏性 2 欣赏性 3 欣赏性 4	网络广告制作精美 网络广告很有创意 网络广告很新颖 网络广告能让我享受一段时间的放松/惬意
导致消极态度的广告特性	刺激性	刺激性 3	网络广告总处于页面的显眼位置,视线没法避开。
	强迫性	强迫性 1 强迫性 2 强迫性 3	网络广告通常无法忽视 网络广告通常无法避开 网络广告通常无法关闭
	干扰性	干扰性 1 干扰性 2 干扰性 3	网络广告经常分散我的注意力 网络广告会阻碍我浏览目标信息 网络广告经常打断我的网络行为

二、互联网用户对网络广告特性感知的描述统计

为了分析网络广告特性与网民广告态度、行为的关系，本书首先将各个变量的测项进行了整合，即：将各个测项的得分加以平均。

（一）门户网站用户对 Banner 广告特性感知的结果描述

描述性统计结果（表 5－19）所示，按照均值得分，门户网站用户对 Banner 广告特性感知的排序依次是：干扰性、刺激性、强迫性、欣赏性、信息性、可信性、精准性。其中，干扰性、强迫性、刺激性的得分大于 3，精准性、可信性、信息性、欣赏性的得分小于 3；可见，*Banner* 广告“可能导致负面态度”的特性强，特别是干扰性（$M=3.87$）和刺激性（$M=3.809$）突出；而“可能导致积极态度”的特性弱，精准性（$M=2.49$）和可信性（$M=2.45$）有待提升。

表 5－19　Banner 广告特性的描述统计量

	N	极小值	极大值	均值	标准差
Banner 广告干扰性	567	2.00	5.00	3.879 5	.749 94
Banner 广告强迫性	567	1.00	5.00	3.566 1	.694 56
Banner 广告刺激性	567	1.00	5.00	3.809 5	.866 97
Banner 广告精准性	567	1.00	4.33	2.493 8	.682 03
Banner 广告信息性	567	1.00	4.67	2.713 7	.734 84
Banner 广告可信性	567	1.00	4.75	2.457 2	.735 16
Banner 广告欣赏性	567	1.00	5.00	2.735 0	.749 11
有效的 N（列表状态）	567				

（二）搜索引擎用户对关键词广告特性感知的结果描述

描述性统计结果（表 5－20）所示，按照均值得分，关键词广告特性的排序依次是：刺激性、干扰性、强迫性、信息性、精准性、欣赏性、可信性。可见，关键词广告刺激性（$M=3.549$）、干扰性（$M=3.536$）强，可信性（$M=2.52$）、欣赏性（$M=2.58$）弱。

表 5－20　关键词广告特性的描述统计量

	N	极小值	极大值	均值	标准差
关键词广告精准性	453	1.00	5.00	2.763 1	.699 26
关键词广告信息性	453	1.00	4.67	2.860 2	.707 86

续表

	N	极小值	极大值	均值	标准差
关键词广告可信性	453	1.00	5.00	2.527 6	.677 60
关键词广告欣赏性	453	1.00	5.00	2.585 0	.745 53
关键词广告干扰性	453	1.00	5.00	3.536 4	.782 03
关键词广告强迫性	453	1.00	5.00	3.441 5	.760 59
关键词广告刺激性	453	1.00	5.00	3.549 7	.864 92
有效的 N(列表状态)	453				

(三) 购物网站用户对产品展示广告特性感知的结果描述

描述性统计结果(表 5－21)所示,按照各项均值得分,产品展示广告特性的排序依次是:刺激性、强迫性、干扰性、信息性、精准性、欣赏性、可信性。在“可能导致消极态度”的广告特性上,产品展示广告刺激性($M=3.5$)、强迫性($M=3.49$)、干扰性($M=3.37$)强;在“可能导致积极态度”的广告特性上,信息性($M=3.20$)、精准性($M=3.27$)突出,但欣赏性($M=2.92$)、可信性($M=2.87$)较弱。

表 5－21　产品展示广告特性的描述统计量

	N	极小值	极大值	均值	标准差
产品展示广告精准性	418	1.00	5.00	3.206 5	.746 34
产品展示广告信息性	418	1.00	5.00	3.275 9	.681 61
产品展示广告可信性	418	1.00	5.00	2.870 8	.605 28
产品展示广告欣赏性	418	1.00	4.75	2.924 0	.623 58
产品展示广告的刺激性	418	1.00	5.00	3.509 6	.768 79
产品展示广告的强迫性	418	1.00	5.00	3.493 6	.695 30
产品展示广告的干扰性	418	1.00	5.00	3.374 0	.761 58
有效的 N(列表状态)	418				

(四) 网民对三种类型网络广告特性感知的比较

为了比较网民对三种类型网络广告特性认知的差别,本部分的数据统计只使用知晓全部三种类型网络广告的调查样本(共计 418)。比较分析结果如表 5－22所示。

在“可能导致积极态度”的 4 个特性上,三类网络广告的“可信性”“欣赏性”

得分普遍较低(小于 3 分);Banner 广告在精准性、信息性上得分最低(小于 3 分),产品展示广告次之(小于 3 分),产品展示广告在精准性和信息性上得分最高(大于 3 分)。

在"可能导致消极态度"的 3 个特性上,三类网络广告得分普遍较高(大于 3 分)。在刺激性上,依次是 Banner 广告、关键词广告、产品展示广告;在强迫性上,依次是 Banner 广告、产品展示广告、关键词广告;在干扰性上,依次是 Banner 广告、关键词广告、产品展示广告。可见,Banner 广告在此 3 个导致消极态度的特性上,最突出。

表 5-22 三种类型网络广告特性的比较

广告特性	Banner 广告		关键词广告		产品展示广告	
	均值	标准差	均值	标准差	均值	标准差
精准性	2.543 9	.688 93	2.766 3	.699 74	3.206 5	.746 34
信息性	2.771 9	.728 97	2.865 2	.713 14	3.275 9	.681 61
可信性	2.510 8	.736 72	2.527 5	.665 95	2.870 8	.605 28
欣赏性	2.753 0	.745 58	2.593 9	.744 89	2.924 0	.623 58
刺激性	3.787 1	.862 28	3.550 2	.858 65	3.509 6	.768 79
强迫性	3.544 7	.703 04	3.430 6	.767 44	3.493 6	.695 30
干扰性	3.850 9	.732 44	3.548 6	.786 85	3.374 0	.761 58
有效的 N(列表状态) N = 418						

三、网络广告特性感知对广告态度影响的回归分析

(一) 网络广告特性对广告总体态度的影响

"研究在线性相关条件下,两个或两个以上自变量对因变量的数量变化关系,称为多元线性回归分析。"[①]考察网络广告 7 个特性对网络广告态度的影响,即采用多元线性回归分析。

这 7 个特性,包含"可能导致积极态度"的特性——精准性、信息性、可信性、欣赏性,和"可能导致消极态度"的特性——刺激性、强迫性、干扰性。分别以三种类型网络广告总体态度为因变量,广告特性为自变量,通过多元回归分析探讨影响关系及程度。

① 柯惠新、沈浩:《调查研究中的统计分析法》,中国传媒大学出版社,2005 年 8 月第 2 版,p. 348。

表 5-22 Banner 广告特性与广告总体态度的多元回归分析

模型	非标准化系数		标准系数	t	Sig.
	B	SE B	β		
(常量)	1.377	.162		8.485	.000
Banner 广告精准性	.214	.036	.263	5.996	.000
Banner 广告信息性	.132	.036	.171	3.695	.000
Banner 广告可信性	.191	.036	.251	5.371	.000
Banner 广告欣赏性	.103	.030	.136	3.368	.001
Banner 广告刺激性	.057	.025	.088	2.330	.020
Banner 广告强迫性	−.007	.032	−.008	−.207	.836
Banner 广告干扰性	−.150	.029	−.196	−5.255	.000
因变量：Banner 广告总体态度平均均值 R：.748 R 方：.560 F：74.411 P<.01					

本书假设认为“可能导致积极态度”的四个广告特性(“精准性”“信息性”“可信性”“欣赏性”)对广告总体态度正向影响，多元回归分析结果显示(表 5-22)，精准性 (β =.263，P <.01)、可信性(β =.251，P <.01)、信息性(β =.171，P <.01)、欣赏性(β =.136，P <.01) 对总体态度的正向影响显著，研究假设成立。Banner 广告越“精准”“可信”，“信息性” 和“欣赏性” 越强，网民对 Banner 广告的态度越积极。同理，Banner 广告精准性、可信性、信息性、欣赏性越弱，网民对 Banner 广告的态度越消极。

研究假设认为“可能导致负面态度”的三个广告特性(“刺激性”“强迫性”“干扰性”)对广告总体态度负面影响显著，多元回归分析结果显示，刺激性 (β =.088，P >.01)、强迫性(β =−.008，P >.01) 对广告总体态度的负面影响不显著；仅有“干扰性”(β =−.196，P <.01) 对总体态度的负面影响显著，即 Banner 广告的干扰性越强，网民对网络广告的态度越负面。Banner 广告的干扰性越小，网民对网络广告的态度越积极。

表 5-23 关键词广告特性与广告总体态度的多元回归分析

模型	非标准化系数		标准系数	t	Sig.
	B	SE B	β		
(常量)	1.312	.125		10.455	.000
关键词广告精准性	.162	.030	.227	5.412	.000
关键词广告信息性	.257	.032	.367	8.125	.000
关键词广告可信性	.110	.031	.147	3.512	.000

续表

模型	非标准化系数		标准系数	t	Sig.
	B	SE B	β		
关键词广告欣赏性	.111	.026	.165	4.235	.000
关键词广告刺激性	.026	.022	.044	1.176	.240
关键词广告强迫性	—.048	.026	—.073	—1.798	.073
关键词广告干扰性	—.079	.025	—.125	—3.189	.002
因变量：关键词广告总体态度平均均值　R：.774　R方：.600　F：87.701　P<.001					

关键词广告特性对广告态度影响的多元回归分析结果显示(表5-23)，精准性(β=.227，P<.01)、信息性(β=.367，P<.01)、可信性(β=.147，P<.01)、欣赏性(β=.165，P<.01)对总体态度的正面影响显著。结果显示：关键词广告“精准性”“信息性”“可信性”“欣赏性”越强，网民对产品展示广告的态度越积极。

刺激性(β=.044，P>.01)、强迫性(β=—.073，P>.01)对总体广告态度的影响不显著。与广告总体态度负相关显著，而“干扰性”(β=—.125，P<.01)对广告总体态度负面影响显著。可见，关键词广告的干扰性越强，网民广告态度越消极。

表5-24　产品展示广告特性与广告总体态度的多元回归分析

模型	非标准化系数		标准系数	t	Sig.
	B	SE B	β		
(常量)	1.594	.152		10.494	.000
产品展示广告精准性	.245	.031	.372	7.850	.000
产品展示广告信息性	.193	.034	.268	5.636	.000
产品展示广告可信性	.095	.033	.117	2.825	.005
产品展示广告欣赏性	.086	.029	.109	2.939	.003
产品展示广告刺激性	.014	.027	.023	.529	.597
产品展示广告强迫性	—.103	.033	—.146	—3.141	.002
产品展示广告干扰性	—.036	.026	—.056	—1.376	.170
因变量：产品展示广告总体态度平均均值 R：.732 R方：.536　F：67.610　P<.01					

产品展示广告特性对广告态度影响的多元回归分析结果显示(表 5－24),精准性(β＝.372,P＜.01)、信息性(β＝.268,P＜.01)、可信性(β＝.117,P＜.01)、欣赏性(β＝.109,P＜.01)对总体态度的正面影响显著。结果显示:广告越“精准性”“信息性”“可信性”“欣赏性”越强,网民对产品展示广告的态度越积极。

强迫性(β＝－.146,P＜.01)对广告总体态度负面影响显著;刺激性(β＝.023,P＞.01)、“干扰性”(β＝－.056,P＞.01)对总体广告态度影响不显著。可见,产品展示广告的强迫性越强,网民广告态度越消极。

多元回归分析的结果显示(见表 5－25),“精准性”“信息性”“可信性”“欣赏性”4 个可能导致积极态度的广告特性对广告态度的正向影响显著,假设通过检验;激励性和刺激性对广告态度的影响不显著,假设未通过检验;强迫性对 Banner 广告、关键词广告态度的负向影响不显著,但对产品展示广告态度的负面影响显著;干扰性对 Banner 广告、关键词广告态度的负向影响显著,但对产品展示广告态度的影响不显著。

表 5－25　研究假设的验证情况(广告特性对总体态度的影响)

标号	研究假设	Banner 广告结论	关键词广告结论	产品展示广告结论
H3－1	精准性对总体态度的正向影响显著	支持	支持	支持
H3－2	信息性对总体态度的正向影响显著	支持	支持	支持
H3－3	可信性对总体态度的正向影响显著	支持	支持	支持
H3－4	欣赏性对总体态度的正面影响显著	支持	支持	支持
H3－5	激励性对总体态度的正面影响显著	不支持	不支持	不支持
H3－6	刺激性对总体态度的负向影响显著	不支持	不支持	不支持
H3－7	强迫性对总体态度的负向影响显著	不支持	不支持	支持
H3－8	干扰性对总体态度的负向影响显著	支持	支持	不支持

(二) 网络广告特性因素对广告态度不同维度的影响

1. 网络广告特性因素与“注意”

以注意度为因变量,广告特性为自变量,分别对三种类型网络广告的特性与注意度进行多元回归分析。

表 5－26　Banner 广告特性与"注意"的多元回归分析

模型	非标准化系数		标准系数	t	Sig.
	B	SE B	β		
（常量）	4.128	1.117		3.694	.000
Banner 广告精准性	.721	.246	.157	2.932	.004
Banner 广告信息性	.262	.246	.060	1.067	.287
Banner 广告可信性	.829	.245	.193	3.382	.001
Banner 广告欣赏性	.942	.210	.222	4.486	.000
Banner 广告刺激性	.655	.170	.178	3.856	.000
Banner 广告强迫性	—.055	.218	—.012	—.252	.801
Banner 广告干扰性	—.666	.197	—.154	—3.376	.001
因变量：Banner 广告"注意"维度的均值　R：.586　R 方：.343　F：30.631　P<.01					

多元回归分析结果显示（表 5－26），精准性（β＝.157，P＜.01）欣赏性（β＝.222，P＜.01）、可信性（β＝.193，P＜.01）、刺激性（β＝.178，P＜.01）对广告注意的正面影响显著；"干扰性"（β＝—.154，P＜.01）对注意维度的负面影响显著。可见，Banner 广告"精准性""刺激性""欣赏性""可信性"越强，网民对 Banner 广告的注意度越高；Banner 广告的"干扰性"越强，网民对 Banner 广告的注意回避越明显。

表 5－27　关键词广告特性与"注意"的多元回归分析

模型	非标准化系数		标准系数	t	Sig.
	B	SE B	β		
（常量）	2.587	.930		2.783	.006
关键词广告精准性	.544	.222	.134	2.452	.015
关键词广告信息性	1.407	.235	.352	5.994	.000
关键词广告可信性	.181	.233	.042	.779	.437
关键词广告欣赏性	.552	.194	.144	2.854	.005
关键词广告刺激性	.248	.161	.075	1.539	.125
关键词广告强迫性	.097	.196	.026	.497	.620
关键词广告干扰性	—.128	.184	—.035	—.694	.488
因变量：关键词广告"注意"维度的均值　R：.569　R 方：.324　F：28.029　P<.01					

多元回归分析结果显示(表 5－27),关键词广告的“信息性”(β＝.352,P＜.01)“欣赏性”(β＝.144,P＜.01)对注意维度的正面影响显著。精准性、刺激性、干扰性对关键词广告注意度的影响并不显著。即,关键词广告“信息性”“欣赏性”越强,网民对广告的注意度越高。

表 5－28 产品展示广告特性与“注意”的多元回归分析

模型	非标准化系数		标准系数	t	Sig.
	B	SE B	β		
(常量)	4.805	1.080		4.450	.000
产品展示广告精准性	1.322	.222	.348	5.964	.000
产品展示广告信息性	.903	.243	.217	3.710	.000
产品展示广告可信性	—.036	.238	—.008	—.150	.881
产品展示广告欣赏性	.418	.208	.092	2.004	.046
产品展示广告刺激性	.361	.194	.098	1.860	.064
产品展示广告强迫性	—.277	.234	—.068	—1.184	.237
产品展示广告干扰性	.038	.187	.010	.201	.841
因变量:产品展示广告“注意”维度的均值 R:.545 R方:.297 F:24.686 P＜.01					

多元回归分析结果显示(表 5－28),产品展示广告的“精准性”(β＝.348,P＜.01)、“信息性”(β＝.217,P＜.01)对注意维度的正面影响显著。刺激性、干扰性对产品展示广告注意度的影响并不显著。即,产品展示广告“信息性”“精准性”越强,网民对广告的注意度越高。

多元回归分析的结果显示(见表 5－29),“精准性”“可信性”“欣赏性”“刺激性”对 Banner 广告注意的正向影响显著,“干扰性”对 Banner 广告注意的负向影响显著,以上 5 个研究假设通过检验;“信息性”和“欣赏性”对关键词广告“注意”的正向影响显著,其余研究假设未通过检验;“精准性”和“信息性”对产品展示广告注意的正向影响显著,其余假设未能通过验证。

表 5－29 研究假设的验证情况(广告特性对“注意”的影响)

标号	研究假设	Banner 广告结论	关键词广告结论	产品展示广告结论
H4－1	精准性对“注意”的影响显著	支持	不支持	支持
H4－2	信息性对“注意”的影响显著	不支持	支持	支持

续表

标号	研究假设	Banner 广告结论	关键词广告结论	产品展示广告结论
H4-3	可信性对“注意”的影响显著	支持	不支持	不支持
H4-4	欣赏性对“注意”的影响显著	支持	支持	不支持
H4-5	激励性对“注意”的影响显著	不支持	不支持	不支持
H4-6	刺激性对“注意”的影响显著	支持	不支持	不支持
H4-7	强迫性对“注意”的影响显著	不支持	不支持	不支持
H4-8	干扰性对“注意”的影响显著	支持	不支持	不支持

2. 网络广告特性与“认知”

以“认知”为因变量，广告特性为自变量，分别对三种类型网络广告特性与“认知”进行多元回归分析。

表 5-30　Banner 广告特性与“认知”的多元回归分析

	非标准化系数		标准系数	t	Sig.
	B	SE B	β		
（常量）	11.765	2.312		5.089	.000
Banner 广告精准性	2.308	.509	.234	4.534	.000
Banner 广告信息性	2.198	.508	.236	4.322	.000
Banner 广告可信性	2.159	.507	.235	4.256	.000
Banner 广告欣赏性	—.084	.434	—.009	—.193	.847
Banner 广告刺激性	1.004	.351	.128	2.860	.004
Banner 广告强迫性	—.443	.450	—.046	—.985	.325
Banner 广告干扰性	—.490	.408	—.053	—1.201	.231
因变量：Banner 广告“认知”维度的均值　R：.623　R 方：.388　F：37.182　P<.01					

多元回归分析结果显示（表 5-30），Banner 广告的“精准性”（β =.234，P <.01）、“信息性”（β =.236，P <.01）、可信性（β =.235，P <.01）与“认知”显著正相关。而欣赏性（β =—.009，P >.01）对“认知”无正向影响，但负面影响也不显著。强迫性（β =—.985，P >.01）、干扰性（β =—1.201，P >.001）对“认知”的负面影响不显著；刺激性（β =.128，P <.01）与“认知”正相关显著；可见，Banner 广告的精准性、信息性、可信性越强，网民对其认知越积极；而欣赏性并

不能提升网络广告的认知。

表 5 - 31　关键词广告特性与“认知”的多元回归分析

	非标准化系数		标准系数	t	Sig.
	B	SE B	β		
(常量)	23.578	2.521		9.351	.000
关键词广告精准性	1.882	.602	.180	3.127	.002
关键词广告信息性	1.237	.637	.121	1.944	.053
关键词广告可信性	1.861	.631	.170	2.950	.003
关键词广告欣赏性	.506	.525	.052	.964	.335
关键词广告刺激性	.645	.437	.076	1.475	.141
关键词广告强迫性	−2.079	.532	−.218	−3.904	.000
关键词广告干扰性	−.226	.499	−.024	−.452	.652
因变量：关键词广告“认知”维度的均值　R：.491　R方：.241　F：18.622　P<.01					

多元回归分析结果显示(表 5 - 31),关键词广告的“精准性”(β =.180, P <.01)、“可信性(β =.170, P <.01) 对认知的正面影响显著,而信息性”(β =.121, P >.01)、欣赏性(β =.170, P >.01) 与“认知”的正向影响不显著。强迫性(β =−.218, P <.01) 对“认知”的负面影响显著;刺激性(β =.076, P >.001) 不对“认知”构成负面影响,正向影响也不显著;干扰性(β =−.024, P >.01),与“认知”的负相关不显著。

可见,关键词广告的强迫性越明显,网民对其认知越消极。关键词广告的精准性、可信性越强,网民对其认知越积极。

表 5 - 32　产品展示广告特性与“认知”的多元回归分析

	非标准化系数		标准系数	t	Sig.
	B	SE B	β		
(常量)	11.031	2.363		4.667	.000
产品展示广告精准性	2.051	.485	.228	4.228	.000
产品展示广告信息性	3.201	.532	.325	6.012	.000
产品展示广告可信性	2.030	.521	.183	3.895	.000
产品展示广告欣赏性	.584	.456	.054	1.280	.201

续表

	非标准化系数		标准系数	t	Sig.
	B	SE B	β		
产品展示广告刺激性	－.342	.424	－.039	－.806	.421
产品展示广告强迫性	－.978	.512	－.101	－1.913	.057
产品展示广告干扰性	1.209	.410	.137	2.950	.003
因变量：产品展示广告“认知”维度的均值　R：.632　R方：.399　F：38.871　P<.01					

多元回归分析结果显示(表5-32)，产品展示广告的“精准性”(β＝.228，P<.01)、“信息性”(β＝.325，P<.01)、可信性(β＝.183，P<.01)对认知维度的正面影响显著。即，产品展示广告“信息性”“精准性”“可信性”越强，网民对广告的认知越容易/积极。值得注意的是“干扰性”(β＝.137，P<.01)对认知的影响显著。

多元回归分析的结果显示(见表5-33)，“精准性”“信息性”“可信性”“刺激性”对Banner广告认知的正向影响显著，以上4个研究假设通过检验；“精准性”和“可信性”对关键词广告的正向影响显著，强迫性对“认知”的负向影响显著，其余研究假设未通过检验；“精准性”和“信息性”“可信性”对产品展示广告注意的正向影响显著，干扰性对“认知”的负向影响显著，其余假设未能通过验证。

表5-33　研究假设的验证情况(广告特性对“认知”的影响)

标号	研究假设	Banner 广告结论	关键词 广告结论	产品展示 广告结论
H5-1	精准性对“认知”的影响显著	支持	支持	支持
H5-2	信息性对“认知”的影响显著	支持	不支持	支持
H5-3	可信性对“认知”的影响显著	支持	支持	支持
H5-4	欣赏性对“认知”的影响显著	不支持	不支持	不支持
H5-5	激励性对“认知”的影响显著	不支持	不支持	不支持
H5-6	刺激性对“认知”的影响显著	支持	不支持	不支持
H5-7	强迫性对“认知”的影响显著	不支持	支持	不支持
H5-8	干扰性对“认知”的影响显著	不支持	不支持	支持

3. 网络广告特性与“情绪情感”

以“认知”为因变量，广告特性为自变量，分别对三种类型网络广告特性与

"情绪情感"进行多元回归分析。

表 5 - 34　Banner 广告特性与"情绪情感"的多元回归分析

	非标准化系数		标准系数	t	Sig.
	B	SE B	β		
(常量)	7.042	.949		7.417	.000
Banner 广告精准性	.488	.209	.120	2.335	.020
Banner 广告信息性	.168	.209	.044	.806	.421
Banner 广告可信性	1.181	.208	.310	5.668	.000
Banner 广告欣赏性	.598	.178	.159	3.352	.001
Banner 广告刺激性	-.169	.144	-.052	-1.172	.242
Banner 广告强迫性	.149	.185	.037	.808	.420
Banner 广告干扰性	-.880	.168	-.229	-5.253	.000
因变量：Banner 广告"情绪情感"维度的均值　R：.632　R 方：.399　F：38.932　P<.01					

多元回归分析结果显示(表 5 - 34),Banner 广告的"可信性"(β =.310,P <.01)、欣赏性(β =.159,P <.01)对"情绪情感"正面影响显著,而 Banner 广告的"精准性"(β =.120,P >.01)、"信息性"(β =.044,P >.01)对"情绪情感"的正面影响并不显著。刺激性(β =-.052,P >.01)、强迫性(β =.037,P >.01)对"情绪情感"的负面影响不显著;干扰性(β =-.229,P <.01)对"情绪情感"负面影响显著。可见,Banner 广告的可信性、欣赏性越高,网民对其情绪情感越积极;Banner 广告的干扰性越强,网民对其情绪情感越消极。

表 5 - 35　关键词广告特性与"情绪情感"的多元回归分析

	非标准化系数		标准系数	t	Sig.
	B	SE B	β		
(常量)	6.750	.774		8.716	.000
关键词广告精准性	.644	.185	.178	3.486	.001
关键词广告信息性	.807	.196	.227	4.129	.000
关键词广告可信性	.369	.194	.097	1.905	.057
关键词广告欣赏性	.661	.161	.194	4.102	.000
关键词广告刺激性	-.174	.134	-.059	-1.295	.196
关键词广告强迫性	-.063	.164	-.019	-.383	.702
关键词广告干扰性	-.683	.153	-.212	-4.451	.000
因变量：关键词广告"情绪情感"维度的均值　R：.638　R 方：.407　F：40.281　P<.01					

多元回归分析结果显示(表 5-35),关键词广告的"信息性"(β=.227, P<.01)、"欣赏性"(β=.194, P<.01)、"精准性"(β=.120, P<.01)对"情绪情感"正面影响显著,而"可信性"(β=.044, P>.01)对"情绪情感"的正面影响并不显著。刺激性(β=-.059, P>.01)、强迫性(β=-.019, P>.01)对"情绪情感"的负面影响不显著;干扰性(β=-.212, P<.01)对"情绪情感"负面影响显著。可见,关键词广告的信息性、欣赏性、精准性越强网民对其情绪情感越积极;同 Banner 广告一样,关键词广告的干扰性越强,网民对其情绪情感越消极。

表 5-36 产品展示广告特性与"情绪情感"的多元回归分析

	非标准化系数		标准系数	t	Sig.
	B	SE B	β		
(常量)	7.863	.877		8.962	.000
产品展示广告精准性	1.022	.180	.318	5.678	.000
产品展示广告信息性	.444	.198	.126	2.245	.025
产品展示广告可信性	.030	.193	.008	.154	.878
产品展示广告欣赏性	.732	.169	.190	4.321	.000
产品展示广告刺激性	.249	.158	.080	1.580	.115
产品展示广告强迫性	-.647	.190	-.188	-3.406	.001
产品展示广告干扰性	-.493	.152	-.157	-3.241	.001
因变量:产品展示广告"情绪情感"维度的均值 R:.592 R 方:.351 F:31.643 P<.01					

多元回归分析结果显示(表 5-36),产品展示广告的"精准性"(β=.318, P<.01)、"欣赏性"(β=.190, P<.01)对"情绪情感"的正面影响显著,而"信息性"(β=.126, P>.01)、"可信性"(β=.008, P>.01)对"情绪情感"的正面影响并不显著。刺激性(β=.080, P>.01)、对"情绪情感"的负面影响不显著;干扰性(β=-.157, P<.01)、强迫性(β=-.188, P<.01)对"情绪情感"负面影响显著。可见,产品展示广告的精准性、欣赏性越强网民对其情绪情感越积极;干扰性、强迫性越强,网民对其情绪情感越消极。

研究假设的验证结果显示(见表 5-37),"欣赏性"对广告情绪情感的正向影响显著,"干扰性"的负向影响显著;和"可信性"对 Banner 广告的正向影响显著;"精准性""信息性"对关键词广告情绪情感的正向影响显著;"精准性"对产品展示广告情绪情感的正向影响显著;其余假设未能通过验证。

表 5-37　研究假设的验证情况(广告特性对“情绪情感”的影响)

标号	研究假设	Banner 广告结论	关键词广告结论	产品展示广告结论
H6-1	精准性对“情绪情感”的影响显著	不支持	支持	支持
H6-2	信息性对“情绪情感”的影响显著	不支持	支持	不支持
H6-3	可信性对“情绪情感”的影响显著	支持	不支持	不支持
H6-4	欣赏性对“情绪情感”的影响显著	支持	支持	支持
H6-5	激励性对“情绪情感”的影响显著	不支持	不支持	不支持
H6-6	刺激性对“情绪情感”的影响显著	不支持	不支持	不支持
H6-7	强迫性对“情绪情感”的影响显著	不支持	不支持	不支持
H6-8	干扰性对“情绪情感”的影响显著	支持	支持	支持

4. 网络广告特性与“行为意向”

以“行为意向”为因变量,广告特性为自变量,分别对三种类型网络广告特性与“行为意向”进行多元回归分析。

表 5-38　Banner 广告特性与“积极意向”的多元回归分析

	非标准化系数		标准系数	t	Sig.
	B	SE B	β		
(常量)	1.540	.599		2.572	.010
Banner 广告精准性	1.369	.249	.282	5.490	.000
Banner 广告信息性	.748	.247	.163	3.025	.003
Banner 广告可信性	.438	.241	.097	1.815	.070
Banner 广告欣赏性	1.010	.213	.225	4.748	.000
因变量：Banner 广告“积极意向”维度的均值　R：.624　R 方：.389　F：65.684　P<.001					

多元回归分析结果显示(表 5-38),Banner 广告的“精准性”(β=.282, P<.01)、“欣赏性”(β=.225, P<.001)、“信息性”(β=.163, P<.01)对“积极意向”的正面影响显著;“可信性”(β=.097, P>.001)对“积极意向”的正面影响并不显著。可见,Banner 广告的精准性、欣赏性、信息性越强,网民越倾向于“点击”。

表 5 - 39　关键词广告特性与"积极意向"的多元回归分析

	非标准化系数		标准系数	t	Sig.
	B	SE B	β		
（常量）	1.805	.593		3.041	.003
关键词广告精准性	.732	.227	.163	3.230	.001
关键词广告信息性	1.422	.240	.323	5.921	.000
关键词广告可信性	.349	.233	.074	1.495	.136
关键词广告欣赏性	.959	.199	.228	4.828	.000
因变量：关键词广告"积极意向"维度的均值　R：.634　R 方：.402　F：69.406　P<.01					

多元回归分析结果显示（表 5 - 39），关键词广告的"精准性"（β =.163，P <.01）、"信息性"（β =.323，P <.01）、"欣赏性"（β =.228，P <.01）对"积极意向"的正面影响显著；"可信性"（β =.074，P >.01）对"积极意向"的正面影响并不显著。可见，关键词广告的精准性、信息性、欣赏性越强，网民越倾向于进行"广告点击"。

表 5 - 40　产品展示广告特性与"积极意向"的多元回归分析

	非标准化系数		标准系数	t	Sig.
	B	SE B	β		
（常量）	4.398	.677		6.494	.000
产品展示广告精准性	1.226	.195	.334	6.276	.000
产品展示广告信息性	1.315	.217	.328	6.071	.000
产品展示广告可信性	.004	.210	.001	.020	.984
产品展示广告欣赏性	.383	.184	.087	2.083	.038
因变量：产品展示广告"积极意向"维度的均值　R：.629　R 方：.396　F：67.730　P<.01					

多元回归分析结果显示（表 5 - 40），产品展示广告的"精准性"（β=.334，P<.01）、"信息性"（β=.328，P<.01）对"积极意向"正面影响显著；而"可信性"（β =.001，P >.01）、"欣赏性"（β =.087，P >.01）对"积极意向"的正面影响并不显著。可见，产品展示广告的精准性、信息性越强，网民对其行为意向越积极。

表 5-41　Banner 广告特性与"消极意向"的多元回归分析

	非标准化系数		标准系数	t	Sig.
	B	SEB	β		
(常量)	19.600	1.017		19.263	.000
Banner 广告刺激性	-.041	.208	-.010	-.195	.845
Banner 广告强迫性	.040	.267	.008	.149	.881
Banner 广告干扰性	-2.398	.232	-.485	-10.317	.000
因变量：Banner 广告"回避"维度的均值　R：.484　R 方：.235　F：42.282　P<.01					

多元回归分析结果显示(表 5-41)，Banner 广告的"干扰性"(β=-.485，P<.01)对"消极意向"的影响显著，由于"消极意向"的得分经过逆向处理，即干扰性越强，广告回避行为越突出。"刺激性"(β=-.010，P>.001)、"强迫性"(β=.008，P>.001)对"消极意向"影响不显著。可见，Banner 广告的干扰性越强，网民越倾向于回避 Banner 广告。

表 5-42　关键词广告特性与"消极意向"的多元回归分析

	非标准化系数		标准系数	t	Sig.
	B	SE B	β		
(常量)	19.355	.879		22.031	.000
关键词广告刺激性	-.008	.221	-.002	-.038	.970
关键词广告强迫性	-.421	.270	-.089	-1.558	.120
关键词广告干扰性	-1.734	.248	-.377	-6.996	.000
因变量：关键词广告"回避"维度的均值　R：.433　R 方：.188　F：31.874　P<.01					

多元回归分析结果显示(表 5-42)，关键词广告的"干扰性"(β=-.377，P<.01)对"消极意向"的影响显著，由于"消极意向"的得分经过逆向处理，即干扰性越强，广告回避行为越突出。"刺激性"(β=-.002，P>.01)、"强迫性"(β=-.089，P>.01)对"消极意向"的影响不显著。可见，关键词广告的干扰性越强，网民越倾向于回避广告。

表 5-43　产品展示广告特性与“消极意向”的多元回归分析

	非标准化系数		标准系数	t	Sig.
	B	SEB	β		
（常量）	22.850	.835		27.362	.000
产品展示广告刺激性	.042	.235	.009	.180	.857
产品展示广告强迫性	-.786	.283	-.154	-2.776	.006
产品展示广告干扰性	-2.237	.219	-.480	-10.202	.000
因变量：产品展示广告“回避”维度的均值　R：.571　R方：.326　F：66.748　P<.01					

多元回归分析结果显示(表 5-43),产品展示广告的“干扰性”(β=-.480,P<.01)、“强迫性”(β=-.154,P<.01)对“消极意向”的影响显著,由于“消极意向”的得分经过逆向处理,即干扰性、强迫性越强,广告回避行为越突出。“刺激性”(β=.009,P>.01)对“消极意向”的影响不显著。可见,产品展示广告的干扰性、强迫性越强,网民越倾向于回避广告。

研究假设的验证结果显示(见表 5-44),“精准性”“信息性”对行为意向的正向影响显著,“干扰性”的负向影响显著;“欣赏性”对 Banner 广告、关键词广告行为意向的正向影响显著;“强迫性”对产品展示广告行为意向的负向影响显著;其余假设未能通过验证。

表 5-44　研究假设的验证情况(广告特性对“行为意向”的影响)

标号	研究假设	Banner 广告结论	关键词广告结论	产品展示广告结论
H7-1	精准性对“行为意向”的影响显著	支持	支持	支持
H7-2	信息性对“行为意向”的影响显著	支持	支持	支持
H7-3	可信性对“行为意向”的影响显著	不支持	不支持	不支持
H7-4	欣赏性对“行为意向”的影响显著	支持	支持	不支持
H7-5	激励性对“行为意向”的影响显著	不支持	不支持	不支持
H7-6	刺激性对“行为意向”的影响显著	不支持	不支持	不支持
H7-7	强迫性对“行为意向”的影响显著	不支持	不支持	支持
H7-8	干扰性对“行为意向”的影响显著	支持	支持	支持

(三) 网络广告特性感知与“购买行为”的发生

以“行为”为因变量,广告特性为自变量,分别对三种类型网络广告特性与注意度进行多元回归分析。

表 5 - 45 Banner 广告特性与“购买行为”的多元回归分析

	非标准化系数		标准系数	t	Sig.
	B	SE B	β		
（常量）	1.739	.530		3.281	.001
Banner 广告精准性	.607	.117	.269	5.200	.000
Banner 广告信息性	.357	.117	.167	3.060	.002
Banner 广告可信性	.346	.116	.164	2.976	.003
Banner 广告欣赏性	.210	.100	.101	2.105	.036
Banner 广告刺激性	−.094	.081	−.052	−1.162	.246
Banner 广告强迫性	.203	.103	.092	1.963	.050
Banner 广告干扰性	−.291	.094	−.137	−3.106	.002
因变量：Banner 广告引发购买行为的均值 R：.622 R 方：.387 F：36.919 P<.01					

多元回归分析结果显示（表 5 - 45），Banner 广告的“精准性”（β =.269，P <.01）、“信息性”（β =.167，P <.01）、“可信性”（β =.164，P <.01）对“购买行为”的正面影响显著，而“欣赏性”（β =.101，P >.01）对“购买行为”的影响并不显著。干扰性（β =−.137，P <.01）对购买行为的负面影响显著，而刺激性（β =−.052，P >.01）、强迫性（β =.092，P >.01）对“购买行为”的影响不显著。可见，Banner 广告的精准性、信息性、可信性越强，引发网民购买行为的可能性越大；干扰性越强，越不容易引发购买行为的发生。

表 5—46 关键词广告特性与“购买行为”的多元回归分析

	非标准化系数		标准系数	t	Sig.
	B	SE B	β		
（常量）	1.212	.476		2.543	.011
关键词广告精准性	.555	.114	.248	4.878	.000
关键词广告信息性	.541	.120	.246	4.495	.000
关键词广告可信性	.292	.119	.124	2.453	.015
关键词广告欣赏性	.334	.099	.159	3.371	.001
关键词广告刺激性	.020	.083	.011	.238	.812
关键词广告强迫性	−.134	.101	−.066	−1.337	.182
关键词广告干扰性	−.094	.094	−.047	−1.001	.318
因变量：关键词广告引发购买行为的均值 R：.641 R 方：.411 F：40.851 P<.01					

多元回归分析结果显示(表 5－46)，关键词广告的“精准性”(β＝.248，P＜.01)、“信息性”(β＝.246，P＜.01)、“欣赏性”(β＝.159，P＜.01)对“购买行为”的正向影响显著，而“可信性”(β＝.124，P＞.01)对“购买行为”的影响并不显著。刺激性(β＝.011，P＞.01)、干扰性(β＝－.047，P＞.01)、强迫性(β＝－.066，P＞.01)对“购买行为”的影响不显著。可见，关键词广告的精准性、信息性、欣赏性越强，引发网民购买行为的可能性越大。

表 5－47　产品展示广告特性与“购买行为”的多元回归分析

	非标准化系数		标准系数	t	Sig.
	B	SE B	β		
(常量)	1.460	.597		2.443	.015
产品展示广告精准性	.582	.123	.279	4.747	.000
产品展示广告信息性	.413	.135	.181	3.069	.002
产品展示广告可信性	.465	.132	.181	3.531	.000
产品展示广告欣赏性	.036	.115	.014	.311	.756
产品展示广告刺激性	.033	.107	.017	.312	.755
产品展示广告强迫性	－.206	.129	－.092	－1.590	.113
产品展示广告干扰性	.194	.104	.095	1.871	.062
因变量：产品展示广告引发购买行为的均值　R：.592　R方：.351　F：31.643　P＜.01					

多元回归分析结果显示(表 5－47)，产品展示广告的“精准性”(β＝.279，P＜.01)、“信息性”(β＝.181，P＜.01)、“可信性”(β＝.181，P＜.01)对“购买行为”影响显著，而“欣赏性”(β＝.014，P＞.01)对“购买行为”影响并不显著。刺激性(β＝.017，P＞.01)、干扰性(β＝.095，P＞.01)、强迫性(β＝－.092，P＞.01)对“购买行为”的影响不显著。可见，产品展示广告的精准性、信息性、可信性越强，引发网民购买行为的可能性越大。

研究假设验证结果显示(见表 5－48)，Banner 广告的“精准性”“信息性”“欣赏性”对“购买行为”的正向影响显著，“干扰性”对“购买行为”的负向影响显著；关键词广告的“精准性”“信息性”“欣赏性”对“购买行为”的正向影响显著；产品展示广告的“精准性”“信息性”“可信性”对购买行为的正向影响显著；其余假设未能通过验证。

表 5－48　研究假设的验证情况(广告特性对“购买行为”的影响)

标号	研究假设	Banner 广告结论	关键词广告结论	产品展示广告结论
H8－1	精准性对“购买行为”的影响显著	支持	支持	支持
H8－2	信息性对“购买行为”的影响显著	支持	支持	支持
H8－3	可信性对“购买行为”的影响显著	不支持	不支持	支持
H8－4	欣赏性对“购买行为”的影响显著	支持	支持	不支持
H8－5	激励性对“购买行为”的影响显著	不支持	不支持	不支持
H8－6	刺激性对“购买行为”的影响显著	不支持	不支持	不支持
H8－7	强迫性对“购买行为”的影响显著	不支持	不支持	不支持
H8－8	干扰性对“购买行为”的影响显著	支持	不支持	不支持

综合以上的分析,广告特性因素对其网络广告态度与行为影响的研究假设验证结果,见表 5－49 所示。

表 5－49　研究假设的验证情况(广告特性对网络广告态度与行为的影响)

广告特性	标号	研究假设	Banner 广告	关键词广告	产品展示广告
精准性	H3－1	精准性对广告态度的正向影响显著	支持	支持	支持
	H4－1	精准性对“注意”的影响显著	支持	不支持	支持
	H5－1	精准性对“认知”的影响显著	支持	支持	支持
	H6－1	精准性对“情绪情感”的影响显著	不支持	支持	支持
	H7－1	精准性对“行为意向”的影响显著	支持	支持	支持
	H8－1	精准性对“购买行为”的影响显著	支持	支持	支持
信息性	H3－2	信息性对广告态度的正向影响显著	支持	支持	支持
	H4－2	信息性对“注意”的影响显著	不支持	支持	支持
	H5－2	信息性对“认知”的影响显著	支持	不支持	支持
	H6－2	信息性对“情绪情感”的影响显著	不支持	支持	不支持
	H7－2	信息性对“行为意向”的影响显著	支持	支持	支持
	H8－2	信息性对“购买行为”的影响显著	支持	支持	支持
可信性	H3－3	可信性对广告态度的正向影响显著	支持	支持	支持
	H4－3	可信性对“注意”的影响显著	支持	不支持	不支持

续表

广告特性	标号	研究假设	Banner广告	关键词广告	产品展示广告
	H5 - 3	可信性对"认知"的影响显著	支持	支持	支持
	H6 - 3	可信性对"情绪情感"的影响显著	支持	不支持	不支持
	H7 - 3	可信性对"行为意向"的影响显著	不支持	不支持	不支持
	H8 - 3	可信性对"购买行为"的影响显著	支持	不支持	支持
欣赏性	H3 - 4	欣赏性对广告态度的正面影响显著	支持	支持	支持
	H4 - 4	欣赏性对"注意"的影响显著	支持	支持	不支持
	H5 - 4	欣赏性对"认知"的影响显著	不支持	不支持	不支持
	H6 - 4	欣赏性对"情绪情感"的影响显著	支持	支持	支持
	H7 - 4	欣赏性对"行为意向"的影响显著	支持	支持	不支持
	H8 - 4	欣赏性对"购买行为"的影响显著	支持	支持	不支持
刺激性	H3 - 6	刺激性对广告态度的负向影响显著	不支持	不支持	不支持
	H4 - 6	刺激性对"注意"的影响显著	支持	不支持	不支持
	H5 - 6	刺激性对"认知"的影响显著	支持	不支持	不支持
	H6 - 6	刺激性对"情绪情感"的影响显著	不支持	不支持	不支持
	H7 - 6	刺激性对"行为意向"的影响显著	不支持	不支持	不支持
	H8 - 6	刺激性对"购买行为"的影响显著	不支持	不支持	不支持
强迫性	H3 - 7	强迫性对广告态度的负向影响显著	不支持	不支持	支持
	H4 - 7	强迫性对"注意"的影响显著	不支持	不支持	不支持
	H5 - 7	强迫性对"认知"的影响显著	不支持	支持	不支持
	H6 - 7	强迫性对"情绪情感"的影响显著	不支持	不支持	不支持
	H7 - 7	强迫性对"行为意向"的影响显著	不支持	不支持	支持
	H8 - 7	强迫性对"购买行为"的影响显著	不支持	不支持	不支持
干扰性	H3 - 8	干扰性对广告态度的负向影响显著	支持	支持	不支持
	H4 - 8	干扰性对"注意"的影响显著	支持	不支持	不支持
	H5 - 8	干扰性对"认知"的影响显著	不支持	不支持	支持
	H6 - 8	干扰性对"情绪情感"的影响显著	支持	支持	支持
	H7 - 8	干扰性对"行为意向"的影响显著	支持	支持	支持
	H8 - 8	干扰性对"购买行为"的影响显著	支持	不支持	不支持

第二节 结果探讨

通过对“网络广告特性量表”的信效度分析,对变量进行了剔除。最后保留了7个特性(激励性被剔除)共计20个变量。通过回归分析,探讨了7个广告特性(精准性、信息性、可信性、欣赏性、刺激性、干扰性、强迫性)对网络广告态度的影响。以下将结合数据处理结果和深度访谈结果进行分析。

一、网络广告特性对广告态度与行为影响的结果

(一) 网络广告特性感知对广告总体态度的影响

对研究假设H3“网络广告特性对广告态度影响显著”的验证结果显示,可能导致积极态度的四个特性——精准性、信息性、可信性、欣赏性对态度的正向影响显著,刺激性对网络广告态度的影响未通过验证,“可能导致消极态度的特性”中,仅“干扰性”和“强迫性”对网络广告态度存在负面影响。

1. “可能导致积极态度”的四个特性

研究结果显示,“可能导致积极态度”的四个广告特性(精准性、信息性、可信性、欣赏性)对态度的正向影响显著,提高网络广告这四个特性,有利于网络广告态度的提升。

2. “可能导致消极态度”的三个特性

“可能导致消极态度”的三个广告特性(刺激性、干扰性、强迫性)对广告态度影响的研究假设未全部通过,刺激性对广告态度的影响不显著,强迫性仅对产品展示广告态度的负面影响显著,干扰性对Banner广告、关键词广告态度的负向影响显著。

3. 网络广告的激励性发挥的作用有限

研究结果显示,网络广告“激励性”对态度与行为的影响有限。究其原因,主要是这种方式泛滥,消费者对其司空见惯,兴趣不大;并且激励力度有限,对消费者的吸引力不大。深访结果也证实了这一点:

“对于“调查有奖”“购物100%中奖”字眼的广告,对你有激励作用吗?我一般是不会点的,因为我觉得只是广告手段而已,根本不会中奖,参与也是浪费时间。”(K02)

“接触的多了，上当受骗多了就不感兴趣了；比如我早期接触的时候，某个产品送100块的消费券，我就去点击浏览，但是发现它会让你买更多的东西或者你不需要的东西，才能用到这些券。等你的网购经验累积够了，这些激励性的网络广告就不起作用了。所以后来就慢慢不点了。”(K03)

“希望广告能给我带来价值，我真的能从中得到什么东西。比如说，看你这个广告多长时间，去你那吃饭打折什么的，如果是这样，我还能接受。”(K01)

可见，网络广告目前的“激励”方式并不能起到有效的激励作用。

（二）网络广告特性与“购买行为”

研究假设H8“网络广告特性影响‘购买行为’”的验证结果显示，八个网络广告特性中，“精准性”“信息性”对“购买行为”的正向影响显著。（解释原因，依照消费者购买决策过程理论，拥有购买动机时，广告在购买决策过程中提供信息，因此，精准性，信息性易于购买决策的制定，进而引发购买行为。）

可见，网络广告特性对购买行为的影响中，精准性、信息性是最重要的两个特性，究其原因：遵照消费者购买决策理论，从购买动机到购买行为的发生的过程中，网络广告起到信息支持的作用，因此符合受众需要的信息（精准性）和丰富的信息（信息性），更利于消费者购买决策的制定，进而引发购买行为的发生。

（三）网络广告特性与“注意”

结果显示，“精准性”“可信性”“欣赏性”“刺激性”对Banner广告注意的正向影响显著，“干扰性”对Banner广告注意的负向影响显著，其他研究假设未通过检验；“信息性”和“欣赏性”对关键词广告“注意”的正向影响显著，其余研究假设未通过检验；“精准性”和“信息性”对产品展示广告注意的正向影响显著，其余假设未能通过验证。

可见“精准性”是引发“注意”的首要因素。“欣赏性”易于Banner广告和关键词广告的注意，但对产品展示广告的注意影响不大。由于产品展示广告的信息加工属于精细加工模式，欣赏性高低对注意的影响不大。从三种类型欣赏性的比较上来看，Banner广告和关键词广告较差，应该注重欣赏性的提高。

（四）网络广告特性对“认知”的影响

研究假设H5“网络广告特性对‘认知’影响显著”，研究结果显示，“精准性”“信息性”“可信性”“刺激性”对Banner广告认知的正向影响显著；“精准性”和“可信性”对关键词广告的正向影响显著；强迫性对关键词广告“认知”的负向影响显著；“精准性”和“信息性”“可信性”对产品展示广告注意的正向影响显著；干扰性对产品展示广告“认知”的负向影响显著；其余假设未能通过验证。

综合发现，八个特性中，精准性、信息性、可信性对网络广告“积极认知”的影响最显著。欣赏性不影响认知。干扰不利于产品展示广告积极认知;强迫不利于关键词广告积极认知。

(五) 网络广告特性对"情绪情感"的影响

研究假设 H6"网络广告特性对'情绪情感'的影响显著",未全部通过验证。其中,"欣赏性"对广告情绪情感的正向影响显著,"干扰性"的负向影响显著。另外,Banner 广告的"可信性"、关键词广告和产品展示广告的"精准性"、关键词广告的"信息性"易于引发积极的情绪情感。

可见,欣赏性是导致积极情绪情感的首要特性,干扰性是引发消极情绪情感的首要特性。

因此,提高广告的欣赏性,降低干扰性,易于获得积极的情绪情感体验。

(六) 网络广告特性对"行为意向"的影响

研究假设 H7"网络广告特性对'行为意向'的影响显著"未全部通过验证,其中,"精准性""信息性"对行为意向的正向影响显著,"干扰性"的负向影响显著;"欣赏性"对 Banner 广告、关键词广告行为意向的正向影响显著;"强迫性"对产品展示广告行为意向的负向影响显著;其余假设未能通过验证。

在网络广告特性上,"精准性""信息性"是引发积极行为意向(广告点击)的主要因素,"干扰性"是导致消极行为意向(广告回避)的主要因素。

二、用户对 Banner 广告特性的感知对其广告态度的影响

Banner 广告特性的描述统计结果显示,Banner 广告的干扰性、强迫性、刺激性的得分大于 3,精准性、可信性、信息性、欣赏性的得分小于 3;即 Banner 广告"可能导致负面态度"的特性强,而"可能导致积极态度"的特性弱。

(一) Banner 广告特性感知对总体态度的影响

"可能导致积极态度"的广告特性中,"精准性""信息性""可信性""欣赏性"均对 Banner 广告总体态度正向影响显著;"可能导致负面态度"的三个广告特性中,刺激性、强迫性对 Banner 广告总体态度的负面影响不显著,只有"干扰性"对总体态度的负面影响显著。

因此,综合 Banner 广告特性可做出推断:在网络广告特性对广告态度的影响上,"精准性""可信性""信息性""欣赏性"弱,"干扰性"强,是导致 Banner 广告态度消极的主要原因。

因此,从态度的角度审视 Banner 广告效果,提高 Banner 广告的精准性、可信性、信息性、欣赏性,减少干扰性,是提升 Banner 广告效果的有效做法。

（二）Banner 广告特性感知对“注意”的影响

广告特性对“注意”影响的回归分析显示，Banner 广告“精准性”“刺激性”“欣赏性”越强，网民对 Banner 广告的注意度越高；Banner 广告的“干扰性”越强，网民对 Banner 广告的注意回避越明显。总体来看，Banner 广告精准性、欣赏性差，干扰性强，是引发网民对 Banner 广告“视而不见”和“注意回避”的主要原因。

在浏览门户网站时，网民的有意注意对象是网页上的信息，Banner 广告处于无意注意的状态；人们只主动集中于门户网站的信息内容，Banner 广告被当成信息噪音而被刻意忽视。Banner 广告通常使用增强刺激性、干扰性来提高注意。

刺激性吸引了注意，但是刺激性也存在弊端。尽管，Banner 广告通过增强刺激性来吸引（转移）大家的视线，从调查结果来看，刺激性越强，注意度越高。但是仅依赖刺激性存在弊端：其一，仅依靠刺激性，能转移注意，难维持注意，难进入深层次的信息处理。其二，一味强调刺激性，如刺激过度，造成网民上网的分心的话，便会引发负面情绪。可见，刺激性虽然奏效，但凭借刺激性吸引注意上也应把握策略，而不是一味强调刺激性。

干扰性的策略也存在误区。为了让用户先注意到广告，采用覆盖网页内容、过程中弹出等方式，转移用户的注意，Banner 广告造成了用户上网任务的妨碍、打断和中断。如果干扰性很强的话，容易引发逆反心理，刻意忽视，甚至是知觉防御式的广告回避。

精准性对注意的正向影响显著（换个说法，精准性越强，广告注意度越高），精准性是指广告符合用户兴趣、需要的程度，影响无意注意的因素还有“用户需要”。广告精准性差，广告不符合网民的兴趣和需要，Banner 广告的注意度不高，所以应该提高广告的精准性。

影响无意注意的因素还有广告的趣味性。调查结果也显示，Banner 广告的欣赏性越强，广告注意度越高。Banner 广告欣赏新弱，不能使注意维持，也是目前 Banner 广告存在的主要问题。

总结，综合审视广告特性对 Banner 广告注意度的影响，提高精准性，保持适度刺激性，减少干扰性，增强欣赏性，是 Banner 广告吸引注意的有效手段。

（三）Banner 广告特性感知对“认知”的影响

广告特性对“认知”影响的多元回归分析结果显示，Banner 广告的“精准性”“信息性”、可信性对“认知”的正向影响显著，即 Banner 广告的精准性、信息性、可信性越强，网民对其认知越积极；欣赏性、刺激性、干扰性、强迫性对 Banner 广告认知的影响不显著。调查结果显示,Banner 广告认知消极,Banner 广告的精准性、信息性、可信性得分较低,因此,从广告特性对"认知"的影响角度来看,Banner 广告精准性差、信息性弱、可信性低,是认知消极的主要原因。

刺激性对认知的正向影响显著,刺激性强易于吸引注意力,借助先前的认知图式,网民在短时间内可快速感知和辨别 Banner 广告。但是如果不是用户感兴趣的信息的话,难以进入更深层次的信息加工。因此,刺激性不一定能引发记忆。

欣赏性不能引发认知,欣赏性能吸引注意,按照影响记忆的因素,趣味性利于记忆,但是在浏览门户网站的过程中,网民倾向于把欣赏广告当成了一种调剂,能记住广告中的人物,但不见得能记住产品和品牌。

因此,综合审视广告特性对 Banner 广告认知的影响,提高精准性,信息性和可信性,是提升 Banner 广告认知的有效手段。

(四) Banner 广告特性感知对"情绪情感"的影响

广告特性对"情绪情感"影响的回归分析结果显示,在"可能导致积极态度"的四个广告特性上,"可信性""欣赏性"对"情绪情感"的正向影响显著,"精准性""信息性"不影响情绪情感;在"可能导致消极态度"的广告特性上,干扰性对"情绪情感"的负面影响显著,"刺激性"和"强迫性"对"情绪情感"的影响不显著。调查结果显示,Banner 广告"情绪情感"消极,Banner 广告的可信性、欣赏性弱,干扰性强;因此,从广告特性对"情绪情感"的影响角度来看,Banner 广告欣赏性不足、可信性低、干扰性强,是导致情绪情感消极的主要原因。

干扰性与 Banner 广告的情绪情感,干扰性越强,导致网络任务的妨碍、中断,上网目标未得到满足,引发受众的不满情绪。

可信性与 Banner 广告的情绪情感,可信性越高,越容易信任网络广告,对网络广告满意。

欣赏性越强,对 Banner 广告的即时体验越好,好感度越强,越喜欢网络广告。

精准性、信息性影响认知,但不影响情绪情感。刺激性和强迫性对 Banner 广告情绪情感的影响,也没有想象中那么负面,为什么呢?习惯,当作背景,用户已建立自我屏蔽系统,可以忽略它们。

因此,提高欣赏性以提高 Banner 广告的吸引力,引发积极的情绪情感体验;提高可信性以增强 Banner 广告的信任感和满意度,减少干扰性所带来的负面情绪情感及用户对 Banner 广告的不满,是提高 Banner 广告积极体验的有效举措。

（五）Banner 广告特性感知对“行为意向”的影响

广告特性对“行为意向”影响的多元回归分析结果显示，在“可能导致积极态度”的广告特性上，Banner 广告的“精准性”“欣赏性”“信息性”越强，越容易引发广告点击（积极意向），“可信性”对“行为意向”的影响不显著；在“可能导致消极态度”的广告特性上，“干扰性”越强，“广告回避”（消极意向）越明显，“刺激性”和“强迫性”对“行为意向”的影响不显著。调查结果显示，Banner 广告行为意向消极，Banner 广告“精准性”“欣赏性”“信息性”弱，“干扰性”强；因此，从广告特性对“行为意向”的影响角度来看，Banner 广告欣赏性不足、精准性差、信息性弱、干扰性强，是导致广告回避（消极行为意向）的主要原因。

广告点击（积极的意向），是指进一步了解产品的意愿；积极的意向能引发积极的行为（购买行为的发生）。精准性越强，广告越有可能符合用户的需要和兴趣，行为意向越积极。信息性越强，广告所提供的信息越明确、清晰，越有可能引发受众的购买意愿和广告点击。欣赏性越强，对广告的兴趣越大，行为意向越积极。可信性不是决定行为意向的关键特性。相比精准性和信息性，用户一般不会仅仅因为信任而点击网络广告。

广告回避（消极意向），是指终止继续接触广告/了解产品的意愿，不可能引发购买行为的发生。广告回避越明显，Banner 广告越不容易引发购买行为的发生。可见，Banner 广告干扰性是广告态度与行为消极的主要原因。

因此，减少干扰性，才能降低广告回避行为的发生。提高欣赏性，吸引用户的广告点击；提高信息性和精准性以增强 Banner 广告的购买意愿，有利于提高 Banner 广告行为意向。

（六）Banner 广告特性感知对“购买行为”的影响

广告特性对“购买行为”影响的回归分析结果显示，Banner 广告的“精准性”“信息性”“可信性”对“购买行为”的正面影响显著，“干扰性”对“购买行为”的负面影响显著，欣赏性、刺激性、强迫性对“购买行为”的影响不显著。调查结果显示，Banner 广告不易引发的购买行为，Banner 广告“精准性”“可信性”“信息性”弱，“干扰性”强；因此，从广告特性对“购买行为”的影响角度来看，Banner 广告精准性、信息性、可信性弱、干扰性强，是导致 Banner 广告难以引发购买行为的主要原因。

Banner 广告的精准性越强，越符合兴趣和需要，越有可能引发购买行为。信息性越突出，决策需要的信息越充分，越可能引发购买行为。越可信，越可能引发购买行为。干扰性不易引发购买行为的主要原因是，干扰引发了广告回避，消极行为意向不可能导致行为的发生。

因此,减少干扰性,提高信息性、精准性、可信性,有利于 Banner 广告引发购买行为的发生。

(七) Banner 广告提升效果的对策——提高“精准性”,减少“干扰性”

因此,综合看待 Banner 广告特性及其对广告态度与行为的影响,提高精准性、降低干扰性是 Banner 广告提升效果的有效对策。

深访结果也证实了精准性弱、干扰性强是 Banner 广告目前存在的主要问题:

“也有觉得网络广告需要和有用的时候,比如我正想买某个东西,就看到了它的广告(精准性强),这个时候我会点击它看一眼(广告点击),但是这种情况很少,对于那些我不需要的广告(精准性弱),我一般都不会主动关注它们(积极态度与行为)。”(K04)

“我一个女生,我真的不喜欢汽车,你天天让我看汽车弹窗(Banner 广告的一种形式)这些广告,我很反感(情绪情感负面),浪费我的时间和注意力。”(K01)

“那些弹出式的 Banner 广告,对我而言都是干扰的。我一般都是回避它们。”(K02)

“我对 Banner 广告的看法是,这些强迫或主动出现在我面前的广告信息,我并不买账(积极态度和行为),我更倾向于自己主动去获得商品信息。我需要商品时,可以去购物网站检索,也可以再搜索引擎检索。如果它推送给我的话,我并不太接受(直接使用过滤软件屏蔽掉,或者视而不见)。”(K03)

三、用户对关键词广告特性的感知对其广告态度的影响

关键词广告特性的描述统计结果显示,“可能导致积极态度”的四个广告特性——“可信性”“精准性”强(得分大于 3),但“信息性”“欣赏性”弱(得分小于 3),“可能导致消极态度”的广告特性——“刺激性”“干扰性”“强迫性”强(得分大于 3)。

关键词广告特性对广告态度影响的多元回归分析结果显示:“可能导致积极态度”的广告特性中,关键词广告“精准性”“信息性”“可信性”“欣赏性”越强,网民对产品展示广告的态度越积极;关键词广告的干扰性越强,网民广告态度越消极;“刺激性”和“强迫性”对关键词广告态度的影响不显著。

综合以上两个研究结果,可以做出如下的判断:在网络广告特性对广告态度的影响上,“精准性”“可信性”“信息性”“欣赏性”弱,“干扰性”强,是导致关键

词广告态度消极的主要原因。

为了更细致地了解广告特性对态度的影响，以下将对广告特性对关键词广告态度不同成分的影响进行分析，以提出有效提升关键词广告效果的建议。

（一）关键词广告特性对“注意”的影响

广告特性对“注意”影响的多元回归分析结果显示，关键词广告的“信息性”“欣赏性”对注意的正面影响显著；其他特性对关键词广告注意度的影响并不显著。即，关键词广告“信息性”“欣赏性”越强，网民对广告的注意度越高。

网民对关键词广告的注意状态——有意注意。由于用户使用搜索引擎是一种信息检索行为，目的是找到满意的答案，有意注意拥有明确的目标——即与所搜索信息一致的信息。信息的丰富性有利于网民的有意注意。除此之外，欣赏性（赏心悦目）的广告，容易吸引有意注意。

因此，对关键词广告而言，提高“信息性”“欣赏性”，有利于吸引注意。

（二）关键词广告特性对“认知”的影响

广告特性对“认知”影响的多元回归分析结果显示，关键词广告的“精准性”“可信性”越高，认知越积极，“信息性”欣赏性对“认知”的正向影响不显著；强迫性对“认知”的负面影响显著，刺激性、干扰性对“认知”的影响不显著。即，关键词广告的强迫性、精准性、可信性弱，是导致认知消极的主要原因。

在关键词广告的认知上，感知相对容易，深层次加工较难。在认知阶段，用户一般能快速判断广告的相关性，越相关，越可能进行深入加工；越可信，对其信任度越高，越倾向于进行深入加工。强迫性在一定程度上阻碍了深入加工，识别广告后即产生知觉防御。

因此，越“精准”“可信”，认知越积极。

（三）关键词广告特性对“情绪情感”的影响

多元回归分析结果显示，关键词广告的干扰性对“情绪情感”“行为意向”的负面影响显著。即，关键词广告的干扰性越强，网民对其情绪情感越消极，广告回避行为越明显。这种“干扰”是广告“混”在结果中间，如果广告不是用户需要的信息，就会降低用户查找信息的效率，从而引发用户的不满情绪；这种负面情绪的结果，可能是引发回避行为，关闭广告页面，或关闭广告太多的页面。

（四）关键词广告特性对“行为意向”的影响

“精准性”“信息性”利于点击关键词广告和引发购买行为。多元回归分析结果显示，关键词广告的“精准性”“信息性”“欣赏性”对“积极意向”的正面影响显著；“可信性”对“积极意向”的正面影响并不显著。可见，关键词广告的精准性、信息性、欣赏性越强，网民越倾向于进行“广告点击”。关键词广告的“干扰性”对

“消极意向”的影响显著，“刺激性”对“消极意向”的影响不显著。可见，关键词广告的干扰性越强，网民越倾向于回避广告。

（五）关键词广告特性对“购买行为”的影响

多元回归分析结果显示，关键词广告的“精准性”“信息性”“欣赏性”对“购买行为”的正向影响显著，“可信性”“刺激性”“干扰性”“强迫性”对“购买行为”的影响不显著。可见，关键词广告的精准性、信息性、欣赏性越强，引发网民购买行为的可能性越大。

综合看待关键词广告特性及其对广告态度与行为的影响，增强精准性、信息性是关键词广告提升效果的有效对策。

四、用户对产品展示广告特性的感知对其广告态度的影响

产品展示广告特性的描述统计结果显示，“可能导致积极态度”的四个广告特性上，“精准性”“信息性”突出，“可信性”“欣赏性”较弱（得分小于 3），“可能导致消极态度”的广告特性——“刺激性”“干扰性”“强迫性”较强（得分大于 3）。

产品展示广告特性对广告态度影响的多元回归分析结果显示：广告“精准性”“信息性”“可信性”“欣赏性”越强，网民对产品展示广告的态度越积极；强迫性对广告总体态度负面影响显著；刺激性和干扰性对广告态度的影响不显著。

综合以上两个研究结果，可做出如下判断：在网络广告特性对广告态度的影响上，“精准性”、“信息性”强，是产品展示广告态度积极的主要原因。

产品展示广告态度是认知型态度，认知起主要作用，受众拥有购买动机，处理购买决策的商品选择阶段；广告信息符合需要，提供的信息丰富，有助于用户商品选择，因此“精准性”“信息性”对广告态度的影响明显。

精准性是导致积极态度的主要原因。多元回归分析结果显示，产品展示广告的“精准性”对注意、认知、情绪情感、行为意向和购买行为的正面影响显著。在网络购物过程中，广告是网民信息搜集和购买决策制定的信息来源，因为网民是有购买需要和动机的，所以对符合其需要的广告态度与行为积极。

为了更细致了解广告特性对态度的影响，以下将对广告特性对关键词广告态度不同成分的影响进行分析，以提出有效提升关键词广告效果的建议。

干扰性、强迫性对“情绪情感”“行为意向”的负面影响显著。即，产品展示广告的干扰性、强迫性越强，网民对其情绪情感越消极，广告回避行为越突出。

（一）产品展示广告特性对“注意”的影响

广告特性对“注意”影响的多元回归分析结果显示，产品展示广告的“精准

性”“信息性”对注意度的正面影响显著；其他广告特性对产品展示广告注意度的影响并不显著。因此，从广告特性对“注意”的影响来看，产品展示广告“信息性”“精准性”强，是产品展示广告注意度高的主要原因。

网民对产品展示广告的注意状态——有意注意，目标和目的明确——对产品进行筛选。因此精准性（符合其需要），信息性（产品信息丰富）的广告自然吸引其注意。

因此，保证精准性和信息性，是维持产品展示广告高注意度的有效手段。

（二）产品展示广告特性对“认知”的影响

广告特性对“认知”影响的多元回归分析结果显示，产品展示广告的“精准性”“信息性”、可信性对“认知”的正向影响显著，即产品展示广告的精准性、信息性、可信性越强，网民对其认知越积极；欣赏性、刺激性、干扰性、强迫性对产品展示广告认知的影响不显著。调查结果显示，产品展示广告认知积极，从广告特性对“认知”的影响角度来看，产品展示广告精准性、信息性是认知积极的主要原因。

因此，综合审视广告特性对产品展示广告认知的影响，提高精准性，信息性和可信性，是提升产品展示广告认知的有效手段。

（三）产品展示广告特性对“情绪情感”的影响

广告特性对“情绪情感”影响的回归分析结果显示，在“可能导致积极态度”的四个广告特性上，“精准性”“欣赏性”对“情绪情感”的正向影响显著，“可信性”“信息性”不影响情绪情感；在“可能导致消极态度”的广告特性上，“干扰性”和“强迫性”对“情绪情感”的负面影响显著，“刺激性”对“情绪情感”的影响不显著。调查结果显示，产品展示广告“情绪情感”消极，产品展示广告的可信性、欣赏性弱，干扰性强；因此，从广告特性对“情绪情感”的影响角度来看，产品展示广告欣赏性不足、可信性低、干扰性强，是导致情绪情感消极的主要原因。

干扰性越强，导致网络任务的妨碍、中断，上网目标未得到满足，引发受众的不满情绪。可信性越高，越容易信任网络广告，对网络广告满意。欣赏性越强，对产品展示广告的即时体验越好，好感度越强，越喜欢网络广告。

因此，提高欣赏性以提高产品展示广告的吸引力，引发积极的情绪情感体验；提高可信性以增强产品展示广告的信任感和满意度，减少干扰性所带来的负面情绪情感及用户对产品展示广告的不满，是提高产品展示广告积极体验的有效举措。

（四）产品展示广告特性对“行为意向”的影响

广告特性对“行为意向”影响的多元回归分析结果显示，在“可能导致积极态度”的广告特性上，产品展示广告的“精准性”“信息性”越强，越容易引发广告点击(积极意向)，“可信性”“欣赏性”对“行为意向”的影响不显著；在“可能导致消极态度”的广告特性上，“干扰性”、“强迫性”越强，“广告回避”(消极意向)越明显，“刺激性”对“行为意向”的影响不显著。

可见，产品展示广告的精准性、信息性越强，网民对其行为意向越积极。

广告点击(积极的意向)，是指进一步了解产品的意愿；积极的意向能引发积极的行为(购买行为的发生)。精准性越强，广告越有可能符合用户的需要和兴趣，行为意向越积极。信息性越强，广告所提供的信息越明确、清晰，越有可能引发受众的购买意愿和广告点击。

可信性不是决定行为意向的关键特性。相比精准性和信息性，用户一般不会仅仅因为信任而点击网络广告。

(五) 产品展示广告特性对“购买行为”的影响

广告特性对“购买行为”影响的回归分析结果显示，产品展示广告的“精准性”、“信息性”、“可信性”对“购买行为”的正面影响显著，其他特性对“购买行为”的影响不显著。可见，产品展示广告的精准性、信息性、可信性越强，引发网民购买行为的可能性越大。

因此，提高信息性、精准性、可信性，有利于产品展示广告引发购买行为的发生。

五、本部分小结

通过以上的分析，发现了三类网络广告存在的问题和改进的方向。网络广告特性对广告态度与行为的影响上，精准性、信息性、可信性、欣赏性对广告态度的正向影响获得了验证，干扰性对广告态度的负向影响也获得了验证。“刺激性”“强迫性”对网络广告态度与行为的影响有限，也暴露出网络广告在这三个方面存在问题，并值得深入探讨。

(一) “刺激性”无法有效提升广告效果

为了吸引人们对网络广告的关注，网络广告通常采用增强“刺激性”的方法，通过研究发现，这种方法无法有效提升广告效果，关键词广告和产品展示广告的“刺激性”(出现在页面显眼位置)对态度与行为不构成影响，只有在 Banner 广告中，刺激性能暂时吸引用户的注意和感知，但是仅靠刺激性难以进入更深层次的信息加工。

对“刺激性”的一味看重，暴露出了广告投放和发布的误区。

（二）“强迫性”不能奏效

另外，“强迫性”对广告态度与行为的影响有限，网民对待广告已经“司空见惯”。网络媒介最大的特点是网民的“主动性”，即便“不能关闭”、“视线不能避开”，仅依靠“强行暴露”，并不能引发网民的主动关注和深层次的信息加工。

这同样暴露了广告投放和发布的误区。

第六章　互联网用户个体因素对其广告态度的影响

第一节　数据分析

本部分的数据处理分为3个步骤进行：首先，对“个体因素”量表进行了信效度的检验，对量表进行了剔除和重新归类；第二步，对三类网站用户的“个体因素”进行了描述性统计分析；第三步，使用多元回归分析方法，探讨了网民个体因素对其广告态度与行为的影响。

一、量表的信效度分析

网民“个体因素量表”的设计结合了深度访谈和以往研究的成果，如表6-1所示，分为网络使用和个性倾向性2个类别，包含网站使用经验、网络熟悉度、网站态度、上网状态、兴趣、需要、动机和广告先前观念、品牌观念、网购观念10个方面，共42个变量。测量语句邀请了相关专家进行了评估和指导，现在将结合实际调查数据再次进行信效度分析。

表6-1　网民个体因素变量结构

类别	变量分类	变量命名
网络使用 Internet Use	网站经验	IUE
	网站熟悉度	IUF
	网站态度	IUA
	上网状态	IUC

续表

类别	变量分类	变量命名
个性倾向性 Individual character	兴趣	ICI
	需要	ICN
	动机	ICM
	广告先前观念	ICP - A
	品牌先前观念	ICP - B
	网购先前观念	ICP - C

表 6 - 2　网民个体因素变量构成

变量分类	变量名	变量测量语句	与积极态度的方向
网站经验	IUE	我的此类网站使用经验丰富	相同
网站熟悉度	IUF	我很熟悉此类网站	相同
网站态度 Attitude	IUA1 IUA2 IUA3 IUA4 IUA5	此类网站提供的信息公正、客观 此类网站值得信赖 此类网站对我很有帮助 我喜欢此类网站 此类网站令我满意	相同 相同 相同 相同 相同
上网状态 Condition	IUC1 IUC2 IUC3	我浏览此类网站时通常是认真的,而非心不在焉的 我浏览此类网站时通常是兴奋的,而非倦怠的 我浏览此类网站时通常是轻松自在的,没有时间紧迫感	相同 相同 相同
兴趣 Intrest	ICI1 ICI2	我浏览该网站时,有了解网络广告的兴趣 浏览该网站时我有了解所接触到的网络广告中产品/品牌信息的兴趣	相同 相同
需要 Need	ICN1 ICN2	浏览该网站时,我有了解网络广告的需要 浏览该网站时,我有购买商品(购物)的需要	相同 相同
动机 Motives	ICM1 ICM2 ICM3	我浏览该网站通常是为了获取信息 我浏览该网站通常是为了消遣娱乐 浏览该网站时,我有购买特定产品和品牌的动机	相同 相同 相同

续表

变量分类	变量名	变量测量语句	与积极态度的方向
网络广告先前观念	ICP－A1	网络广告的存在很必要	相同
	ICP－A2	我喜欢网络广告	相同
	ICP－A3	总体而言,网络广告令我满意	相同
	ICP－A4	网络广告对我很有帮助	相同
	ICP－A5	网络广告是好的事物	相同
	ICP－A6	点击网络广告有安全隐患	相反
	ICP－A7	网络广告是商家推送给我的,是商家有目的的	相反
	ICP－A8	网络广告不是我需要的信息	相反
	ICP－A9	网络广告是虚假的	相反
	ICP－A10	网络广告影响我上网,它们浪费我的时间	相反
品牌先前观念	ICP－B1	制作精良的网络广告中的品牌让人觉得有实力感	相同
	ICP－B2	网络广告的好坏并不会影响我对品牌的忠诚度	相同
	ICP－B3	我倾向于网购有品牌知名度的产品	相同
	ICP－B4	我不喜欢干扰性强的网络广告中的品牌	相反
	ICP－B5	我对制作粗劣的网络广告中的品牌很反感	相反
网购先前观念	ICP－C1	网络购物方便快捷,对我很有帮助	相同
	ICP－C2	我支持网络购物	相同
	ICP－C3	我信赖网络购物	相同
	ICP－C4	总体而言,我对网络购物是满意的	相同
	ICP－C5	网络购物时,商家的高信誉并不完全可信	相反
	ICP－C6	网络购物时,商品的筛选很花费时间	相反
	ICP－C7	网络购物的商品品质难以保证	相反
	ICP－C8	并不是所有的商品都适合网络购买	相反
	ICP－C9	网络购物后,商品的退换货很麻烦	相反

(一) 量表的信度分析

1. 描述性统计

经过对10个类别共计42个测量网民“个体因素”的变量进行描述性统计分析,对负向测量语句的变量计分进行了逆向处理,除了先前观念3类变量之外,其他7类变量分别针对三类网站用户测量。结果如表6－3、6－4、6－5、6－6所示,每个变量的标准差都不大,说明受访者对“个体因素”变量的评价差异不大。

表 6-3　测量"先前观念"的变量的描述性统计分析

变量	N	极小值	极大值	均值	标准差	偏度		峰度	
	统计量	统计量	统计量	统计量	统计量	统计量	标准误	统计量	标准误
网络广告先前观念 1	628	1	5	3.77	.919	—.633	.098	.416	.195
网络广告先前观念 2	628	1	5	3.35	.934	—.180	.098	—.001	.195
网络广告先前观念 3	628	1	5	2.64	.989	.186	.098	—.188	.195
网络广告先前观念 4	628	1	5	2.67	.964	.231	.098	—.021	.195
网络广告先前观念 5	628	1	5	3.07	.989	—.055	.098	—.091	.195
网络广告先前观念 6	628	1	5	2.01	.896	.666	.098	.052	.195
网络广告先前观念 7	628	1	5	2.07	.888	.761	.098	.651	.195
网络广告先前观念 8	628	1	5	2.68	.925	—.140	.098	—.323	.195
网络广告先前观念 9	628	1	5	3.01	.837	—.273	.098	.378	.195
网络广告先前观念 10	628	1	5	2.50	.939	.162	.098	—.238	.195
品牌观念 1	628	1	5	3.88	.873	—.626	.098	.461	.195
品牌观念 2	628	1	5	3.07	1.027	—.116	.098	—.554	.195
品牌观念 3	628	1	5	3.91	.880	—.633	.098	.284	.195
品牌观念 4	628	1	5	1.86	.865	.650	.098	—.339	.195
品牌观念 5	628	1	5	1.86	.838	.572	.098	—.373	.195
网购观念 1	628	1	5	4.15	.853	—.656	.098	—.220	.195
网购观念 2	628	1	5	4.22	.827	—.696	.098	—.298	.195

续表

变量	N	极小值	极大值	均值	标准差	偏度		峰度	
	统计量	统计量	统计量	统计量	统计量	统计量	标准误	统计量	标准误
网购观念 3	628	1	5	3.56	.906	−.023	.098	−.390	.195
网购观念 4	628	1	5	3.83	.814	−.450	.098	.189	.195
网购观念 5	628	1	5	2.18	.860	.468	.098	−.184	.195
网购观念 6	628	1	4	1.99	.866	.551	.098	−.405	.195
网购观念 7	628	1	5	2.21	.876	.299	.098	−.474	.195
网购观念 8	628	1	4	1.62	.741	.963	.098	.203	.195
网购观念 9	628	1	5	1.89	.850	.593	.098	−.320	.195
有效的 N(列表状态)628									

表 6－4　网民个体因素变量的描述统计量(门户网站用户)

变量	N	极小值	极大值	均值	标准差	偏度		峰度	
	统计量	统计量	统计量	统计量	统计量	统计量	标准误差	统计量	标准误差
网站使用经验	567	1	5	3.51	.887	−.238	.103	−.228	.205
网站熟悉度	567	1	5	3.48	.865	−.154	.103	−.211	.205
网站态度 1	567	1	5	3.16	.801	−.135	.103	.150	.205
网站态度 2	567	1	5	3.25	.785	−.220	.103	.207	.205

续表

变量	N	极小值	极大值	均值	标准差	偏度		峰度	
	统计量	统计量	统计量	统计量	统计量	统计量	标准误差	统计量	标准误差
网站态度 3	567	1	5	3.50	.772	−.217	.103	.103	.205
网站态度 4	567	1	5	3.41	.818	−.171	.103	.336	.205
网站态度 5	567	1	5	3.35	.766	−.158	.103	.554	.205
上网状态 1	567	1	5	3.29	.862	−.129	.103	−.161	.205
上网状态 2	567	1	5	3.11	.809	.183	.103	.301	.205
上网状态 3	567	1	5	3.55	.819	−.521	.103	.372	.205
兴趣 1	567	1	5	2.75	.880	−.072	.103	−.138	.205
兴趣 2	567	1	5	2.84	.863	−.184	.103	.128	.205
需要 1	567	1	5	2.74	.824	−.070	.103	−.088	.205
需要 2	567	1	5	2.78	.902	−.012	.103	−.394	.205
动机 1	567	1	5	3.86	.760	−.635	.103	1.075	.205
动机 2	567	1	5	3.63	.811	−.677	.103	.872	.205
动机 3	567	1	5	2.78	.930	.046	.103	−.228	.205
有效的 N(列表状态)567									

表 6-5　网民个体因素变量的描述统计量(搜索引擎网站用户)

变量	N	极小值	极大值	均值	标准差	偏度		峰度	
	统计量	统计量	统计量	统计量	统计量	统计量	标准误差	统计量	标准误差
网站使用经验	453	1	5	3.84	.829	-.398	.115	.028	.229
网站熟悉度	453	1	5	3.83	.824	-.424	.115	.107	.229
网站态度 1	453	1	5	3.18	.792	-.231	.115	.343	.229
网站态度 2	453	1	5	3.23	.842	-.281	.115	.180	.229
网站态度 3	453	1	5	3.82	.892	-.491	.115	.175	.229
网站态度 4	453	1	5	3.75	.833	-.424	.115	.406	.229
网站态度 5	453	1	5	3.56	.846	-.470	.115	.677	.229
上网状态 1	453	1	5	3.72	.846	-.305	.115	-.138	.229
上网状态 2	453	1	5	3.46	.785	.046	.115	.443	.229
上网状态 3	453	1	5	3.37	.809	-.244	.115	.058	.229
兴趣 1	453	1	5	2.72	.876	-.009	.115	-.223	.229
兴趣 2	453	1	5	2.74	.878	.036	.115	-.140	.229
需要 1	453	1	5	2.74	.859	-.146	.115	-.286	.229
需要 2	453	1	5	2.88	.934	-.149	.115	-.323	.229
动机 1	453	1	5	4.01	.804	-.512	.115	-.064	.229
动机 2	453	1	5	3.36	.871	-.228	.115	.049	.229
动机 3	453	1	5	3.07	.996	-.120	.115	-.317	.229
有效的 N(列表状态)453									

表 6-6　网民个体因素变量的描述统计量(购物网站用户)

变量	N	极小值	极大值	均值	标准差	偏度		峰度	
	统计量	统计量	统计量	统计量	统计量	统计量	标准误差	统计量	标准误差
网站使用经验	418	1	5	3.65	.934	−.536	.119	.163	.238
网站熟悉度	418	1	5	3.63	.910	−.426	.119	.154	.238
网站态度 1	418	1	5	3.02	.812	−.066	.119	.471	.238
网站态度 2	418	1	5	3.22	.773	−.003	.119	.845	.238
网站态度 3	418	1	5	3.72	.749	−.324	.119	.297	.238
网站态度 4	418	1	5	3.72	.729	−.189	.119	.240	.238
网站态度 5	418	1	5	3.50	.756	−.200	.119	.205	.238
上网状态 1	418	1	5	3.72	.779	−.179	.119	−.196	.238
上网状态 2	418	1	5	3.61	.812	−.159	.119	.092	.238
上网状态 3	418	1	5	3.72	.747	−.217	.119	−.008	.238
兴趣 1	418	1	5	3.35	.866	−.184	.119	−.249	.238
兴趣 2	418	1	5	3.42	.807	−.400	.119	.296	.238
需要 1	418	1	5	3.30	.864	−.506	.119	.397	.238
需要 2	418	1	5	3.70	.822	−.535	.119	.626	.238
动机 1	418	1	5	3.61	.816	−.276	.119	.128	.238
动机 2	418	1	5	3.20	.897	−.211	.119	−.197	.238
动机 3	418	1	5	3.75	.833	−.436	.119	.109	.238
有效的 N(列表状态)418									

2. 内部一致性系数

由于网民个体因素涉及10类不同变量,而且7类变量分别针对三类网站用户测量,一致性检验分类别进行:先前观念、网络使用、个性倾向性(兴趣、需要、动机),结果见表6-7、6-8、6-9。

表6-7 克朗巴哈α系数检验结果(先前观念变量)

可靠性统计量		
先前观念	Cronbach's Alpha	项数
广告	.809	10
品牌	.468	5
网购	.805	9

分别对三种"先前观念"量表数据进行了一致性检验(表6-7所示),广告先前观念和品牌先前观念的Cronbach α超过了0.8,验证了量表的可靠性;品牌先前观念量表的可靠性较低,需要进一步检验。

表6-8 克朗巴哈α系数检验结果(网络使用变量)

可靠性统计量		
网站类型	Cronbach's Alpha	项数
门户网站	.882	10
搜索引擎网站	.878	10
购物网站	.897	10

分别对三种类型网站的"网络使用"量表数据进行了一致性检验(表6-8所示),Cronbach α都超过了0.8,验证了"网络使用"量表的可靠性。

表6-9 克朗巴哈α系数检验结果(个性倾向性变量)

可靠性统计量		
网站用户	Cronbach's Alpha	项数
门户网站	.738	7
搜索引擎网站	.739	7
购物网站	.826	7

分别对三种类型网站用户的“个性倾向性”量表数据进行了一致性检验（表6－9所示），只有购物网站 Cronbach α 超过了0.8，门户网站和搜索引擎网站 Cronbach α 值也大于0.7，在可靠的范围之内。

接下来将通过测量“删除项目时的 Cronbach α 值”来逐一检验单个具体变量对不同“量表”一致性的影响，具体结果见表（6－10、6－11、6－12）。

表6－10　删除项目时的 Cronbach α 检验（先前观念）

网络广告先前观念的统计量					
变量	项已删除的刻度均值	项已删除的刻度方	校正的项总计相关性	多相关性的平方	项已删除的 Cronbach's Alpha 值
网络广告1	24.00	26.477	.471	.524	.794
网络广告2	24.42	24.940	.640	.622	.775
网络广告3	25.14	24.367	.659	.582	.772
网络广告4	25.10	24.596	.654	.586	.773
网络广告5	24.71	24.837	.605	.505	.778
网络广告6	25.76	29.431	.159	.216	.826
网络广告7	25.70	29.483	.156	.229	.826
网络广告8	25.09	25.824	.542	.417	.786
网络广告9	24.76	26.905	.481	.368	.793
网络广告10	25.27	25.988	.513	.292	.790
品牌先前观念的统计量					
变量	项已删除的刻度均值	项已删除的刻度方差	校正的项总计相关性	多相关性的平方	项已删除的 Cronbach's Alpha 值
品牌观念1	15.25	4.623	.287	.156	.388
品牌观念2	16.06	5.725	—.065	.023	.638
品牌观念3	15.22	4.312	.376	.166	.323
品牌观念4	15.00	4.308	.391	.212	.314
品牌观念5	14.99	4.458	.368	.246	.335

续表

网购先前观念的统计量					
变量	项已删除的刻度均值	项已删除的刻度方差	校正的项总计相关性	多相关性的平方	项已删除的 Cronbach's Alpha 值
网购观念 1	31.72	17.562	.600	.596	.772
网购观念 2	31.64	17.295	.669	.663	.764
网购观念 3	32.30	18.484	.421	.460	.796
网购观念 4	32.03	18.281	.523	.512	.783
网购观念 5	32.05	18.803	.408	.229	.797
网购观念 6	31.85	17.927	.533	.375	.781
网购观念 7	32.08	18.906	.382	.356	.801
网购观念 8	31.48	18.362	.578	.419	.777
网购观念 9	31.76	18.892	.402	.305	.798

根据数据处理结果(表 6－10),三种类型“先前观念”的测量数据中,“网络广告先前观念 6”“网络广告先前观念 7”的“修正的项目总相关”数值相对较低,表明这些题目与其余题目的相关度最低,同时,这些项目的“删除项目时的 Cronbach's Alpha 值”也相对略高,表明如果删除这些项目后,整个量表的内部一致性将得到一定程度的提升。因此这 2 项变量应考虑去除。在“网购先前观念”量表中,“网购观念 3”也应考虑去除。如“品牌观念 2”变量去除后,“品牌先前观念”的“删除项目时的 Cronbach's Alpha 值”能提高到0.638,所以,也应考虑去除“品牌观念 2”变量。

表 6－11　删除项目时的 Cronbachα 检验(网络使用)

门户网站用户的统计量					
变量	项已删除的刻度均值	项已删除的刻度方差	校正的项总计相关性	多相关性的平方	项已删除的 Cronbach's Alpha 值
网站使用经验	30.10	26.277	.606	.760	.871
网站熟悉度	30.13	26.262	.628	.770	.869
网站态度 1	30.45	26.930	.603	.567	.871
网站态度 2	30.36	26.786	.637	.598	.869

续表

门户网站用户的统计量					
变量	项已删除的刻度均值	项已删除的刻度方差	校正的项总计相关性	多相关性的平方	项已删除的 Cronbach's Alpha 值
网站态度 3	30.11	26.522	.687	.563	.865
网站态度 4	30.20	25.862	.727	.648	.862
网站态度 5	30.26	26.275	.728	.626	.863
上网状态 1	30.32	26.755	.570	.526	.874
上网状态 2	30.50	27.236	.555	.506	.875
上网状态 3	30.05	28.462	.394	.185	.886
搜索引擎网站用户的统计量					
变量	项已删除的刻度均值	项已删除的刻度方差	校正的项总计相关性	多相关性的平方	项已删除的 Cronbach's Alpha 值
网站使用经验	31.92	26.778	.635	.772	.864
网站熟悉度	31.93	26.754	.643	.777	.864
网站态度 1	32.58	28.390	.461	.504	.877
网站态度 2	32.53	26.988	.596	.576	.867
网站态度 3	31.94	25.744	.703	.696	.859
网站态度 4	32.02	25.756	.764	.770	.854
网站态度 5	32.21	26.169	.696	.585	.859
上网状态 1	32.05	26.843	.610	.512	.866
上网状态 2	32.31	27.878	.533	.419	.872
上网状态 3	32.40	28.872	.389	.216	.882
购物网站用户的统计量					
变量	项已删除的刻度均值	项已删除的刻度方差	校正的项总计相关性	多相关性的平方	项已删除的 Cronbach's Alpha 值
网站使用经验	31.88	25.840	.705	.796	.882
网站熟悉度	31.90	26.163	.688	.790	.883
网站态度 1	32.51	28.486	.491	.469	.896
网站态度 2	32.30	27.977	.591	.513	.890
网站态度 3	31.81	27.571	.670	.531	.885
网站态度 4	31.81	27.193	.746	.651	.880
网站态度 5	32.02	27.400	.686	.568	.884

续表

购物网站用户的统计量					
变量	项已删除的刻度均值	项已删除的刻度方	校正的项总计相关性	多相关性的平方	项已删除的Cronbach's Alpha 值
上网状态 1	31.80	27.669	.625	.557	.888
上网状态 2	31.91	26.990	.682	.587	.884
上网状态 3	31.81	28.365	.563	.417	.891

根据数据处理结果（表 6－11），三种类型网站用户的测量数据中，"网站使用经验""网站熟悉度"的"修正的项目总相关"数值相对较低，表明这些题目与其余题目的相关度最低，同时，这些项目的"删除项目时的 Cronbach's Alpha 值"也相对略高，表明如果删除这些项目后，整个量表的内部一致性将得到一定程度的提升。因此这 2 项变量应考虑去除。

表 6－12　删除项目时的 Cronbach α 检验（网民个性倾向性）

门户网站用户统计量					
变量	项已删除的刻度均值	项已删除的刻度方差	校正的项总计相关性	多相关性的平方	项已删除的Cronbach's Alpha 值
兴趣 1	18.62	9.716	.622	.577	.664
兴趣 2	18.53	9.550	.676	.635	.651
需要 1	18.64	9.800	.663	.612	.657
需要 2	18.60	9.509	.643	.521	.658
动机 1	17.51	13.321	.000	.132	.792
动机 2	17.75	12.631	.106	.137	.777
动机 3	18.60	10.082	.500	.360	.695
兴趣 1	18.80	10.425	.695	.671	.650
兴趣 2	18.78	10.608	.654	.683	.660
需要 1	18.79	10.492	.700	.692	.650
需要 2	18.65	10.472	.625	.491	.665
搜索引擎网站用户统计量					
变量	项已删除的刻度均值	项已删除的刻度方差	校正的项总计相关性	多相关性的平方	项已删除的Cronbach's Alpha 值
动机 1	17.51	14.777	—.049	.132	.802
动机 2	18.16	13.040	.211	.128	.760
动机 3	18.46	11.337	.417	.210	.718

续表

购物网站用户统计量					
变量	项已删除的刻度均值	项已删除的刻度方差	校正的项总计相关性	多相关性的平方	项已删除的 Cronbach's Alpha 值
兴趣 1	20.98	12.158	.690	.600	.781
兴趣 2	20.91	12.495	.689	.623	.783
需要 1	21.03	12.136	.697	.553	.780
需要 2	20.63	12.767	.619	.496	.794
动机 1	20.72	13.430	.498	.300	.814
动机 2	21.12	14.280	.294	.166	.848
动机 3	20.57	13.118	.541	.414	.807

根据数据处理结果(表 6－12),三种类型网站用户的测量数据中,“动机 1”“动机 2”的“修正的项目总相关”数值相对较低,表明这些题目与其余题目的相关度最低,同时,这些项目的“删除项目时的 Cronbach's Alpha 值”也相对略高,表明如果删除这些项目后,整个量表的内部一致性将得到一定程度的提升。因此这 2 项变量应考虑去除。

综合“先前观念”“网络使用”“个性倾向性”3 个量表的信度检验的结果,“先前观念”量表中“网络广告先前观念 6”“网络广告先前观念 7”“品牌观念 2”和“网购观念 3”变量应考虑去除,“网络使用”量表中的“网站使用经验”“网站熟悉度”变量应去除,“个性倾向性”量表中的“动机 1”“动机 2”变量应去除。

(二) 效度分析

以下将使用因子分析的方法,对网民“个体因素”量表的效度进行检验,分析将通过四个步骤进行:第一步,检查变量之间的相关性;第二步,进行 KMO 及 Bartlett 检验;第三步,共同性分析;第四步,主成分分析。

1. “先前观念”量表的效度分析

(1) 网络广告先前观念

相关系数矩阵如表 6－13,在网络广告先前观念的 10 个变量中,6 和 7 变量的相关最差。去除 6 和 7 变量后,KMO 和 Bartlett 的检验结果见表 6－14,KMO 值为0.832,表明剩余 8 个变量间有共同因素,Bartlett's 球形检验值显著,sig＝.000,表明该量表结构效度很高,并适合进行因素分析。

表 6 - 13　相关系数矩阵(网络广告先前观念)

	ICP - A1	ICP - A2	ICP - A3	ICP - A4	ICP - A5	ICP - A6	ICP - A7	ICP - A8	ICP - A9	ICP - A10
ICP - A1	1.000	.692	.471	.418	.452	−.128	−.124	.205	.328	.239
ICP - A2	.692	1.000	.628	.563	.496	−.015	−.008	.319	.373	.337
ICP - A3	.471	.628	1.000	.681	.586	.054	.089	.344	.255	.360
ICP - A4	.418	.563	.681	1.000	.656	.077	.067	.306	.299	.375
ICP - A5	.452	.496	.586	.656	1.000	.003	.023	.337	.311	.350
ICP - A6	−.128	−.015	.054	.077	.003	1.000	.408	.238	.138	.175
ICP - A7	−.124	−.008	.089	.067	.023	.408	1.000	.271	.037	.155
ICP - A8	.205	.319	.344	.306	.337	.238	.271	1.000	.523	.437
ICP - A9	.328	.373	.255	.299	.311	.138	.037	.523	1.000	.379
ICP - A10	.239	.337	.360	.375	.350	.175	.155	.437	.379	1.000

表 6－14　“网络广告先前观念”变量的 KMO 和 Bartlett 的检验结果

取样足够度的 Kaiser-Meyer-Olkin 度量		.832
Bartlett 的球形度检验	近似卡方	2 144.604
	df	28
	Sig.	.000

共同性分析显示(表 6－15)，网络广告先前观念剩余 8 个变量的共同性指标都大于0.5，可以进行因子分析。主成分分析的结果(如表 6－16)显示，特征值超过 1 的主成分有 2 个，能解释原变量总方差的64.6%。

表 6－15　先前广告观念变量的共同性

公因子方差		
	初始	提取
ICP－A1	1.000	.570
ICP－A2	1.000	.707
ICP－A3	1.000	.703
ICP－A4	1.000	.678
ICP－A5	1.000	.614
ICP－A8	1.000	.722
ICP－A9	1.000	.644
ICP－A10	1.000	.535
提取方法：主成分分析		

表 6－16　先前广告观念变量的主成分分析

解释的总方差						
成份	初始特征值			提取平方和载入		
	合计	方差的%	累积%	合计	方差的%	累积%
1	3.984	49.795	49.795	3.984	49.795	49.795
2	1.189	14.863	64.658	1.189	14.863	64.658
3	.804	10.056	74.714			
4	.595	7.438	82.152			
5	.481	6.015	88.167			
6	.411	5.136	93.303			
7	.282	3.528	96.831			
8	.254	3.169	100.000			
提取方法：主成分分析						

在该量表设计时,“ICP－A1—ICP－A5”代表积极的广告观念,“ICP－A8—ICP－A10”代表负面的广告观念。旋转后的因子负荷矩阵(如表 6－17)显示,网络广告先前观念的 1—5 变量被和 8—10,分别被分在了 2 个因子内,且都有很高的载荷数(均大于0.5),表明被划分为 2 个因子的结构稳定合理。

表 6－17　旋转后的因子载荷矩阵(先前广告观念变量)

旋转成分矩阵[a]		
变量	成分	
	1	2
ICP－A3	.813	.207
ICP－A2	.809	.229
ICP－A4	.790	.230
ICP－A1	.746	.114
ICP－A5	.738	.263
ICP－A8	.154	.836
ICP－A9	.189	.780
ICP－A0	.263	.682
因子命名	积极观念	消极观念

提取方法:主成分。旋转法:具有 Kaiser 标准化的正交旋转法。
a. 旋转在 3 次迭代后收敛

综合以上因子分析的结果,去除变量 ICP－A6 和 ICP－A7 之后,“网络广告先前观念”被划分为 2 个因子,我们将其命名为“积极观念”因子和“负面观念”因子。

(2) 品牌先前观念

相关系数矩阵如表 6－18,在品牌先前观念的 5 个变量中,“品牌观念 2”变量的相关最差。去除此变量后,KMO 和 Bartlett 的检验结果见表 6－19,KMO 值为0.689,Bartlett's 球形检验值显著,sig=.000,可进行因素分析。

表 6－18　相关系数矩阵(品牌先前观念)

	ICP－B1	ICP－B2	ICP－B3	ICP－B4	ICP－B5
ICP－B1	1.000	−.098	.292	.218	.323
ICP－B2	−.098	1.000	.018	.006	−.108
ICP－B3	.292	.018	1.000	.310	.287
ICP－B4	.218	.006	.310	1.000	.409
ICP－B5	.323	−.108	.287	.409	1.000

表 6－19　品牌观念量表的 KMO 和 Bartlett 的检验结果

取样足够度的 Kaiser-Meyer-Olkin 度量		.689
Bartlett 的球形度检验	近似卡方	300.790
	df	6
	Sig.	.000

共同性分析显示(表 6－20),品牌观念剩余 4 个变量的共同性指标,变量 ICP－B3 小于0.5,不适合进入因子分析。

去除变量 ICP－B3 之后,主成分分析的结果(如表 6－21)显示,获得主成分有 2 个,能解释原变量总方差的81.005%。

表 6－20　品牌观念量表的共同性

公因子方差		
	初始	提取
ICP－B1	1.000	.839
ICP－B3	1.000	.486
ICP－B4	1.000	.788
ICP－B5	1.000	.605
提取方法：主成分分析		

表 6－21　品牌观念量表的主成分分析

解释的总方差						
成份	初始特征值			提取平方和载入		
	合计	方差的%	累积%	合计	方差的%	累积%
1	1.640	54.661	54.661	1.640	54.661	54.661
2	.790	26.345	81.005	.790	26.345	81.005
3	.570	18.995	100.000			
提取方法：主成分分析						

在该量表设计时,ICP－B1 代表积极的品牌观念,ICP－B4 和 ICP－B5 代表负面的品牌观念。旋转后的因子负荷矩阵(如表 6－22)显示,3 个变量被分在了

2 个因子内,且都有很高的载荷数(均大于0.5),表明被划分为 2 个因子的结构稳定合理。

表 6-22 旋转后的因子载荷矩阵(品牌先前观念变量)

旋转成分矩阵[a]		
变量	成分	
	1	2
ICP-B4	.897	
ICP-B5	.736	.355
ICP-B1	.135	.969
因子命名	品牌负面观念	品牌积极观念
提取方法:主成分。旋转法:具有 Kaiser 标准化的正交旋转法		
a. 旋转在 3 次迭代后收敛		

综合以上因子分析的结果,去除变量 ICP-B2 和 ICP-B3 之后,"品牌先前观念"被划分为 2 个因子,我们将其命名为"积极观念"因子和"负面观念"因子。

(3) 网购先前观念

网购先前观念量表包含 9 个变量,KMO 值分别为为0.812,Bartlett's 球形检验值显著,sig=.000,表明该量表结构效度较高,适合进行因素分析(表 6-23 所示)。

表 6-23 网购先前观念量表的 KMO 和 Bartlett 的检验结果

取样足够度的 Kaiser-Meyer-Olkin 度量		.812
Bartlett 的球形度检验	近似卡方	2 112.557
	df	36
	Sig.	.000

共同性分析显示(表 6-24),网购观念 9 个变量的共同性指标中,变量 ICP-C5 小于0.5,不适合进入因子分析。

去除变量 ICP-C5 之后,主成分分析的结果(如表 6-25)显示,获得主成分有 2 个,能解释原变量总方差的65.008%。

表 6-24　网购先前观念量表的共同性

公因子方差		
	初始	提取
ICP-C1	1.000	.692
ICP-C2	1.000	.771
ICP-C3	1.000	.666
ICP-C4	1.000	.705
ICP-C5	1.000	.378
ICP-C6	1.000	.556
ICP-C7	1.000	.612
ICP-C8	1.000	.589
ICP-C9	1.000	.509
提取方法：主成分分析		

表 6-25　网购先前观念量表的主成分分析

解释的总方差						
成份	初始特征值			提取平方和载入		
	合计	方差的%	累积%	合计	方差的%	累积%
1	3.429	42.861	42.861	3.429	42.861	42.861
2	1.772	22.147	65.008	1.772	22.147	65.008
3	.695	8.688	73.696			
4	.570	7.129	80.825			
5	.514	6.423	87.248			
6	.441	5.509	92.757			
7	.351	4.384	97.142			
8	.229	2.858	100.000			
提取方法：主成分分析						

在该量表设计时，ICP-C1—ICP-C4 代表积极的网购观念，ICP-C5—ICP-C10 代表负面观念。旋转后的因子负荷矩阵(如表 6-26)显示，变量被分在了

2 个因子内,且都有很高的载荷数(均大于0.5),表明被划分为 2 个因子的结构稳定合理。

表 6 - 26 旋转后的因子载荷矩阵(网购先前观念变量)

旋转成分矩阵[a]		
变量	成份	
	1	2
ICP - C2	.838	.265
ICP - C4	.838	
ICP - C3	.816	
ICP - C1	.800	.235
ICP - C7		.766
ICP - C9		.748
ICP - C8	.280	.737
ICP - C6	.220	.733
因子命名	网购积极观念	网购负面观念
提取方法:主成分。旋转法:具有 Kaiser 标准化的正交旋转法		
a. 旋转在 3 次迭代后收敛		

综合以上因子分析的结果,去除变量 ICP - C5 之后,“网购先前观念”被划分为 2 个因子,我们将其命名为“积极观念”因子和“负面观念”因子。

2. “个性倾向性”量表的效度检验

相关系数矩阵如表 6 - 27,在“个性倾向性”中包含兴趣、需要、动机 3 个类别 7 个变量,“动机 1”和“动机 2”变量的相关最差。去除这 2 项变量后,KMO 和 Bartlett 的检验结果见表 6 - 28, KMO 值均大于0.8,Bartlett's 球形检验值显著,sig = .000,可进行因素分析。

表 6 - 27 相关系数矩阵(个性倾向性)

门户网站用户							
	B9 -兴趣 1	B9 -兴趣 2	B9 -需要 1	B9 -需要 2	B9 -动机 1	B9 -动机 2	B9 -动机 3
B9 -兴趣 1	1.000	.734	.639	.521	—.049	.036	.340
B9 -兴趣 2	.734	1.000	.684	.586	—.066	.052	.385

续表

门户网站用户							
B9-需要1	.639	.684	1.000	.642	-.126	-.043	.512
B9-需要2	.521	.586	.642	1.000	-.050	.012	.558
B9-动机1	-.049	-.066	-.126	-.050	1.000	.344	-.033
B9-动机2	.036	.052	-.043	.012	.344	1.000	.068
B9-动机3	.340	.385	.512	.558	-.033	.068	1.000
搜索引擎网站用户							
	C9-兴趣1	C9-兴趣2	C9-需要1	C9-需要2	C9-动机1	C9-动机2	C9-动机3
C9-兴趣1	1.000	.770	.743	.573	-.152	.160	.379
C9-兴趣2	.770	1.000	.767	.585	-.158	.094	.298
C9-需要1	.743	.767	1.000	.664	-.133	.094	.349
C9-需要2	.573	.585	.664	1.000	-.095	.125	.406
C9-动机1	-.152	-.158	-.133	-.095	1.000	.284	.040
C9-动机2	.160	.094	.094	.125	.284	1.000	.113
C9-动机3	.379	.298	.349	.406	.040	.113	1.000
购物网站用户							
	D9-兴趣1	D9-兴趣2	D9-需要1	D9-需要2	D9-动机1	D9-动机2	D9-动机3
D9-兴趣1	1.000	.728	.661	.454	.365	.269	.402
D9-兴趣2	.728	1.000	.663	.515	.290	.194	.477
D9-需要1	.661	.663	1.000	.518	.389	.274	.395
D9-需要2	.454	.515	.518	1.000	.415	.119	.609
D9-动机1	.365	.290	.389	.415	1.000	.352	.340
D9-动机2	.269	.194	.274	.119	.352	1.000	.118
D9-动机3	.402	.477	.395	.609	.340	.118	1.000

表6-28　个性倾向性量表的KMO和Bartlett的检验结果

门户网站用户		
取样足够度的 Kaiser-Meyer-Olkin 度量		.827
Bartlett 的球形度检验	近似卡方	1424.476
	df	10
	Sig.	.000

续表

搜索引擎网站用户		
取样足够度的 Kaiser-Meyer-Olkin 度量		.833
Bartlett 的球形度检验	近似卡方	1247.380
	df	10
	Sig.	.000
购物网站用户		
取样足够度的 Kaiser-Meyer-Olkin 度量		.807
Bartlett 的球形度检验	近似卡方	984.712
	df	10
	Sig.	.000

共同性分析显示(表 6-29),剩余 5 个变量的共同性指标都较高(均大于 0.6),适合进入因子分析。去除变量 ICP-B3 之后,主成分分析的结果(如表 6-21)显示,获得 2 个主成分,能解释原变量总方差的 80%以上。

表 6-29　个性倾向性量表的共同性

公因子方差						
	门户网站用户		搜索引擎网站用户		购物网站用户	
	初始	提取	初始	提取	初始	提取
B9-兴趣 1	1.000	.829	1.000	.793	1.000	.819
B9-兴趣 2	1.000	.834	1.000	.835	1.000	.798
B9-需要 1	1.000	.760	1.000	.835	1.000	.757
B9-需要 2	1.000	.728	1.000	.651	1.000	.778
B9-动机 3	1.000	.888	1.000	.972	1.000	.840
提取方法:主成分分析						

表 6-30　个性倾向性量表的主成分分析

解释的总方差(门户网站用户)						
成分	初始特征值			提取平方和载入		
	合计	方差的%	累积%	合计	方差的%	累积%
1	3.262	65.236	65.236	3.262	65.236	65.236
2	.777	15.544	80.780	.777	15.544	80.780

续表

解释的总方差(门户网站用户)						
成分	初始特征值			提取平方和载入		
	合计	方差的%	累积%	合计	方差的%	累积%
3	.389	7.771	88.552			
4	.316	6.317	94.869			
5	.257	5.131	100.000			
解释的总方差(搜索引擎网站用户)						
成分	初始特征值			提取平方和载入		
	合计	方差的%	累积%	合计	方差的%	累积%
1	3.280	65.609	65.609	3.280	65.609	65.609
2	.806	16.125	81.734	.806	16.125	81.734
3	.460	9.201	90.936			
4	.237	4.746	95.682			
5	.216	4.318	100.000			
解释的总方差(购物网站用户)						
成分	初始特征值			提取平方和载入		
	合计	方差的%	累积%	合计	方差的%	累积%
1	3.181	63.615	63.615	3.181	63.615	63.615
2	.810	16.209	79.824	.810	16.209	79.824
3	.420	8.399	88.223			
4	.323	6.461	94.684			
5	.266	5.316	100.000			
提取方法：主成分分析						

旋转后的因子负荷矩阵(如表 6－31)显示，5 个变量被分在了 2 个因子内，且都有很高的载荷数(均大于0.5)，表明被划分为 2 个因子的结构稳定合理。

表 6－31　旋转后的因子载荷矩阵(个性倾向性变量)

旋转成分矩阵[a]						
	门户网站用户		搜索引擎网站用户		购物网站用户	
	成分		成分		成分	
	1	2	1	2	1	2
兴趣 1	.897	.156	.867	.206	.881	.206
兴趣 2	.879	.249	.909		.830	.330
需要 1	.715	.498	.895	.185	.827	.270
需要 2	.515	.681	.710	.383	.346	.811
动机 3	.136	.932	.183	.969	.204	.893
因子命名	广告兴趣	商品动机	广告兴趣	商品动机	广告兴趣	商品动机
提取方法：主成分。旋转法：具有 Kaiser 标准化的正交旋转法。a. 旋转在 3 次迭代后收敛						

综合以上因子分析的结果，去除变量动机 1 和动机 2 之后，“个性倾向性”被划分为 2 个因子，我们将其命名为“广告兴趣”因子(包含兴趣 1、兴趣 2、需要 1 等 3 个变量)和“购买动机”因子(包含变量动机 3 和需要 2)。

3. “网络使用”量表的效度检验

“网络使用”量表包含网站使用经验、网站熟悉度、网站态度、上网状态 4 个类别 10 个变量，信度检验时“网站使用经验”与“网站熟悉度”未通过验证，剩余“网站态度”和“上网状态”2 个类别共 8 个变量，KMO 和 Bartlett 的检验结果见表6－32，KMO 值均大于0.8，Bartlett's 球形检验值显著，sig＝.000，可进行因子分析。

表 6－32　网络使用量表的 KMO 和 Bartlett 的检验结果

门户网站用户		
取样足够度的 Kaiser-Meyer-Olkin 度量		.842
Bartlett 的球形度检验	近似卡方	2 225.289
	df	28
	Sig.	.000
搜索引擎网站用户		
取样足够度的 Kaiser-Meyer-Olkin 度量		.805
Bartlett 的球形度检验	近似卡方	1 802.272
	df	28
	Sig.	.000

续表

购物网站用户		
取样足够度的 Kaiser-Meyer-Olkin 度量。		.849
Bartlett 的球形度检验	近似卡方	1 643.911
	df	28
	Sig.	.000

共同性分析显示(表 6－33),7 个变量的共同性指标都较高(均大于0.6),适合进入因子分析,"上网状态 3"的共同性指标稍低(大于0.3),但高于底线要求0.2,可以进行因子分析。主成分分析的结果(如表 6－31)显示,获得 2 个主成分,能解释原变量总方差的 65%以上。

表 6－33　个性倾向性量表的共同性

公因子方差						
	门户网站用户		搜索引擎网站用户		购物网站用户	
	初始	提取	初始	提取	初始	提取
网站态度 1	1.000	.701	1.000	.699	1.000	.765
网站态度 2	1.000	.729	1.000	.779	1.000	.734
网站态度 3	1.000	.676	1.000	.645	1.000	.614
网站态度 4	1.000	.665	1.000	.729	1.000	.676
网站态度 5	1.000	.712	1.000	.670	1.000	.621
上网状态 1	1.000	.742	1.000	.744	1.000	.735
上网状态 2	1.000	.748	1.000	.616	1.000	.704
上网状态 3	1.000	.399	1.000	.347	1.000	.615
提取方法：主成分分析						

表 6－34　个性倾向性量表的主成分分析

解释的总方差(门户网站用户)						
成分	初始特征值			提取平方和载入		
	合计	方差的%	累积%	合计	方差的%	累积%
1	4.206	52.579	52.579	4.206	52.579	52.579
2	1.166	14.570	67.149	1.166	14.570	67.149
3	.768	9.605	76.754			

续表

解释的总方差（门户网站用户）						
成分	初始特征值			提取平方和载入		
	合计	方差的%	累积%	合计	方差的%	累积%
4	.658	8.224	84.978			
5	.372	4.652	89.630			
6	.317	3.968	93.598			
7	.271	3.387	96.985			
8	.241	3.015	100.000			
解释的总方差（搜索引擎网站用户）						
成分	初始特征值			提取平方和载入		
	合计	方差的%	累积%	合计	方差的%	累积%
1	4.009	50.110	50.110	4.009	50.110	50.110
2	1.220	15.248	65.358	1.220	15.248	65.358
3	.973	12.163	77.521			
4	.599	7.491	85.012			
5	.399	4.985	89.997			
6	.356	4.455	94.452			
7	.292	3.647	98.099			
8	.152	1.901	100.000			
解释的总方差（购物网站用户）						
成分	初始特征值			提取平方和载入		
	合计	方差的%	累积%	合计	方差的%	累积%
1	4.293	53.657	53.657	4.293	53.657	53.657
2	1.172	14.653	68.310	1.172	14.653	68.310
3	.752	9.401	77.711			
4	.499	6.238	83.949			
5	.416	5.203	89.152			
6	.314	3.931	93.082			
7	.302	3.774	96.856			
8	.252	3.144	100.000			
提取方法：主成分分析						

旋转后的因子负荷矩阵(如表 6－35)显示,5 个变量被分在了 2 个因子内,且都有很高的载荷数(均大于0.5),表明被划分为 2 个因子的结构稳定合理。

表 6－35　旋转后的因子载荷矩阵(个性倾向性变量)

旋转成分矩阵[a]						
	门户网站用户		搜索引擎网站用户		购物网站用户	
	成分		成分		成分	
	1	2	1	2	1	2
网站态度 1	.835			.836		.873
网站态度 2	.842	.142	.143	.871	.221	.828
网站态度 3	.767	.297	.867	.206		.551
网站态度 4	.718	.386	.595	.612		.484
网站态度 5	.744	.399	.495	.652		.511
上网状态 1	.251	.824	.850	.148	.852	
上网状态 2	.193	.843	.777	.112	.808	.228
上网状态 3	.150	.614	.583		.779	
因子命名	网站态度	网站介入度	网站态度	网站介入度	网站态度	网站介入度
提取方法：主成分。旋转法：具有 Kaiser 标准化的正交旋转法。a. 旋转在 3 次迭代后收敛						

综合以上因子分析的结果,“网络使用”被划分为 2 个因子：变量“网站态度 1－5”被划分在同一因子内,我们将其命名为“网站态度”因子;“上网状态 1－3”被划分在同一因子内,上网状态测量用户使用网站时“认真”“兴奋”和“时间压力感”的程度,我们将其“网站介入度”因子,即用户越认真、越兴奋、越没有时间压力感,用户对网站的使用越“投入”。

(三) 验证后的量表

根据量表的信效度结果,“网站使用经验”“网站熟悉度”“动机 1”“动机 2”“品牌先前观念 2”“品牌先前观念 3”“网购观念 3”“网购观念 5”“广告先前观念 6”“广告先前观念 7”10 个变量被去除,并对测量量表进行了最终的归类,仍保留了原有 3 个类别的归类,共 32 个变量,见表 6－36。

表 6－36　网民个体因素量表(验证后)

变量分类	因子	变量名	变 量 测 量 语 句
网络使用	网站态度	IUA1 IUA2 IUA3 IUA4 IUA5	此类网站提供的信息公正、客观 此类网站值得信赖 此类网站对我很有帮助 我喜欢此类网站 此类网站令我满意
	网站介入度	IUC1 IUC2 IUC3	我浏览此类网站时通常是认真的，而非心不在焉的。 我浏览此类网站时通常是兴奋的，而非倦怠的。 我浏览此类网站时通常是轻松自在地，没有时间紧迫感
个性倾向性	广告兴趣	ICI1 ICI2I CN1	我浏览该网站时，有了解网络广告的兴趣。 浏览该网站时我有了解所接触到的网络广告中产品/品牌信息的兴趣。 浏览该网站时，我有了解网络广告的需要
	购买动机	ICN2 ICM3	浏览该网站时，我有购买商品(购物)的需要。 浏览该网站时，我有购买特定产品和品牌的动机
先前观念	积极的广告观念	ICP－A1 ICP－A2 ICP－A3 ICP－A4 ICP－A5	网络广告的存在很必要。 我喜欢网络广告。 总体而言，网络广告令我满意。 网络广告对我很有帮助。 网络广告是好的事物
	消极的广告观念	ICP－A8 ICP－A9 ICP－A10	网络广告不是我需要的信息。 网络广告是虚假的。 网络广告影响我上网，它们浪费我的时间
	积极的品牌观念	ICP－B1	制作精良的网络广告中的品牌让人觉得有实力感
	消极的品牌观念	ICP－B4 ICP－B5	我不喜欢干扰性强的网络广告中的品牌 我对制作粗劣的网络广告中的品牌很反感
	积极的网购观念	ICP－C1 ICP－C2 ICP－C3 ICP－C4	网络购物方便快捷，对我很有帮助 我支持网络购物 我信赖网络购物 总体而言，我对网络购物是满意的
	消极的网购观念	ICP－C6 ICP－C7 ICP－C8 ICP－C9	网络购物时，商品的筛选很花费时间 网络购物的商品品质难以保证 并不是所有的商品都适合网络购买 网络购物后，商品的退换货很麻烦

二、网民“个体因素”的描述性统计分析

（一）网民的“先前观念”

网民的“先前观念”包含网络广告先前观念、品牌先前观念和网购先前观念3个类别，受访网民这3个“先前观念”到底如何呢？描述性统计分析结果见表6-37、6-38、6-39。

表6-37　网民的“网络广告先前观念”的描述统计量

因子	变量	语句	N	均值	标准差
积极观念	ICP-A1	网络广告的存在很必要	628	3.77	.919
	ICP-A2	我喜欢网络广告	628	3.35	.934
	ICP-A3	总体而言，网络广告令我满意	628	2.64	.989
	ICP-A4	网络广告对我很有帮助	628	2.67	.964
	ICP-A5	网络广告是好的事物	628	3.07	.989
此因子平均值			628	3.1	.959
消极观念	ICP-A8	网络广告不是我需要的信息	628	2.68	.925
	ICP-A9	网络广告是虚假的	628	3.01	.837
	ICP-A10	网络广告影响我上网，它们浪费我的时间	628	2.50	.939
此因子平均值			628	2.73	.900
总体平均值				2.96	.937

网络广告先前观念，是指提到“网络广告”时，消费者对它的看法和评价，这些看法和评价来自于以往接触网络广告的经验，5个变量测量“积极观念”，3个变量测量“消极观念”。如表6-37所示，经过对“消极观念”3个变量的逆向处理，受访网民的“网络广告先前观念”平均值（$M=2.96$）未显示出明显的“积极”或“消极”的偏向。相对“积极观念”因子平均值（$M=3.1$）而言，“消极观念”因子平均值（$M=2.73$）相对较低，表明网民对待网络广告存在一定程度的负面观念，特别是在“网络广告不是我需要的信息”（$M=2.68$）和“网络广告影响我上网”（$M=2.50$）上的负面观念较突出。同时，受访网民认同“网络广告存在的必要性”（$M=3.77$），但不是特别赞同“网络广告令我满意”（$M=2.64$），对“网络广告对我很有帮助”（$M=2.67$）的认同度也不高。

从中我们窥察到了网民对待网络广告的矛盾心理：他们一方面认为网络广

告有存在的必要,另一方面他们对网络广告精准性差、干扰性强的"经验"可能导致了对网络广告的负面观念。

表 6-38 网民的"品牌先前观念"的描述统计量

因子	变量	语句	N	均值	标准差
积极观念	ICP-B1	制作精良的网络广告中的品牌让人觉得有实力感	628	3.88	.873
消极观念	ICP-B4	我不喜欢干扰性强的网络广告中的品牌	628	1.86	.865
	ICP-B5	我对制作粗劣的网络广告中的品牌很反感	628	1.86	.838
总体平均值				2.87	.858

品牌先前观念,是指消费者对"网络广告"中的品牌的看法和评价,这些看法和评价也来自于以往的经验,去除信效度较低的 2 个变量后,剩余 1 个变量测量"积极观念",2 个变量测量"消极观念"。如表 6-38 所示,经过对"消极观念"2 个变量的逆向处理,受访网民对"网络广告中的品牌"先前观念的平均值($M=2.87$)显示出"消极"的偏向。相对"积极观念"因子平均值($M=3.88$)而言,"消极观念"因子平均值($M=1.86$)很低,表明网民对干扰性强和制作粗劣网络广告中的品牌存在较强负面观念。同时,受访网民认同"制作精良的网络广告中的品牌让人觉得有实力感"($M=3.88$),看来网络广告的好坏直接影响消费者对品牌的评价。

结果显示,网络广告会影响消费者的品牌态度:消费者往往会把对制作精良的网络广告的好感(积极情绪)转移到品牌上去,进而形成积极的品牌态度;相反,消费者也可能把对网络广告的不满(负面情绪)转移到品牌上去,形成消极的品牌态度。可见,网民对网络广告的情绪情感,会对品牌态度产生影响。

表 6-39 网民的"网购先前观念"的描述统计量

因子	变量	语句	N	均值	标准差
积极观念	ICP-C1	网络购物方便快捷,对我很有帮助	628	4.15	.853
	ICP-C2	我支持网络购物	628	4.22	.827
	ICP-C3	我信赖网络购物	628	3.56	.906
	ICP-C4	总体而言,我对网络购物是满意的	628	3.83	.814

续表

因子	变量	语句	N	均值	标准差
此因子平均值			628	3.94	.850
消极观念	ICP－C6	网络购物时，商品的筛选很花费时间	628	1.99	.866
	ICP－C7	网络购物的商品品质难以保证	628	2.21	.876
	ICP－C8	并不是所有的商品都适合网络购买	628	1.62	.741
	ICP－C9	网络购物后，商品的退换货很麻烦		1.89	.850
此因子平均值			628	1.927	.833
总体平均值				2.93	.841

网购先前观念，是指提到“网购”时，网民对它的看法和评价，这些看法和评价来自于以往网购的经验，4 个变量测量“积极观念”，4 个变量测量“负面观念”。如表 6－39 所示，经过对“负面观念”4 个变量的逆向处理，受访网民的“网购先前观念”平均值（$M=2.93$）未显示出明显的“积极”或“消极”的偏向。“积极观念”因子平均值（$M=3.94$）较高，网民认同“网购的方便快捷”（$M=4.15$），“支持网络购物”（$M=4.22$），对“网络购买满意”（$M=3.86$），比较信赖网络购物（$M=3.56$）。而“消极观念”因子平均值（$M=1.927$）较低，表明网民对待网购也持一定的负面观念，特别是在“商品筛选花费时间”（$M=1.99$）和“退换货很麻烦”（$M=1.89$）上的负面观念较突出。并认同“网购的商品品质难以保证”（$M=2.21$）、“有些商品不适合网购”（$M=1.62$）的观点。

从中我们窥察到了网民对待网购的理性和中立立场：他们一方面认可网购的方便和快捷，在行动上支持和信赖网络购物，另一方面他们又能意识到网购存在的问题。

（二）网民的“个性倾向性”

网民的“个性倾向性”经过信效度的检验之后，被拆分为 2 个因子：“广告兴趣”和“购买动机”，包含 5 个变量。网民在浏览不同的网站时，“兴趣”和“动机”可能不同，为了更好地描述网民的“个性倾向性”，以下将对门户网站、搜索引擎网站、产品展示网站用户分别进行描述性统计，结果见表 6－40、6－41、6－42。

表 6-40 网民"个性倾向性"的描述统计量(门户网站)

因子	变量	语句	N	均值	标准差
广告兴趣	ICI1	我浏览该网站时,有了解网络广告的兴趣	567	2.75	.880
	ICI2I	浏览该网站时我有了解所接触到的网络广告中产品/品牌信息的兴趣	567	2.84	.863
	CN1	浏览该网站时,我有了解网络广告的需要	567	2.74	.824
此因子平均值			567	2.776	.855
购买动机	ICN2	浏览该网站时,我有购买商品(购物)的需要	567	2.78	.902
	ICM3	浏览该网站时,我有购买特定产品和品牌的动机	567	2.78	.930
此因子平均值			567	2.78	.916
总体平均值				2.76	.885

在浏览门户网站时网民的"广告兴趣"($M=2.776$)和"购买动机"($M=2.78$)并不突出。网民主要基于"获取信息"(每天上网时首先打开浏览,了解当日的新闻和新信息)和"消遣"(工作间歇和空闲时,通过阅读新闻和感兴趣的内容进行调剂/放松)的动机浏览门户网站,所以,他们对广告的兴趣不大,购买动机也不突出。

表 6-41 网民"个性倾向性"的描述统计量(搜索引擎网站)

因子	变量	语句	N	均值	标准差
广告兴趣	ICI1	我浏览该网站时,有了解网络广告的兴趣	453	2.72	.876
	ICI2I	浏览该网站时我有了解所接触到的网络广告中产品/品牌信息的兴趣	453	2.74	.878
	CN1	浏览该网站时,我有了解网络广告的需要	453	2.74	.859
此因子平均值			453	2.73	.868
购买动机	ICN2	浏览该网站时,我有购买商品(购物)的需要	453	2.88	.934
	ICM3	浏览该网站时,我有购买特定产品和品牌的动机	453	3.07	.996

续表

因子	变量	语句	N	均值	标准差
此因子平均值			453	2.975	.965
总体平均值				2.857	.965

使用搜索引擎网站时，网民一般拥有明确的信息目标——想搜索哪些方面的内容。在这个过程中，用户感兴趣的是自己的信息目标，如果关键词广告是他了解的信息，那么可能会被关注，但是一般情况下，用户只对信息目标感兴趣，对广告的兴趣不大，所以"广告兴趣"（$M=2.73$）的得分较低。相对而言，用户可能会有一定的"购买动机"（$M=2.975$），比如有些用户在购买决策的搜集阶段，可能会直接在百度或谷歌检索商品的相关信息（官方信息、媒体评价和消费者口碑），而不是广告。

表 6－42　网民"个性倾向性"的描述统计量(购物网站)

购物网站用户统计量					
因子	变量	语句	N	均值	标准差
广告兴趣	ICI1	我浏览该网站时，有了解网络广告的兴趣	418	3.35	.866
	ICI2I	浏览该网站时我有了解所接触到的网络广告中产品/品牌信息的兴趣	418	3.42	.807
	CN1	浏览该网站时，我有了解网络广告的需要	418	3.30	.864
此因子平均值			418	3.36	.845
购买动机	ICN2	浏览该网站时，我有购买商品（购物）的需要	418	3.70	.822
	ICM3	浏览该网站时，我有购买特定产品和品牌的动机	418	3.75	.833
此因子平均值			418	3.725	.827
总体平均值				3.51	.845

网民使用购物网站时一般有购买动机（$M=3.725$），并且会在购物网站选择产品，完成购买决策，这个时候产品展示广告就是网民信息搜集和产品比较的来源，因此网民有了解广告的兴趣（$M=3.36$）。

(三) 网民的"网络使用"

表 6-43 "网络使用"的描述统计量

因子	变量	语　句	门户网站 N	门户网站 均值	门户网站 标准差	搜索引擎网站 N	搜索引擎网站 均值	搜索引擎网站 标准差	购物网站 N	购物网站 均值	购物网站 标准差
网站态度	IUA1	此类网站提供的信息公正、客观	567	3.16	.801	453	3.18	.792	418	3.02	.812
	IUA2	此类网站值得信赖	567	3.25	.785	453	3.23	.842	418	3.22	.773
	IUA3	此类网站对我很有帮助	567	3.50	.772	453	3.82	.892	418	3.72	.749
	IUA4	我喜欢此类网站	567	3.41	.818	453	3.75	.833	418	3.72	.729
	IUA5	此类网站令我满意	567	3.35	.766	453	3.56	.846	418	3.50	.756
此因子平均值			567	3.334	.788	453	3.508	.841	418	3.436	.763
网站介入度	IUC1	我浏览此类网站时通常是认真的，而非心不在焉的	567	3.29	.862	453	3.72	.846	418	3.72	.779
	IUC2	我浏览此类网站时通常是兴奋的，而非倦怠的	567	3.11	.809	453	3.46	.785	418	3.61	.812
	IUC3	我浏览此类网站时通常是轻松自在的，没有时间紧迫感	567	3.55	.819	453	3.37	.809	418	3.72	.747
此因子平均值			567	3.316	.83	453	3.516	.813	418	3.68	.799
总平均				3.325	.809	总平均	3.512	.827	总平均	3.558	.777

网民对三类网站的“网站态度”的排序是：搜索引擎网站（$M = 3.508$）、购物网站（$M = 3.436$）、门户网站（$M = 3.334$）。网民使用三类网站时的“介入度”排序是：购物网站（$M = 3.68$）、搜索引擎网站（$M = 3.516$）、门户网站（$M = 3.16$）。

使用搜索引擎网站时，网民一般拥有明确的信息目标，直到获取满意的信息结果。网站态度积极（$M = 3.508$），介入度高（$M = 3.516$）。相对而言，“网站值得信赖”的认同不高（$M = 3.23$），“没有时间紧迫感”认同也不高（$M = 3.37$）。

网民对门户网站的态度较为积极（$M = 3.334$），网站介入度较高（3.316）。网民基于获取当日最新信息的动机浏览门户网站，或者把浏览门户网站当作工作学习期间调剂和放松，虽然介入程度较高，但相对而言，浏览时间较短。

网民对购物网站的态度（$M = 3.436$）较积极，认同“网站对我很有帮助”（$M = 3.72$）、“令我满意”（$M = 3.72$）的说法。使用购物网站时，用户一般都会集中精力比较、选择产品，直到有了购买产品的目标和决定，才发生最终的网购行为。这个过程中，用户是认真的（$M = 3.72$）；而且“没有时间紧迫感”（$M = 3.72$）。可见，网民对购物网站的“介入度”（$M = 3.68$）最高。

三、网民“个体因素”对广告态度影响的回归分析

（一）网民“个体因素”对总体广告态度的影响

分别以三种类型网络广告总体态度为因变量，“个体因素”为自变量，通过多元回归分析探讨影响关系及程度。

1. “先前观念”对广告总体态度的影响

首先以“先前观念”的三个维度“网络广告先前观念”“品牌先前观念”“网购先前观念”为自变量，探讨它们对网络广告总体态度的影响，回归分析使用了“进入”(enter)的方式，回归分析结果见表 6－44。

结果显示“网络广告先前观念”（$\beta = .386/.311$，$P < 0.01$）和“品牌先前观念”（$\beta = .199/.221$，$P < 0.01$）对 Banner 和搜索引擎广告总体态度有显著影响，“网购先前观念”（$\beta = .058/.020$，$P > 0.01$）未达到显著性水平。由标准化回归系数 β 可以解释和比较自变量对因变量的影响能力，β 的绝对值越大表明其影响越大，即网络广告先前观念对 Banner 广告总体态度的正向影响最显著，品牌先前观念对 Banner 广告总体态度的正向影响次之。

“网络广告先前观念”（$\beta = .299$，$P < 0.01$）和“网购先前观念”（$\beta = .154$，$P < 0.01$）对产品展示广告总体态度有显著影响，“品牌先前观念”（$\beta = .071$，P

＞0.01）未达到显著性水平。

表 6－44　“先前观念”对广告总体态度影响的多元回归分析

Banner 广告					
模型	非标准化系数		标准系数	t	Sig.
	B	SE B	β		
（常量）	.825	.186		4.425	.000
网络广告先前观念	.320	.033	.386	9.846	.000
品牌先前观念	.240	.046	.199	5.201	.000
网购先前观念	.081	.053	.058	1.539	.124
因变量：Banner 广告总体态度平均均值　R：.497　R 方：.247　F：61.478　P<.01					
关键词广告					
模型	非标准化系数		标准系数	t	Sig.
	B	SE B	β		
（常量）	1.327	.200		6.637	.000
网络广告先前观念	.230	.034	.311	6.809	.000
品牌先前观念	.245	.049	.221	4.986	.000
网购先前观念	.026	.056	.020	.462	.644
因变量：关键词广告总体态度平均均值　R：.433　R 方：.187　F：34.538　P<.01					
产品展示广告					
模型	非标准化系数		标准系数	t	Sig.
	B	SE B	β		
（常量）	1.697	.206		8.240	.000
网络广告先前观念	.216	.035	.299	6.156	.000
品牌先前观念	.077	.052	.071	1.495	.136
网购先前观念	.191	.058	.154	3.297	.001
因变量：产品展示广告总体态度平均均值　R：.391　R 方：.153　F：24.918　P<.01					

可见，在“先前观念”3 个维度中，“网络广告先前观念”对三种类型网络广告总体态度正面影响显著，研究假设通过验证；“品牌先前观念”对 Banner 广告和搜索引擎广告总体态度的正面影响显著，对购物网站产品展示广告总体态度的

影响不显著；“网购先前观念”只对产品展示广告总体态度有显著正向影响，对Banner广告和搜索引擎关键词广告态度的影响不显著。

多元回归分析的结果显示（见表6-44），“网络广告先前观念”对三种类型网络广告总体态度有显著的正面影响，即对网络广告的先前观念越积极，对待网络广告的态度越积极；反之，先前观念越消极，对待网络广告的态度越消极。“网购先前观念”积极与否，不影响对待Banner广告和搜索引擎广告的态度，网购先前观念越积极，对购物网站产品展示广告的态度越积极。网民“品牌先前观念”积极与否，不影响其对待购物网站产品展示广告的态度；而网民“品牌先前观念”越积极，对Banner广告和搜索引擎广告的态度越积极。

2. “个性倾向性”对广告总体态度的影响

表6-45　“个性倾向性”对广告总体态度影响的多元回归分析

Banner广告					
模型	非标准化系数		标准系数	t	Sig.
	B	SE B	β		
（常量）	1.442	.081		17.704	.000
广告兴趣	.327	.034	.441	9.635	.000
购买动机	.093	.032	.133	2.895	.004
因变量：Banner广告总体态度平均均值　R：.535　R方：.286　F：113.029　P<.01					
关键词广告					
模型	非标准化系数		标准系数	t	Sig.
	B	SE B	β		
（常量）	1.433	.074		19.380	.000
广告兴趣	.285	.029	.452	9.946	.000
购买动机	.164	.028	.264	5.817	.000
因变量：关键词广告总体态度平均均值　R：.648　R方：.419　F：162.554　P<.01					
产品展示广告					
模型	非标准化系数		标准系数	t	Sig.
	B	SE B	β		
（常量）	1.744	.110		15.855	.000
广告兴趣	.292	.033	.447	8.904	.000
购买动机	.102	.033	.154	3.070	.002
因变量：品展示广告总体态度平均均值　R：.550　R方：.303　F：90.039　P<.01					

“个性倾向性”包含“广告兴趣”和“购买动机”2 个因子，将三种类型网络广告总体态度作为因变量，2 个因子作为自变量的回归分析结果如表 6－45 所示，网民的浏览网站时的“广告兴趣”（β＝.441/.452/.447，P＜0.01）对网络广告态度的正向影响显著，“购买动机”（β＝0.133/0.264/0.154，P＜0.01）对网络广告态度也存在正向影响，“广告兴趣”对态度的影响更大。研究假设“网民个性倾向性对网络广告总体态度的正向影响显著”，通过验证。

3. “网络使用”对广告总体态度的影响

将“网络使用”的“网站态度”和“网站介入度”2 个因子作为自变量，三种类型网络广告态度作为因变量，回归分析结果显示 Banner 广告和搜索引擎广告的参数不符合要求，只有购物网站产品展示广告为因变量的回归模型有效，结果见表 6－46。

表 6－46 “网络使用”对广告总体态度影响的多元回归分析

产品展示广告					
模型	非标准化系数		标准系数	t	Sig.
	B	SE B	β		
（常量）	1.996	.144		13.889	.000
购物网站态度	.172	.047	.209	3.657	.000
购物网站介入度	.140	.042	.191	3.349	.001
因变量：产品展示广告总体态度平均均值　R：.357　R 方：.128　F：30.360　P<.01					

购物网站用户的“网站态度”（β＝.209，P＜0.01）和“网站介入度”（β＝.191，P＜0.01）对其产品展示广告的总体态度有显著的正面影响，即网民浏览购物网站时，对待网站的态度越积极，对产品展示广告的态度越积极；网站介入度越高，对待产品展示广告的态度越积极。

研究假设的验证情况见表 6－47：网络广告先前观念对网络广告总体态度的正向影响显著，假设通过检验；“品牌先前观念”只对 Banner 广告、搜索引擎广告总体态度影响显著；“网购先前观念”只对产品展示广告的总体态度影响显著；“个性倾向性”对网络广告总体态度的正向影响显著，假设通过验证；“网络使用”只对产品展示广告的总体态度影响显著。

表 6-47　研究假设的验证情况(网民个体因素对广告总体态度的影响)

标号	研究假设	Banner 广告结论	关键词 广告结论	产品展示 广告结论
H12-1	“网络广告先前观念”影响网络广告的总体态度	支持	支持	支持
H13-1	“品牌先前观念”影响网络广告的总体态度	支持	支持	不支持
H14-1	“网购先前观念”影响网络广告的总体态度	不支持	不支持	支持
H15-1	“个性倾向性”影响网络广告的总体态度	支持	支持	支持
H16-1	“网络使用”影响网络广告的总体态度	不支持	不支持	支持

4. “个体因素”不同因子对网络广告总体态度影响

针对“个体因素”所包含的不同因子，以“广告积极观念”“广告消极观念”“品牌积极观念”“品牌消极观念”“网购积极观念”“网购消极观念”“网站态度”“网站介入度”“广告兴趣”“购买动机”为自变量，以“广告总体态度”为因变量，通过多元回归(enter)探讨自变量对因变量的影响关系及程度，结果见表6-48、6-49、6-50。

表 6-48　门户网站用户“个体因素”因子对广告总体态度影响的多元回归分析

模型	非标准化系数		标准系数	t	Sig.
	B	SE B	β		
(常量)	.547	.195		2.800	.005
网络广告积极观念	.119	.030	.169	4.008	.000
网络广告负面观念	.076	.030	.099	2.571	.010
品牌积极观念	.102	.024	.159	4.325	.000
品牌负面观念	.067	.032	.079	2.107	.036
网购积极观念	−.001	.031	−.001	−.039	.969
网购消极观念	.147	.034	.153	4.325	.000
门户网站态度	−.022	.035	−.025	−.629	.529
门户网站介入度	−.044	.033	−.052	−1.329	.184
门户广告兴趣	.242	.033	.327	7.318	.000
门户购买动机	.088	.030	.126	2.973	.003
因变量：Banner 广告总体态度平均均值　R：.641　R 方：.411　F：38.735　P<.01					

对 Banner 广告总体态度的影响上,"品牌负面观念""网购积极观念""网站态度""网站介入度"对广告总体态度的影响不显著。剩余因子对 Banner 广告总体态度的影响显著,根据 β 系数,正面影响作用的因子排序是:广告兴趣、网络广告积极观念、品牌积极观念;负面影响作用的因子排序是:网购消极观念和网络广告负面观念。

表 6-49 搜索引擎网站用户"个体因素"因子对广告总体态度影响的多元回归分析

模型	非标准化系数		标准系数	t	Sig.
	B	SE B	β		
(常量)	.757	.184		4.106	.000
网络广告积极观念	.079	.026	.127	3.066	.002
网络广告负面观念	.043	.028	.063	1.548	.122
品牌积极观念	.070	.022	.119	3.153	.002
品牌负面观念	.105	.029	.137	3.554	.000
网购积极观念	−.054	.029	−.073	−1.857	.064
网购消极观念	.077	.032	.090	2.408	.016
搜索网站态度	.017	.030	.023	.574	.567
搜索网站介入度	.000	.032	.000	−.004	.997
搜索用户广告兴趣	.228	.028	.362	8.213	.000
搜索用户购买动机	.171	.027	.274	6.352	.000
因变量:关键词广告总体态度平均均值　R:.708　R 方:.501　F:44.452　P<.01					

对关键词广告总体态度的影响上,"广告兴趣""购买动机""网络广告积极观念""品牌积极观念"的正面影响显著。品牌负面观念的负向影响显著。

表 6-50 购物网站用户"个体因素"因子对广告总体态度影响的多元回归分析

模型	非标准化系数		标准系数	t	Sig.
	B	SE B	β		
(常量)	1.166	.203		5.742	.000
网络广告积极观念	.100	.031	.164	3.268	.001
网络广告负面观念	.008	.033	.012	.254	.800
品牌积极观念	.042	.027	.074	1.582	.114
品牌负面观念	.027	.035	.036	.764	.445

续表

模型	非标准化系数		标准系数	t	Sig.
	B	SE B	β		
网购积极观念	.002	.037	.003	.060	.952
网购消极观念	.062	.038	.076	1.639	.102
购物网站态度	.006	.048	.007	.115	.908
购物网站介入度	.035	.040	.048	.877	.381
购物网站广告兴趣	.218	.036	.334	6.125	.000
购物网站购买动机	.101	.036	.153	2.822	.005
因变量：产品展示广告总体态度平均均值　R：.588　R方：.346　F：21.550　P<.01					

购物网站产品展示广告总体态度的影响上，显著的影响因子，依次是："广告兴趣""购买动机""网络广告积极观念"。

综上"广告兴趣""购买动机"是影响网络广告态度的首要个体因素，其次是网络广告的积极观念，对网络广告先前观念越积极，对网络广告的态度越积极。网站态度和网站介入度对态度的影响不显著。

(二) 网民"个体因素"对广告态度不同维度的影响

1. "个体因素"对"注意"的影响

以注意度为因变量，"个体因素"的10个因子为自变量，进行多元回归分析。结果分别见表6－51、6－52、6－53。

表6－51　门户网站用户"个体因素"因子对广告"注意"维度影响的多元回归分析

模型	非标准化系数		标准系数	t	Sig.
	B	SE B	β		
(常量)	.421	.312		1.350	.178
网络广告积极观念	.200	.048	.200	4.201	.000
网络广告负面观念	.067	.047	.062	1.421	.156
品牌负面观念	.047	.050	.039	.932	.352
品牌积极观念	.134	.038	.147	3.546	.000
网购积极观念	—.029	.049	—.025	—.595	.552
网购消极观念	.146	.054	.108	2.703	.007
门户网站态度	.112	.056	.091	2.014	.045

续表

模型	非标准化系数		标准系数	t	Sig.
	B	SE B	β		
门户网站介入度	—.120	.053	—.100	—2.257	.024
门户广告兴趣	.240	.053	.228	4.531	.000
门户购买动机	.032	.047	.032	.670	.503
因变量：Banner广告的注意　R：.498　R方：.248　F：18.358　P<.01					

门户网站用户“个体因素”因子对广告“注意”的影响见表6-51,依据影响系数,有显著正面影响的因子是:“广告兴趣”“网络广告积极观念”“品牌积极观念”“网站态度”;消极观念得分进行了逆向处理,即网购消极观念对“注意”负面影响显著,即网民对网购的消极观念越突出,对门户网站Banner广告的注意度越低。值得注意的是“网站介入度”对“注意”的负向影响显著,即网站介入度越高,对网络广告的注意度越低。

搜索引擎网站用户“个体因素”因子对广告“注意”的影响见表6-52,依据影响系数,有显著正面影响的因子(P<0.5)是:“广告兴趣”“品牌积极观念”;“品牌消极观念”得分经过逆向处理,即对“注意”的负向影响显著。其他因子对关键词广告“注意”的影响不显著。

表6-52　搜索网站用户“个体因素”因子对广告“注意”维度影响的多元回归分析

模型	非标准化系数		标准系数	t	Sig.
	B	SE B	β		
(常量)	1.199	.321		3.731	.000
网络广告积极观念	.020	.045	.023	.447	.655
网络广告负面观念	—.036	.049	—.037	—.745	.457
品牌负面观念	.117	.051	.107	2.267	.024
品牌积极观念	.099	.038	.119	2.575	.010
网购积极观念	—.095	.051	—.089	—1.864	.063
网购消极观念	.018	.056	.014	.315	.753
搜索网站态度	.025	.053	.023	.463	.644
搜索网站介入度	—.003	.056	—.003	—.062	.951
搜索用户广告兴趣	.342	.048	.381	7.064	.000

续表

模型	非标准化系数		标准系数	t	Sig.
	B	SE B	β		
搜索用户购买动机	.092	.047	.104	1.961	.051
因变量：关键词广告的注意　R：.503　R方：.253　F：14.935　P<.01					

购物网站用户“个体因素”因子对广告“注意”的影响见表6-53，依据影响系数，有显著正面影响的因子(P<0.5)是：“广告兴趣”“网站介入度”“网络广告积极观念”。其他因子对产品展示广告“注意”的影响不显著。与Banner广告相反，网站介入度越高，用户对产品展示广告的注意度越高。

表6-53　购物网站用户“个体因素”因子对广告“注意”影响的多元回归分析

模型	非标准化系数		标准系数	t	Sig.
	B	SE B	β		
(常量)	1.352	.329		4.113	.000
网络广告积极观念	.100	.050	.113	2.010	.045
网络广告负面观念	−.063	.053	−.064	−1.183	.237
品牌负面观念	−.048	.057	−.044	−.840	.402
品牌积极观念	.072	.043	.087	1.658	.098
网购积极观念	.096	.060	.093	1.615	.107
网购消极观念	.081	.061	.068	1.322	.187
购物网站态度	−.067	.077	−.057	−.872	.384
购物网站介入度	.134	.065	.127	2.063	.040
购物网站广告兴趣	.141	.058	.150	2.454	.015
购物网站购买动机	.111	.058	.117	1.920	.056
因变量：产品展示广告的注意　R：.423　R方：.179　F：8.846　P<.01					

研究假设的验证结果显示(见表6-54)，个体因素对Banner广告注意的影响显著，假设通过检验；“网络广告先前观念”“网购先前观念”对关键词广告注意的影响不显著，假设未通过验证；“品牌先前观念”和“网购先前观念”对产品展示广告注意的影响不显著，假设未通过验证。

表 6－54 研究假设的验证情况（网民个体因素对广告注意的影响）

标号	研究假设	Banner广告结论	关键词广告结论	产品展示广告结论
H12－2	“网络广告先前观念”影响网络广告的注意	支持	不支持	支持
H13－2	“品牌先前观念”影响网络广告的注意	支持	支持	不支持
H14－2	“网购先前观念”影响网络广告的注意	支持	不支持	不支持
H15－2	“个性倾向性”影响网络广告的注意	支持	支持	支持
H16－2	“网络使用”影响网络广告的注意	支持	不支持	支持

2.“个体因素”对“认知”的影响

以认知为因变量，“个体因素”的 10 个因子为自变量，进行多元回归分析。结果分别见表 6－55、6－56、6－57。

表 6－55 门户网站用户“个体因素”因子对广告“认知”维度影响的多元回归分析

模型	非标准化系数		标准系数	t	Sig.
	B	SE B	β		
（常量）	.485	.251		1.930	.054
网络广告积极观念	.097	.038	.118	2.545	.011
网络广告负面观念	.068	.038	.075	1.779	.076
品牌负面观念	.035	.041	.036	.870	.385
品牌积极观念	.172	.030	.229	5.671	.000
网购积极观念	.036	.040	.037	.912	.362
网购消极观念	.124	.044	.110	2.836	.005
门户网站态度	－.069	.045	－.068	－1.548	.122
门户网站介入度	.072	.043	.072	1.680	.093
门户广告兴趣	.185	.043	.212	4.334	.000
门户购买动机	.108	.038	.132	2.824	.005
因变量：Banner 广告的认知 R：.539 R 方：.290 F：22.726 P<.01					

门户网站用户“个体因素”因子对广告“认知”的影响见表 6－55，依据影响系数（P<0.5），有显著正面影响的因子是：“品牌积极观念”“广告兴趣”“购买动机”“网络广告积极观念”；消极观念得分进行了逆向处理，即网购消极观念对“认

知"负面影响显著，即网民对网购的消极观念越突出，对门户网站 Banner 广告的认知度越低。

搜索引擎网站用户"个体因素"因子对广告"认知"的影响见表 6—56，依据影响系数(P<0.5)，有显著正面影响的因子(P<0.5)是："广告兴趣""购买动机""品牌积极观念""网站介入度""积极广告观念"；"网购消极观念"得分经过逆向处理，即对"认知"的负向影响显著。其他因子对关键词广告"认知"的影响不显著。

表 6-56　搜索网站用户"个体因素"因子对广告"认知"影响的多元回归分析

模型	非标准化系数		标准系数	t	Sig.
	B	SE B	β		
(常量)	.452	.258		1.754	.080
网络广告积极观念	.085	.036	.110	2.343	.020
网络广告负面观念	.038	.039	.045	.975	.330
品牌负面观念	.071	.041	.075	1.716	.087
品牌积极观念	.127	.031	.176	4.120	.000
网购积极观念	—.048	.041	—.052	—1.166	.244
网购消极观念	.095	.045	.090	2.139	.033
搜索网站态度	—.007	.043	—.008	—.173	.863
搜索网站介入度	.108	.045	.113	2.433	.015
搜索用户广告兴趣	.203	.039	.261	5.234	.000
搜索用户购买动机	.188	.038	.245	5.005	.000
因变量：关键词广告的认知　R：.601　R方：.361　F：25.011　P<.01					

购物网站用户"个体因素"因子对广告"认知"的影响见表 6-57，依据影响系数，有显著正面影响的因子(P<0.5)是："广告兴趣""网络广告积极观念""品牌积极观念"。其他因子对产品展示广告"认知"的影响不显著。

表 6-57　购物网站用户"个体因素"因子对广告"认知"维度影响的多元回归分析

模型	非标准化系数		标准系数	t	Sig.
	B	SE B	β		
(常量)	1.113	.266		4.178	.000
网络广告积极观念	.096	.040	.127	2.395	.017

续表

模型	非标准化系数		标准系数	t	Sig.
	B	SE B	β		
网络广告负面观念	.005	.043	.006	.114	.909
品牌负面观念	.020	.046	.021	.431	.666
品牌积极观念	.077	.035	.109	2.202	.028
网购积极观念	—.067	.048	—.075	—1.384	.167
网购消极观念	.064	.050	.063	1.291	.197
购物网站态度	.054	.063	.053	.866	.387
购物网站介入度	.087	.053	.096	1.655	.099
购物网站广告兴趣	.230	.047	.283	4.927	.000
购物网站购买动机	.078	.047	.095	1.663	.097
因变量：产品展示广告的认知　R：.522　R方：.272　F：15.242　P<.01					

综合以上的分析，在影响"认知"的"个体因素"上，以广告兴趣、积极的广告观念、品牌观念为主；除了介入度影响搜索关键词广告认知之外，网络使用对广告认知维度无显著影响。

研究假设的验证结果显示(见表 6 - 58)，"网络使用"对 Banner 广告认知的影响不显著，假设未通过检验；"个体因素"对关键词广告认知影响显著，假设通过验证；"网购先前观念"和"网络"对产品展示广告认知的影响不显著，假设未通过验证。

表 6 - 58　研究假设的验证情况(网民个体因素对广告认知的影响)

标号	研究假设	Banner 广告结论	关键词 广告结论	产品展示 广告结论
H12 - 3	"网络广告先前观念"影响网络广告的认知	支持	支持	支持
H13 - 3	"品牌先前观念"影响网络广告的认知	支持	支持	支持
H14 - 3	"网购先前观念"影响网络广告的认知	支持	支持	不支持
H15 - 3	"个性倾向性"影响网络广告的认知	支持	支持	支持
H16 - 3	"网络使用"影响网络广告的认知	不支持	支持	不支持

3. “个体因素”对“情绪情感”的影响

以“情绪情感”为因变量，“个体因素”的 10 个因子为自变量，进行多元回归分析。结果分别见表 6－59、6－60、6－61。

表 6－59　门户网站用户“个体因素”因子对广告“情绪情感”维度影响的多元回归分析

模型	非标准化系数		标准系数	t	Sig.
	B	SE B	β		
（常量）	.602	.276		2.184	.029
网络广告积极观念	.088	.042	.097	2.087	.037
网络广告负面观念	.157	.042	.161	3.774	.000
品牌负面观念	.064	.045	.060	1.438	.151
品牌积极观念	.058	.033	.071	1.742	.082
网购积极观念	—.022	.043	—.021	—.514	.608
网购消极观念	.204	.048	.167	4.261	.000
门户网站态度	.000	.049	.000	—.006	.995
门户网站介入度	—.126	.047	—.116	−2.666	.008
门户广告兴趣	.274	.047	.290	5.870	.000
门户购买动机	.045	.042	.050	1.068	.286
因变量：Banner 广告的情绪情感　R：.529　R 方：.280　F：21.629　P＜.01					

门户网站用户“个体因素”因子对广告“情绪情感”的影响见表 6－59，依据影响系数（P＜0.5），有显著正面影响的因子是：“广告兴趣”“网络广告积极观念”；消极观念得分进行了逆向处理，即“网购消极观念”和“网络广告负面观念”对“情绪情感”负面影响显著，即网民对网购和网络广告的消极观念越突出，对门户网站 Banner 广告的情绪情感越消极。值得注意的是“网站介入度”对“情绪情感”的负面影响显著。

搜索引擎网站用户“个体因素”因子对广告“情绪情感”的影响见表 6－60，依据影响系数（P＜0.5），有显著正面影响的因子（P＜0.5）是：“广告兴趣”“积极广告观念”“购买动机”“网站态度”；值得注意的是“网购积极观念”对关键词广告情绪情感的负面影响显著。

表 6-60 搜索网站用户"个体因素"因子对广告"情绪情感"维度影响的多元回归分析

模型	非标准化系数		标准系数	t	Sig.
	B	SE B	β		
(常量)	.899	.279		3.217	.001
网络广告积极观念	.147	.039	.184	3.743	.000
网络广告负面观念	.031	.042	.035	.720	.472
品牌负面观念	.082	.045	.084	1.836	.067
品牌积极观念	.025	.033	.034	.759	.448
网购积极观念	-.093	.044	-.098	-2.109	.036
网购消极观念	.089	.048	.081	1.833	.067
搜索网站态度	.122	.046	.127	2.631	.009
搜索网站介入度	-.094	.048	-.095	-1.943	.053
搜索用户广告兴趣	.211	.042	.263	5.012	.000
搜索用户购买动机	.136	.041	.172	3.350	.001
因变量：关键词广告的情绪情感 R：.542 R 方：.294 F：18.396 P<.01					

购物网站用户"个体因素"因子对广告"情绪情感"的影响见表 6-61，依据影响系数，有显著正面影响的因子(P<0.5)是："广告兴趣""网络广告积极观念"。其他因子对产品展示广告"情绪"的影响不显著。

表 6-61 购物网站用户"个体因素"因子对广告"情绪情感"影响的多元回归分析

模型	非标准化系数		标准系数	t	Sig.
	B	SE B	β		
(常量)	1.396	.281		4.964	.000
网络广告积极观念	.086	.043	.116	2.029	.043
网络广告负面观念	.051	.045	.061	1.120	.263
品牌负面观念	-.010	.049	-.011	-.203	.839
品牌积极观念	.010	.037	.014	.270	.787
网购积极观念	-.009	.051	-.011	-.183	.855
网购消极观念	.055	.052	.055	1.051	.294
购物网站态度	.016	.066	.016	.249	.804
购物网站介入度	.037	.056	.042	.674	.501
购物网站广告兴趣	.173	.049	.217	3.515	.000
购物网站购买动机	.073	.050	.090	1.466	.143
因变量：产品展示广告的情绪情感 R：.399 R 方：.159 F：7.721 P<.01					

综合以上的分析结果，“个体因素”影响“情绪情感”的研究假设的验证结果显示（见表 6－62），“品牌先前观念”对广告情绪情感的影响不显著，假设未通过检验；“网购先前观念”“网络使用”对产品展示广告情绪情感的影响不显著，假设未通过验证。

表 6－62　研究假设的验证情况（网民个体因素对广告情绪情感的影响）

标号	研究假设	Banner 广告结论	关键词广告结论	产品展示广告结论
H12－4	“网络广告先前观念”影响网络广告的情绪情感	支持	支持	支持
H13－4	“品牌先前观念”影响网络广告的情绪情感	不支持	不支持	不支持
H14－4	“网购先前观念”影响网络广告的情绪情感	支持	支持	不支持
H15－4	“个性倾向性”影响网络广告的情绪情感	支持	支持	支持
H16－4	“网络使用”影响网络广告的情绪情感	支持	支持	不支持

4. “个体因素”对“积极意向”的影响

以积极意向为因变量，“个体因素”的 10 个因子为自变量，进行多元回归分析。结果分别见表 6－63、6－64、6－65。

表 6－63　门户网站用户“个体因素”因子对广告“积极意向”维度影响的多元回归分析

模型	非标准化系数		标准系数	t	Sig.
	B	SE B	β		
（常量）	—.011	.295		—.038	.970
网络广告积极观念	.165	.045	.159	3.661	.000
网络广告负面观念	—.045	.045	—.040	—1.003	.316
品牌负面观念	.079	.048	.064	1.647	.100
品牌积极观念	.141	.036	.149	3.943	.000
网购积极观念	.042	.047	.035	.912	.362
网购消极观念	.085	.051	.061	1.669	.096
门户网站态度	.015	.053	.012	.289	.773

续表

模型	非标准化系数		标准系数	t	Sig.
	B	SE B	β		
门户网站介入度	—.110	.051	—.088	—2.180	.030
门户广告兴趣	.346	.050	.318	6.903	.000
门户购买动机	.230	.045	.225	5.129	.000
因变量：Banner 广告的积极意向　R：.612　R 方：.374　F：33.248　P<.01					

门户网站用户“个体因素”因子对广告点击(积极意向)的影响见表 6 - 63，依据影响系数(P<0.5)，有显著正面影响的因子是：“广告兴趣”“购买动机”“网络广告积极观念”；值得注意的是“网站介入度”对“广告点击”的负面影响显著，即网站介入度越高，广告点击越消极。

搜索引擎网站用户“个体因素”因子对广告“积极意向”的影响见表 6 - 64，依据影响系数(P<0.5)，有显著正面影响的因子(P<0.5)是：“广告兴趣”“购买动机”“积极广告观念”；品牌负面观念经过逆向得分处理，即品牌负面观念越突出，广告点击越消极。

表 6 - 64　搜索网站用户“个体因素”因子对广告“积极意向”影响的多元回归分析

模型	非标准化系数		标准系数	t	Sig.
	B	SE B	β		
(常量)	.514	.308		1.668	.096
网络广告积极观念	.094	.043	.097	2.172	.030
网络广告负面观念	.069	.047	.064	1.467	.143
品牌负面观念	.134	.049	.113	2.710	.007
品牌积极观念	.041	.037	.045	1.098	.273
网购积极观念	—.105	.049	—.091	—2.148	.032
网购消极观念	—.054	.053	—.041	—1.007	.315
搜索网站态度	.027	.051	.023	.522	.602
搜索网站介入度	.028	.053	.023	.518	.604
搜索用户广告兴趣	.325	.046	.333	6.990	.000
搜索用户购买动机	.287	.045	.299	6.397	.000
因变量：关键词广告的积极意向　R：.645　R 方：.416　F：31.484　P<.01					

购物网站用户"个体因素"因子对广告"积极意向"的影响见表 6－65，依据影响系数，有显著正面影响的因子(P＜0.5)是："广告兴趣""购买动机""网络广告积极观念"。其他因子对产品展示广告"积极意向"的影响不显著。

表 6－65　购物网站用户"个体因素"因子对广告"积极意向"影响的多元回归分析

模型	非标准化系数		标准系数	t	Sig.
	B	SE B	β		
(常量)	1.036	.289		3.586	.000
网络广告积极观念	.146	.044	.171	3.335	.001
网络广告负面观念	—.004	.047	—.005	—.095	.925
品牌负面观念	.006	.050	.006	.129	.898
品牌积极观念	.028	.038	.035	.728	.467
网购积极观念	.044	.052	.044	.843	.400
网购消极观念	.006	.054	.005	.115	.909
购物网站态度	—.080	.068	—.069	—1.174	.241
购物网站介入度	.106	.057	.104	1.859	.064
购物网站广告兴趣	.265	.051	.291	5.235	.000
购物网站购买动机	.172	.051	.187	3.385	.001
因变量：产品展示广告的积极意向　R：.565　R 方：.320　F：19.117　P＜.01					

综合以上的分析，在影响"积极意向"——"广告点击"的个体因素上，以广告兴趣、购买动机、积极的广告观念为主；网站介入度对 Banner 广告积极意向有显著的负向影响；网购积极观念对搜索引擎广告点击的负面影响显著。

5. "个体因素"对"消极意向"(广告回避)的影响

以"消极意向"(广告回避)为因变量，"个体因素"的 10 个因子为自变量，进行多元回归分析。结果分别见表 6－66、6－67、6－68。

表 6－66　门户网站用户"个体因素"因子对广告"消极意向"影响的多元回归分析

模型	非标准化系数		标准系数	t	Sig.
	B	SE B	β		
(常量)	1.034	.280		3.698	.000
网络广告积极观念	.093	.043	.103	2.176	.030
网络广告负面观念	.177	.042	.181	4.185	.000

续表

模型	非标准化系数		标准系数	t	Sig.
	B	SE B	β		
品牌负面观念	.144	.045	.134	3.196	.001
品牌积极观念	-.052	.034	-.063	-1.539	.124
网购积极观念	-.064	.044	-.061	-1.461	.145
网购消极观念	.185	.048	.151	3.808	.000
门户网站态度	-.076	.050	-.068	-1.520	.129
门户网站介入度	-.074	.048	-.068	-1.554	.121
门户广告兴趣	.252	.047	.266	5.315	.000
门户购买动机	-.032	.042	-.036	-.765	.445
因变量：Banner 广告的消极意向 R：.509 R 方：.259 F：19.465 P<.01					

门户网站用户“个体因素”因子对广告回避(消极意向)的影响见表 6－66，依据影响系数(P<0.5)，有正面显著影响的因子是：“网络广告负面观念”“网购负面观念”“品牌负面观念”。有显著负面影响的因子是：“广告兴趣”，即广告兴趣越强，广告回避越小。(注：消极意向得分逆向处理、负面观念得分逆向处理)

搜索引擎网站用户“个体因素”因子对广告“广告回避”的影响见表 6－67，依据影响系数(P<0.5)，有显著正面影响的因子(P<0.5)是：“网购消极观念”“品牌负面观念”“消极广告观念”“网站介入度”；即负面观念越突出，广告回避越明显；网站介入度越高，广告回避越明显。

表 6－67 搜索网站用户“个体因素”因子对广告“消极意向”影响的多元回归分析

模型	非标准化系数		标准系数	t	Sig.
	B	SE B	β		
(常量)	1.333	.345		3.867	.000
网络广告积极观念	.040	.048	.044	.820	.413
网络广告负面观念	.114	.052	.114	2.176	.030
品牌负面观念	.152	.055	.137	2.761	.006
品牌积极观念	.011	.041	.012	.256	.798
网购积极观念	.045	.054	.041	.818	.414
网购消极观念	.185	.060	.149	3.096	.002

续表

模型	非标准化系数		标准系数	t	Sig.
	B	SE B	β		
搜索网站态度	—.046	.057	—.042	—.799	.425
搜索网站介入度	—.177	.060	—.158	—2.975	.003
搜索用户广告兴趣	.099	.052	.108	1.902	.058
搜索用户购买动机	.087	.050	.096	1.725	.085
因变量：关键词广告的消极意向　R：.416　R方：.173　F：9.243　P<.01					

购物网站用户"个体因素"因子对广告"回避行为"的影响见表6-68，依据影响系数，有显著影响的因子(P<0.5)是："广告兴趣""品牌负面观念""网站介入度"。其他因子对产品展示广告"消极意向"的影响不显著。即，广告兴趣越强，广告回避越少；负面观念越强，广告回避越突出；网站介入度越高，广告回避越明显。

表6-68　购物网站用户"个体因素"因子对广告"消极意向"影响的多元回归分析

模型	非标准化系数		标准系数	t	Sig.
	B	SE B	β		
(常量)	.926	.338		2.742	.006
网络广告积极观念	.069	.051	.078	1.348	.178
网络广告负面观念	.071	.055	.072	1.302	.194
品牌负面观念	.155	.058	.142	2.661	.008
品牌积极观念	.007	.044	.009	.160	.873
网购积极观念	.085	.061	.081	1.379	.169
网购消极观念	.098	.063	.083	1.556	.120
购物网站态度	.026	.079	.022	.330	.742
购物网站介入度	—.163	.067	—.154	—2.438	.015
购物网站广告兴趣	.189	.059	.200	3.188	.002
购物网站购买动机	.069	.060	.072	1.152	.250
因变量：产品展示广告的消极意向　R：.366　R方：.134　F：6.315　P<.01					

综合以上的分析，研究假设的验证结果显示(见表6-69)，"网络广告先前观念""品牌先前观念"对广告行为意向的影响显著，假设通过检验；"网购先前观

念”仅对产品展示广告的行为意向影响显著;“个性倾向性”对行为意向的影响在搜索引擎广告上未通过验证;“网络使用”对行为意向的影响显著。

表 6-69 研究假设的验证情况(网民个体因素对行为意向的影响)

标 号	研究假设	Banner 广告结论	关键词广告结论	产品展示广告结论
H12-5	“网络广告先前观念”影响网络广告的行为意向	支持	支持	支持
H13-5	“品牌先前观念”影响网络广告的行为意向	支持	支持	支持
H14-5	“网购先前观念”影响网络广告的行为意向	支持	支持	不支持
H15-5	“个性倾向性”影响网络广告的行为意向	支持	不支持	支持
H16-5	“网络使用”影响网络广告的行为意向	支持	支持	支持

(三)“个体因素”对“购买行为”的影响

以“购买行为”为因变量,“个体因素”的 10 个因子为自变量,进行多元回归分析。结果分别见表 6-70、6-71、6-72。

门户网站用户“个体因素”因子对购买行为的影响见表 6-70,依据影响系数(P<0.5),有正面显著影响的因子是:“广告兴趣”“购买动机”和“网络广告积极观念”。有显著负面影响的因子是:“网购消极观念”和“网站介入度”。(注:负面观念得分逆向处理)

表 6-70 门户网站用户“个体因素”因子对广告“购买行为”影响的多元回归分析

模型	非标准化系数		标准系数	t	Sig.
	B	SE B	β		
(常量)	.932	.303		3.080	.002
网络广告积极观念	.118	.046	.120	2.561	.011
网络广告负面观念	—.034	.046	—.032	—.735	.462
品牌负面观念	.064	.049	.054	1.298	.195
品牌积极观念	.050	.037	.056	1.360	.174
网购积极观念	—.038	.048	—.033	—.793	.428

续表

模型	非标准化系数		标准系数	t	Sig.
	B	SE B	β		
网购消极观念	.186	.052	.140	3.545	.000
门户网站态度	—.012	.054	—.010	—.226	.821
门户网站介入度	—.165	.052	—.139	—3.185	.002
门户广告兴趣	.272	.051	.263	5.293	.000
门户购买动机	.198	.046	.204	4.319	.000
因变量：Banner 广告的购买行为　R：.518　R 方：.268　F：20.404　P<.01					

搜索引擎网站用户“个体因素”因子对广告“购买行为”的影响见表 6－71，依据影响系数，有显著正面影响的因子(P<0.5)是：“广告兴趣”“购买动机”“积极广告观念”。有显著负面影响的因子是“品牌负面观念”，即品牌负面观念越突出，购买行为越难发生。

表 6－71　搜索网站用户“个体因素”因子对广告“购买行为”维度影响的多元回归分析

模型	非标准化系数		标准系数	t	Sig.
	B	SE B	β		
(常量)	.315	.319		.986	.325
网络广告积极观念	.103	.045	.107	2.309	.021
网络广告负面观念	.030	.049	.028	.622	.534
品牌负面观念	.138	.051	.117	2.712	.007
品牌积极观念	—.011	.038	—.012	—.291	.771
网购积极观念	—.077	.050	—.067	—1.532	.126
网购消极观念	.062	.055	.047	1.117	.265
搜索网站态度	.071	.053	.061	1.351	.178
搜索网站介入度	—.015	.055	—.013	—.281	.779
搜索用户广告兴趣	.303	.048	.310	6.296	.000
搜索用户购买动机	.279	.046	.290	5.998	.000
因变量：关键词广告的购买行为　R：.613　R 方：.376　F：26.615　P<.01					

购物网站用户“个体因素”因子对广告“购买行为”的影响见表 6－72，依据影响系数，有显著影响的因子(P<0.5)是：“广告兴趣”“购买动机”和“积极广告观念”。其他因子对产品展示广告“购买行为”的影响不显著。

表 6-72　购物网站用户"个体因素"因子对广告"购买行为"维度影响的多元回归分析

模型	非标准化系数		标准系数	t	Sig.
	B	SE B	β		
(常量)	1.492	.348		4.293	.000
网络广告积极观念	.139	.053	.144	2.648	.008
网络广告负面观念	—.047	.056	—.044	—.835	.404
品牌负面观念	.007	.060	.006	.116	.908
品牌积极观念	—.027	.046	—.029	—.581	.561
网购积极观念	—.072	.063	—.064	—1.145	.253
网购消极观念	.049	.065	.038	.753	.452
购物网站态度	—.020	.082	—.015	—.240	.810
购物网站介入度	—.099	.069	—.086	—1.442	.150
购物网站广告兴趣	.375	.061	.362	6.149	.000
购物网站购买动机	.202	.061	.193	3.295	.001
因变量：产品展示广告的购买行为　R：.486　R方：.236　F：12.599　P<.01					

综合以上的分析，个体因素对购买行为影响的研究假设的验证结果显示(见表 6-73)，门户网站用户的"品牌先前观念"对其购买行为的影响不显著，假设未通过检验；搜索引擎用户的"网购先前观念""网络使用"对购买行为的影响不显著，假设未通过验证；"品牌先前观念""网购先前观念""网络使用"对购物网站用户购买行为的影响不显著，假设未通过验证。

表 6-73　研究假设的验证情况(网民个体因素对购买行为的影响)

标　号	研究假设	Banner 广告结论	关键词广告结论	产品展示广告结论
H12-6	"网络广告先前观念"影响购买行为的发生	支持	支持	支持
H13-6	"品牌先前观念"影响购买行为的发生	不支持	支持	不支持
H14-6	"网购先前观念"影响购买行为的发生	支持	不支持	不支持
H15-6	"个性倾向性"影响购买行为的发生	支持	支持	支持
H16-6	"网络使用"影响购买行为的发生	支持	不支持	不支持

综合以上的分析，网民个体因素对其网络广告态度与行为影响的研究假设验证结果，见表 6－74 所示。

表 6－74　研究假设的验证情况(个体因素对网络广告态度与行为的影响)

个体因素	标号	研究假设	Banner广告	关键词广告	产品展示广告
网络广告先前观念	H12－1	“网络广告先前观念”影响网络广告的总体态度	支持	支持	支持
	H12－2	“网络广告先前观念”影响网络广告的注意	支持	不支持	支持
	H12－3	“网络广告先前观念”影响网络广告的认知	支持	支持	支持
	H12－4	“网络广告先前观念”影响网络广告的情绪情感	支持	支持	支持
	H12－5	“网络广告先前观念”影响网络广告的行为意向	支持	支持	支持
	H12－6	“网络广告先前观念”影响购买行为的发生	支持	支持	支持
品牌先前观念	H13－1	“品牌先前观念”影响网络广告的总体态度	支持	支持	不支持
	H13－2	“品牌先前观念”影响网络广告的注意	支持	支持	不支持
	H13－3	“品牌先前观念”影响网络广告的认知	支持	支持	支持
	H13－4	“品牌先前观念”影响网络广告的情绪情感	不支持	不支持	不支持
	H13－5	“品牌先前观念”影响网络广告的行为意向	支持	支持	支持
	H13－6	“品牌先前观念”影响购买行为的发生	不支持	支持	不支持
网购先前观念	H14－1	“网购先前观念”影响网络广告的总体态度	不支持	不支持	支持
	H14－2	“网购先前观念”影响网络广告的注意	支持	不支持	不支持
	H14－3	“网购先前观念”影响网络广告的认知	支持	支持	不支持
	H14－4	“网购先前观念”影响网络广告的情绪情感	支持	支持	不支持
	H14－5	“网购先前观念”影响网络广告的行为意向	支持	支持	不支持
	H14－6	“网购先前观念”影响购买行为的发生	支持	不支持	不支持
个性倾向性	H15－1	“个性倾向性”影响网络广告的总体态度	支持	支持	支持
	H15－2	“个性倾向性”影响网络广告的注意	支持	支持	支持
	H15－3	“个性倾向性”影响网络广告的认知	支持	支持	支持
	H15－4	“个性倾向性”影响网络广告的情绪情感	支持	支持	支持
	H15－5	“个性倾向性”影响网络广告的行为意向	支持	不支持	支持
	H15－6	“个性倾向性”影响购买行为的发生	支持	支持	支持

续表

个体因素	标号	研究假设	Banner广告	关键词广告	产品展示广告
网络使用	H16－1	“网络使用”影响网络广告的总体态度	不支持	不支持	支持
	H16－2	“网络使用”影响网络广告的注意	支持	不支持	支持
	H16－3	“网络使用”影响网络广告的认知	不支持	支持	不支持
	H16－4	“网络使用”影响网络广告的情绪情感	支持	支持	不支持
	H16－5	“网络使用”影响网络广告的行为意向	支持	支持	支持
	H16－6	“网络使用”影响购买行为的发生	支持	不支持	不支持

第二节 结果探讨

通过对网民个体因素测量量表的信效度分析，对变量进行了剔除和重新归类，最终获得 3 个变量类别(网络使用、个性倾向性、先前观念)的 10 个因子，包含：网站态度、网站介入度、广告兴趣、购买动机、积极先前观念(网络广告、品牌、网购)、消极先前观念(网络广告、品牌、网购)。通过回归分析，探讨了个体因素因子对网络广告态度的影响。以下将结合数据处理结果和深度访谈结果进行探讨。

一、网民个体因素对其广告态度影响的研究结果

(一) 网络广告先前观念

1. 网民的“网络广告先前观念”

网民虽然认同网络广告存在的必要性，但是对网络广告存在一定程度的负面刻板印象。网民对网络广告精准性差、干扰性强的不良体验，累积形成了对待网络广告的偏见。网民再次接触到网络广告时，负面刻板印象(偏见)往往容易导致消极的广告态度。

研究结果显示，受访网民的“网络广告先前观念”不积极，“积极观念”因子($M=3.1$)的倾向性不明显，“消极观念”因子($M=2.73$)得分相对较低，表明网民对待网络广告存在一定程度的负面观念，特别是在“网络广告不是我需要的信息”($M=2.68$)和“网络广告影响我上网”($M=2.50$)上的负面观念较突出。同时，受访网民认同“网络广告存在的必要性”($M=3.77$)，但不是特别赞同“网

络广告令我满意”($M=2.64$)，对“网络广告对我很有帮助”($M=2.67$)的认同度也不高。深访结果也证实了网民对网络广告“理性层面”(认知)上的接受，认可广告提供“信息”的作用：

“我觉得网络广告有必要存在(积极观念)，因为它能够提供信息，但是这些信息只有你需要的时候才会对你有用，如果你不需要的话，就是一种干扰，我就可以把它屏蔽掉。”(K03)

“如果没有这些广告，当我们有需求的时候，也会不方便。比如亚马逊的新书提示广告 Banner，当你看到这些新书的时候，如果有需要的，也会点击购买，这就是给大家提供了信息。”(K02)

可见，尽管网民认可网络广告存在的必要性，但是左右网络广告态度积极与否的因素是“需要”，广告符合需要，就会被积极对待，广告不符合需要，就会被消极对待。

在“感性层面”(情绪情感)上，网民对网络广告带来的负面影响拥有一定程度的不满：

“我不喜欢网络广告的原因是，广告都跟我没关系(精准性差)，并不是我感兴趣的内容；而且制作粗糙，让人没有观赏欲(欣赏性差)；有些网络广告的方式太粗暴(干扰性强)。”(K09)

“我感觉网络广告无处不在，不管你在网上干什么事情，都会遇到网络广告，感觉网络广告太多了，强行出现在你的周边(强迫性)。”(K11)

“广告信息泛滥，很多都不是我需要的(精准性差)，反而对我构成干扰。”(K01)

“网络广告给我的印象并不好，特别是那种弹出式广告(干扰性强)，挺令人讨厌的。”(K14)

可见，网络广告的不良特性造成了网民的负面体验，这些负面体验甚至累积成了对待网络广告的“偏见”(刻板印象)。当问及深访对象“提到网络广告时联想到的词”时，答案集中于“骚扰”“烦人”“晃动”“突然跳出来”“铺天盖地”“侵入”等负面字眼。可见，网络广告强迫性、干扰性、精准性差给网民造成的不良体验，影响了他们对网络广告整体的评价。

综上可见，网民对待网络广告是一种矛盾心理：理性上认可网络广告，认为网络广告有存在的必要，需要网络广告提供信息；感性上排斥网络广告，网民对网络广告并不满意，认为网络广告不符合其需要、并且经常造成干扰。

网民对待网络广告存在负面刻板印象，是由网络广告“精准性”差、“干扰性强”的消极“体验”和“经验”累积、转化成的一种偏见。

2. "网络广告先前观念"对广告态度与行为的影响

研究结果显示,"网络广告先前观念"影响网络广告态度与行为的研究假设通过验证:网络广告的先前观念越积极,对待网络广告的态度越积极,对网络广告的注意、认知、情绪情感、行为意向越积极,越容易引发购买行为的发生;反之,网络广告的先前观念越消极(对待网络广告的刻板印象越负面),对待广告的态度越消极,注意回避越明显、情绪情感越负面、广告回避行为越明显。

网民对网络广告的"观念"来自于每次接触网络广告的经验累积。积极的先前观念会导致对待广告的积极态度与行为,而对待广告的良好体验反过来又会转化为"积极观念",形成良性循环。而消极的观念(负面刻板印象)可能导致消极的广告态度与行为,这些不良体验进而强化"刻板印象",形成恶性循环。

"网络广告先前观念"影响网络广告态度与行为的研究假设中,只有"网络广告先前观念"对关键词广告"注意"的影响未通过验证,表明在对关键词广告"注意"这个阶段,不受先前观念的影响。究其原因,搜索引擎用户的使用动机是"获得想找的信息",对信息结果处于"有意注意"的状态,对于混在信息结果中的广告也是"有意注意"的状态。但如果认知到广告不是需要的信息之后,就会影响其对关键词广告的态度与行为。所以,这也是为什么先前广告观念不影响对搜索引擎关键词"注意",但是影响"认知""情绪情感""行为意向"和"行为"的原因。

(二) 品牌先前观念

1. 网民的"品牌先前观念"

品牌先前观念,是指消费者对"网络广告"中品牌的看法和评价,这些看法和评价也来自于以往接触网络广告的经验。受访网民的"品牌先前观念"($M=2.87$)显示出"消极"的偏向。相对"积极观念"因子平均值($M=3.88$)而言,"消极观念"因子平均值($M=1.86$)很低,表明网民"对干扰性强和制作粗劣网络广告中的品牌"存在较强负面观念。同时,受访网民认同"制作精良的网络广告中的品牌让人觉得有实力感"($M=3.88$),看来网络广告质量的好坏直接影响消费者对品牌的评价。

结果显示,网络广告质量影响消费者对品牌的态度:消费者往往会把对制作精良的网络广告的好感(积极情绪)转移到品牌上去,进而形成积极的品牌态度;相反,消费者也可能把对网络广告的不满(负面情绪)转移到品牌上去,形成消极的品牌态度。

2. "品牌先前观念"对态度与行为的影响

品牌先前观念对广告态度与行为的影响的研究假设,未全部通过验证。

网民品牌先前观念越积极，即网民越认可广告中品牌的实力，对品牌越信任，对Banner广告的总体态度、注意、认知和行为意向越积极。但品牌先前观念不影响对待Banner广告的情绪情感和购买行为的发生。

网民品牌先前观念对搜索引擎广告态度与行为的影响显著，品牌先前观念越积极（越认可广告中品牌的实力），广告态度与行为越积极；但品牌先前观念不影响对关键词广告的情绪情感。

网民品牌先前观念对产品展示广告总体态度与行为的影响不显著，仅对认知和行为意向的影响显著，即品牌先前观念越积极（越认可广告中品牌的实力），认知和行为意向（广告点击）越积极，相反，品牌先前观念越消极（越不信赖广告中品牌的实力），认知和行为意向（广告回避）越消极。

由于网民Banner广告和关键词广告是低水平的认知，未对广告中的产品和品牌进行深层次信息加工，因此品牌先前观念对情绪情感的影响有限；而对产品展示广告是高水平的认知，网民会对广告中的品牌进行信息加工，因此品牌先前观念影响认知，进而影响态度。

（三）网购先前观念

1. 网民对待网购的先前观念

网购先前观念，是指提到“网购”时，网民对它的看法和评价，这些看法和评价来自于以往网购经验的累积。研究结果显示，受访网民的“网购先前观念”（$M = 2.93$）未显示出明显的“积极”或“消极”的偏向。网民认同“网购的方便快捷”（$M = 4.15$），“支持网络购物”（$M = 4.22$），对“网络购买满意”（$M = 3.86$），比较信赖网络购物（$M = 3.56$）。深访的结果也验证了网民对网络购物方便、快捷、便宜的认可：

我觉得网络购物是一个很综合性的东西，首先它方便，比如我想买的书，在网上能买得到，我就不用去书店了；第二是便宜。”（K01）

“我有定期浏览购物网站的习惯，差不多每天都会上一下京东；这个过程中遇到我需要买的东西、或者便宜的东西，可能就会下订单；除了日用品，一些随手能买到的生活日用品之外，比如超市里面的洗发水、牙膏，其他东西都在网上买过：衣服、吃的、数码、家电、甚至花草等。”（K04）

“网购又给送货，又有折扣；方便快捷，家电我一般选择在京东买，比较便宜的衣服会在淘宝买。”（K05）

同时，网民对待网购也持一定的负面观念，特别是在“商品筛选花费时间”（$M = 1.99$）和“退换货很麻烦”（$M = 1.89$）上的负面观念较突出。并认同“网购的商品品质难以保证”（$M = 2.21$）、“有些商品不适合网购”（$M = 1.62$）的观点。

“我不太信赖淘宝,双十一之前,在淘宝上买了件衣服,在网上看样子看着挺好的,买回来根本不是那样的,以后我再也不在淘宝上买衣服了”(网购负面经验:觉得网购产品质量不可靠。)(K01)

“淘宝上衣服的质量实在不能保证,如果买价钱便宜的,比如夏天的T恤,还可以在网上买一下;如果冬天穿的大衣什么的,还是去商场买比较合适。(网购负面经验:有些商品不适合网购)”(K10)

从中我们窥察到了网民对待网购的理性和中立立场:他们一方面认可网购的方便和快捷,在行动上支持和信赖网络购物;另一方面他们又能意识到网购存在的问题,并拥有自己的网购心得和策略。

2. 网购先前观念对态度与行为的影响

总体来看,网购先前观念对产品展示广告总体态度的影响最显著,而对Banner广告和关键词广告的总体态度的影响未通过验证。

负面的网购先前观念可能导致Banner广告注意、认知、情绪情感、行为意向的消极,不易引发购买行为的发生。

用户的网购消极观念越突出,对关键词广告的认知、情绪情感、行为意向就越消极。

(四) 个性倾向性

1. 门户网站用户个性倾向性及其对广告态度、行为的影响

在浏览门户网站时网民的“广告兴趣”($M = 2.776$)和“购买动机”($M = 2.78$)并不突出。网民主要基于“获取信息”和“消遣”的动机浏览门户网站,所以,他们对广告的兴趣不大,购买动机也不突出。

总体来看“个性倾向性”对Banner广告态度与行为的影响显著,广告兴趣和购买动机越突出,对Banner广告的总体态度、注意、认知、情绪情感、行为意向和行为越积极。

由此可见,网民缺乏“广告兴趣”和“购买动机”是对Banner广告态度消极,难以发生购买行为的原因之一。

2. 搜索引擎用户个性倾向性及其对广告态度、行为的影响

使用搜索引擎网站时,网民一般拥有明确的信息目标——“想搜索哪些方面的内容”。在这个过程中,用户感兴趣的是自己的信息目标,如果关键词广告是它了解的信息,那么可能会被关注,但是一般情况下,用户只对信息目标感兴趣,对广告的兴趣不大,所以“广告兴趣”($M=2.73$)的得分较低。相对而言,用户可能会有一定的“购买动机”($M = 2.975$),比如有些用户在购买决策的搜集阶段,

可能会直接在百度或谷歌检索商品的相关信息(官方信息、媒体评价和消费者口碑)。

"个性倾向性"对关键词广告态度与行为的影响的研究假设中,只有"个性倾向性"对行为意向的影响未通过验证,即广告兴趣和购买动机对"行为意向"(广告点击)的影响不显著。究其原因,可能这个阶段消费者使用搜索引擎的目标是信息搜集,帮助其制定购买决策,在没有明确的购买目标之前,消费者通过搜索引擎检索产品相关信息是为了获得详细信息和消费者评价,而不是广告。

可见,搜索引擎用户缺乏"广告兴趣"是导致其对待关键词广告态度消极的原因之一。

3. 购物网站用户个性倾向性及其对广告态度、行为的影响

数据结果显示,网民使用购物网站时一般有购买动机 ($M=3.725$),并且会在购物网站选择产品,完成购买决策,这个时候产品展示广告就是它信息搜集和产品比较的来源,因此网民有了解广告的兴趣($M=3.36$)。

总体来看"个性倾向性"对产品展示广告态度与行为的影响显著,研究假设全部通过,广告兴趣和购买动机越突出,对待广告的态度与行为越积极。

可见,购物网站用户拥有"广告兴趣"和"购买动机",是导致广告态度和购买行为积极的重要原因。

(五) 网站使用

1. 门户网站用户"网站使用"及其对广告态度的影响

研究结果显示,网民对门户网站的态度较为积极 ($M=3.334$),网站介入度较高($M=3.316$)。网民基于获取当日最新信息的动机浏览门户网站,或者把浏览门户网站当作工作学习期间调剂和放松,对网站的态度积极,介入程度较高。

回归分析的结果显示,门户网站用户的"网站态度"和"网站介入度"影响广告态度与行为的研究假设未全部通过验证,网络使用对 Banner 广告总体态度、认知、行为意向的影响不显著,"网站态度"对 Banner 广告的注意正向影响显著,"网站介入度"对 Banner 广告的情绪情感、购买行为的负向影响显著。即网民对门户网站介入度越高,越集中精力在网页信息上,因此广告造成分心的情形越有可能发生,进而引发消极的情绪情感,不易于引发购买行为的发生。

2. 搜索引擎用户个性倾向性及其对广告态度的影响

使用搜索引擎网站时,网民一般拥有明确的信息目标,直到获取满意的信息结果。受访网民对搜索引擎网站态度积极 ($M=3.508$),介入度高($M=3.516$)。相对而言,"网站值得信赖" 的认同不高($M=3.23$),"没有时间紧迫感"认同也不高($M=3.37$)。

回归分析的结果显示,搜索引擎网站用户的“网站态度”和“网站介入度”对关键词广告态度与行为的研究假设未全部通过验证,“网站态度”对情绪情感的正向影响显著;“网站介入度”对认知的正向影响显著;“网站介入度”越高,对关键词广告的回避行为越突出。

3. 购物网站用户“网站使用”及其对广告态度的影响

网民对购物网站的态度($M = 3.436$)较积极,认同“网站对我很有帮助”($M = 3.72$)、“令我满意”($M = 3.72$)的说法。使用购物网站时,用户一般都会集中精力比较、选择产品,直到有了购买产品的目标和决定,才发生最终的网购行为。这个过程中,用户是认真的($M = 3.72$);而且“没有时间紧迫感”($M = 3.72$)。可见,网民对购物网站的“介入度”($M = 3.68$)最高。

回归分析显示,购物网站用户的“网站态度”($\beta = .209$, $P < 0.01$)和“网站介入度”($\beta = .191$, $P < 0.01$)对其产品展示广告的总体态度有显著的正面影响。在态度分维度的影响上,大部分研究假设未通过验证,只有“网站介入度”对产品展示广告的“注意”影响显著,即网站介入度越高,对产品展示广告的注意越积极。

二、影响 Banner 广告态度与行为的个体因素

(一) 导致消极态度与行为的个体因素

1. “先前广告负面观念”

回归分析发现,“先前广告负面观念”对 Banner 广告总体态度的负面影响显著。负面观念是由过往知识和经验导致了认知偏见,即对待网络广告的一种思维定势。比如:网民多次体验到网络广告打断和干扰上网任务后,就会对网络广告产生不好的印象,这些不好的印象容易累积成对待网络广告的思维定势(刻板印象):网络广告经常造成干扰。“网络广告负面观念”对“情绪情感”、“行为意向”的负面影响显著,即网民对网络广告的消极观念越突出,对门户网站 Banner 广告的情绪情感越消极,广告回避行为越突出。

深访的结果也验证了这点:

“比如冬天到了,网页上就都是羽绒服啊、大衣的广告,价钱和市场价差别特别大,就感觉好不真实啊(网络广告负面观念)。对于这些广告,我通常就是忽略(注意回避),或者点关闭把它们关掉(广告回避)。”(K15)

“我觉得是对 Banner 广告排斥的一种惯性(广告回避)。我觉得广告是商业的、有目的的、操纵受众的(先前广告负面观念),所以我很反感它们(负面情绪情

感)。浏览网站时,对广告甄别意识很强,一旦发现是广告,就关掉它或回避它(广告回避)。”(K01)

可见,对广告的先前负面经验来自于以往的广告负面情绪情感体验,这种经验使消费者建立了一种 Banner 广告的“知觉防御”体系,为了避免再次获得不良体验,消费者选择主动关闭遇到的 Banner 广告。

2. 网购消极观念

“网购消极观念”对“注意”“认知”“购买行为”的负面影响显著,即网民对网购的消极观念越突出,对门户网站 Banner 广告的注意和认知越消极,购买行为越难发生。

“保健品的 Banner 广告我也不会点击(行为意向),是因为我觉得网上保健品坑人和欺骗的程度更大一些(网购先前负面观念)”。(K02)

由于点击 Banner 广告即进入该商品的网购页面,能直接进行网购。所以门户网站用户认为“某些商品不适合网购时”,自然不会进行广告点击。

3. “网站介入度”

“网站介入度”对“注意”“情绪情感”“行为意向”的负向影响显著,即网站介入度越高,对网络广告的注意度越低,情绪情感越消极,广告点击越消极,广告回避行为越突出。

“我不喜欢网易门户里的那种广告,一打开网页之后,会出现一个巨大的广告,而且还会影响你登录邮箱,尤其是你在特别着急想查邮箱里的东西的时候(网站介入度高),特别反感(负面情绪情感)。阻碍我的任务,还影响我的办事效率,肯定是快速找到关闭按钮,关掉它们(广告回避)。”(K07)

门户网站对网站介入度越高,越倾向于把网络广告当作信息噪音和干扰,因此需要“刻意忽视”Banner 广告,同时这种干扰引发了“负面情绪情感”体验,进而引发“广告回避行为”。

(二) 导致积极态度和行为的个体因素

“广告兴趣”“网络广告积极观念”“品牌积极观念”对 Banner 广告总体态度的正向影响显著。

1. “广告兴趣”越大,广告态度与行为越积极

回归分析结果显示,“广告兴趣”对 Banner 广告态度的正向影响最突出,“网民对广告中的产品和品牌”越感兴趣,对 Banner 广告的总体态度越积极、注意度越高、认知越积极,情绪情感越积极、广告点击越积极、购买行为越易引发。

有关信息加工的动机理论表明,信息加工的行为倾向性取决于三个因素:需要、期待和信息的价值,当消费者产生了某种需要和动机后,一切能够帮助消

费者做出满意购买决策的信息,对消费者来说都具有一定的实用价值,此时,消费者就有了较高的信息需求,能够满足其需求的广告信息自然容易吸引其注意。深访结果也证实了这点:

“我一般会留意(注意、认知)比较大品牌的广告:肯德基、乐事、苹果等广告,因为我对这些品牌的新信息比较感兴趣。比如苹果5的广告,我就会点击观看,还会引发我的购买欲(行为意向)。”(K09)

“新浪上经常有汽车的广告,因为现在要买车,所以对车的广告比较有兴趣(广告兴趣),有时候会点击观看(行为意向)。”(K10)

可见,让广告更符合用户的兴趣和需要,是获得积极广告态度,提升广告效果的有效手段。

2. 网络广告积极观念

回归分析结果显示,“网络广告先前观念”越积极,总体态度越积极,注意度越高、认知越积极,情绪情感越积极、广告点击越积极、购买行为越易引发。

3. 品牌积极观念

回归分析结果显示,品牌观念越积极,对Banner广告的总体态度越积极、对广告的注意度越高、认知越积极。

4. 购买动机

回归分析结果显示,购买动机对认知、行为意向和行为的正向影响显著。

“当我需要一个信息的时候,比如我要买房子(购买动机),那些醒目的房产广告横幅就会吸引我的注意,越醒目、篇幅越大的我越会点击它(行为意向),比如写着“首付多少钱”(认知),这种广告如果我符合需求的话,我会点开,验证一下,看是否是广告文案说的那样,再结合自己的需求进行判断是否选择购买。”(K02)

根据ELM理论模型,消费者拥有购买动机时,在进行消费决策制定的过程中,对相关信息(包括广告信息)处于有意注意的状态,在认知加工上是精细加工,更易引发积极的态度和行为。

三、影响关键词广告态度与行为的个体因素

(一) 导致消极态度与行为的个体因素

1. 品牌负面观念

回归分析结果显示,“品牌负面观念”对关键词广告总体态度、注意、行为意向、购买行为有显著的负面影响。

即网民“对广告中品牌的实力感”认同越低，对关键词广告的态度越消极，越不倾向于注意和点击关键词广告链接，关键词广告越难引发购买行为的发生。

2. 广告消极观念和介入度

回归分析显示，广告负面观念越突出，行为意向越消极。解释原因：用户使用搜索引擎的目的是获得需要的信息，对广告的观念越负面，越难引发用户的点击，深访结果也证实了这样的结论：

“关键词广告点击可能存在风险（先前负面观念）。比如百度的推广链接（搜索引擎广告），不是之前曝光过吗，都是竞价排名或者钓鱼网站，你一点击容易上当、假的或者中毒什么的。所以，我肯定不会点击（行为意向）。”（K01）

对关键词广告的负面经验集中于“广告不是我需要的信息”“广告是虚假的”“广告存在安全隐患”，这些负面观念有些来自于用户接触广告的直接经验，有些来自于其他途径（媒体、人际），但负面观念一旦形成，会影响消费者再次遇到关键词广告时的态度与行为。

另外，网站介入度越高，行为意向越消极。搜索引擎用户集中精力在信息的筛选上，希望尽快找到自己需要的信息，广告如果不是用户想找的信息，那么越投入于找到想找的信息，对于广告这种不需要的信息自然行为意向越消极。

3. 网购观念

回归分析显示，网购观念对关键词广告的认知、情绪情感、行为意向的正向影响显著。网购观念越消极，认知越消极，广告回避越突出；网购观念越积极，情绪情感、行为意向越积极。

“百度搜索结果的前几条网站，可能是钓鱼网站（广告负面观念），我就有过这样的经验。上次我买机票的时候，搜索一个特价机票，前三条信息都显示同一个网站，它用了不同的域名，因为当时特别着急，没有太仔细看，就在上面预订了，结果受骗了（网购负面观念）。我觉得百度应该对广告商进行资质考察，起码保证真实性，不然的话，对消费者而言，是非常大的伤害（网购负面观念）。”（K08）

拥有购买动机的用户使用搜索引擎检索的目的是更详细地了解产品信息，以明确购买目标，点击关键词广告链接即可进入网购页面。如果用户认为“网购这种商品存在风险”（网购消极观念），自然会对关键词广告的态度消极，不易引发购买行为。

（二）导致积极态度与行为的个体因素

1. 广告兴趣和购买动机是导致积极态度的主要因素

回归分析显示，“广告兴趣”对关键词广告的注意、认知、情绪情感、行为意向、行为的正向影响显著。购买动机对关键词广告的认知、情绪情感、行为意向、行为的正向影响显著。

拥有购买动机的搜索引擎用户，还处在信息搜集阶段，目的是尽快确定想买的产品，如果对广告中的产品感兴趣，自然会吸引其注意，态度和行为也会积极。

"有一次我想租车（动机），我就在谷歌搜索了"租车"，然后搜到了一家租车品牌的广告，浏览、比较之后（行为意向），最后还真的从它家租了车。（购买行为）"（K02）

可见，作为内在驱动力，广告兴趣和购买动机是导致关键词广告态度积极的首要因素。

2. 网络广告积极观念

回归分析显示，"网络广告积极观念"对关键词广告认知、情绪情感、行为意向、行为的正向影响显著。即广告观念越积极，越认可网络广告对自身的价值，对关键词广告的态度与行为越积极。

另外，品牌积极观念对关键词广告的注意、认知的正向影响显著。

"我在百度里搜索四六级考试，就点击了排在前面的广告链接，因为我觉得能花钱做百度推广的，起码有一定的实力吧（品牌积极观念），再加上它承诺了包过率，对我还是很有吸引力的，我就选择报名了。"（K12）

四、影响产品展示广告态度与行为的个体因素

(1) 导致积极态度与行为的个体因素

1. 广告兴趣和购买动机是首要因素

回归分析显示，"广告兴趣"对产品展示广告注意、认知、情绪情感、行为意向、行为的正向影响显著。购买动机对产品展示广告的行为意向、行为的正向影响显著。

2. 网络广告积极观念

回归分析显示，"网络广告积极观念"对产品展示广告注意、认知、情绪情感、行为意向、行为的正向影响显著。

用户在购物网站进行商品选择时，由于产品信息量大，筛选和比较耗费时间和精力，需要广告指导购买，这种情形下，对网络广告引导购物的作用很期待，因此对其态度、行为积极。

3. 网站介入度

与 Banner 广告相反，网站介入度越高，用户对产品展示广告的注意度越高。

1. 门户网站用户的上网任务是“获取信息”，广告与其任务不一致，构成了干扰，因此对上网任务越投入(网站介入度高)，对广告的注意回避越明显。与门户网站用户不同，购物网站用户精力(心理活动)集中在产品的比较和选择上，目的越明确、越具体、越容易引起和维持有意注意。广告与其任务目标一致，因此对网站的“介入度”越高，对产品展示广告的“注意”越积极。

(二) 导致消极态度与行为的个体因素——“品牌负面观念”

回归分析显示，“品牌负面观念”对产品展示广告的行为意向影响显著。品牌负面观念越强，广告回避越突出。

“我一般在淘宝搜商品时，心里已经有预期价位了，一般搜出来，第一个页面的很多广告中的品牌都是假的，比如有些东西一千多块钱，它标价一百多块钱，这肯定是山寨品牌，不可信(品牌负面观念)。一般要买到真东西的话，还得价格从高往低搜。”(K11)

产品展示广告以图片为主，用户能通过产品图片直观感受到产品和品牌的质量，如果用户不信任广告中的品牌，自然不会点击广告。

五、个体因素对态度与行为影响的讨论

(一) 个性倾向性是导致积极态度与行为的首要因素

研究发现，在网民个体因素对态度与行为的影响上，个性倾向性(广告兴趣、购买动机)是导致积极态度与行为的首要因素，网络广告传递的是商品和品牌信息，点击网络广告即可进入产品网购，网民对广告中的产品和品牌感兴趣、拥有购买动机时，对待广告的态度积极，购买行为越有可能发生。

按照 ELM 模型理论，广告兴趣和动机越高，越倾向于对广告信息进行精细加工。消费者对广告内容越有兴趣，参与度就越高，就越倾向于对广告进行精细加工，通过中心路径形成态度。网民浏览购物网站时，拥有广告兴趣和购买动机，因此，对产品展示广告就属于精细加工，消费者认真考虑广告内容，即进行精细的信息加工，综合多方面的信息与证据，分析、判断广告中商品的性能，消费者把注意力集中在广告中与产品有关的信息上，并实行深度加工，消费者的品牌态度就是根据广告信息中具有劝说性的观点所形成的。随着加工品牌的动机由低到高，对品牌信息的注意及容量也随之增大，操作水平也由低增高，越有可能形成积极的态度与行为。

同理，如果消费者没有广告兴趣和动机时，就不会在意广告(不会进行深度的信息加工)，那么只从边缘路径形成态度。网民使用门户网站时的广告兴趣和

购买动机较弱,因此对待 Banner 广告和关键词广告的信息处理是边缘路径。消费者并不会仔细考虑广告中所强调的商品本身的性能方面的信息,不进行周密的逻辑推理,而是根据广告中的一些边缘线索,消费者一般会从事非品牌信息加工,虽然消费者可能从广告中获取信息,但是几乎很少形成对广告信息的加工,这个时候先前观念(刻板印象)发挥的作用就大,很容易受到负面先前观念的影响产生消极广告态度。

(二) 广告态度与行为受到多个因素的影响

通过对网络广告态度行为影响因素的分析发现,广告态度的形成和购买行为的发生受到多方面的因素影响,尽管为了研究方便,本书区分了不同的态度维度和影响因素,在分析广告态度形成及影响因素时,不应"割裂"地对待。

"尤其是你在干正经事的时候(网站介入高),它跳出来了,你又不小心点了,感觉特别烦人(负面情绪情感)。但是不会烦广告本身的内容,只是烦干扰人的这种方式(干扰性)。有时候也看心情吧,你心情好的时候,又可能是你感兴趣的东西(广告兴趣),就没那么烦,可能也会打开看看(行为意向)。"(K10)

由于网站介入度高(网络使用),用户集中精力在网站内容上,广告干扰性强(广告特性)就引发了负面情绪,负面情绪可能会进一步引发广告回避行为(关掉广告);但如果是感兴趣的产品的话(个性倾向性),情形就会发生变化,用户也有可能点击广告(积极行为意向)。可见,虽然我们从个体因素、广告特性两个方面,分析网络广告态度与行为的影响因素,但是应遵从整体、多元的分析视角展开分析。

(三) 个体因素对 Banner 广告态度与行为影响的讨论

综合分析得出,网民的"网站介入度"和"负面广告观念"是影响其对 Banner 广告态度消极的主要因素,网站介入度越高,越倾向于把与自己无关、构成干扰的 Banner 广告当作"分心""任务干扰""任务中断"的对象,越容易对 Banner 广告产生负面态度,越难以引发购买行为,因此,也暴露出 Banner 广告"干扰性"强、"精准性"差的弊病。而"负面广告经验"也多集中于"网络广告与自己无关""干扰""浪费时间""打断行为",同样也是 Banner 广告"干扰性"强、"精准性"差所致。

因此提高精准性、减少干扰性才是 Banner 广告提升效果的对策。

(四) 个体因素对关键词广告态度与行为影响的讨论

"品牌消极观念"和"广告负面观念"是导致搜索引擎关键词负面态度与行为的主要个体因素。"品牌消极观念"和"广告负面观念"来自于搜索关键词广告"有欺骗性""广告中的品牌不可信"的负面经验。另外,搜索引擎用户的"网站介入度”高，集中于“所要搜索的信息”，广告不符合其信息需求，也是导致负面态度的原因。

因此，提高关键词广告的可信性、精准性非常迫切。

（五）个体因素对产品展示广告态度与行为影响的讨论

综合分析发现，购物网站用户对待产品展示广告的态度与行为积极，主要得益于网购用户拥有“购买动机”，且把“广告”当作一种购物引导，因此对待广告的态度积极。需要注意的是，对广告中产品/品牌的消极评价，是影响产品展示广告效果的主要问题。

结　语

一、研究结论

本书从“广告态度”的角度审视网络广告的效果，选择了三种主流的网络广告作为研究对象，通过问卷调查和深度访谈的方法研究了 18－40 岁网民对这三种类型网络广告的态度与行为，并分析了广告特性和个体因素对广告态度与行为的影响。研究的结论如下：

1. 网络广告态度与行为量表接受了检验，“注意”“认知”“情绪情感”“行为意向”“行为”的结构划分合理。

通过文献研究、深度访谈，笔者编制了“网络广告态度与行为”的测量量表，信效度检验结果显示，量表信效度较高，共包含 30 个变量，可以系统、全面地反映出网络广告态度。相比以往“广告总体态度”的测量，量表的编制为“广告态度成分”入手的研究提供了比较坚实的基础。

2. 三种类型网络广告态度的调查结果显示，从“广告态度”的视角审视网络广告效果，网络广告仍有很大改进空间。

门户网站 Banner 广告效果不理想，门户网站用户对待 Banner 广告的态度与行为消极。搜索引擎关键词广告效果稍好于 Banner 广告，但仍是总体消极的状况。购物网站产品展示广告无明显的消极倾向，相对前两种类型的网络广告而言，容易引发购买行为的发生。

3. 网络广告特性影响网民对待网络广告的态度与行为。精准性、信息性、可信性、欣赏性对网络广告态度与行为的正向影响显著，干扰性对网络广告态度与行为的负向影响显著，刺激性、激励性、强迫性对网络广告态度与行为的影响不显著。三种类型网络广告特性存在差异，影响态度与行为的主要广告特性不同。提高精准性、降低干扰性，是门户网站 Banner 广告的改进方向。增强精准性、信息性是关键词广告提升效果的有效对策。减少“干扰”和“强迫”，是产品展示广告改进方向。

4. 网民个体因素影响其对待网络广告的态度与行为。网络广告先前观念、品牌先前观念、网购先前观念、广告兴趣、购买动机、网站态度和网站介入度对网络广告态度不同维度存在正面或负面影响。个性倾向性(广告兴趣、购买动机)是影响积极态度与行为的首要因素;积极先前观念也是导致积极态度与行为的重要因素。

二、研究思考:对网络广告效果的审视

1. 网络广告的存在有其必要性

作为购买决策制定的重要信息来源,网络广告是消费者获得商业信息入口。受访网民也普遍认同网络广告提供信息的价值:

"网络不仅仅是一个媒介,在网络上你能做很多事情,比如你能买东西,就拿网购来说,网络广告能让你获取商品信息;如果缺了广告这一块,我们日常生活中信息的这一部分就不完整了,广告等同于商家的官方信息传播,单靠网络口碑也还不够去影响购买决策,因为你没办法确定网络口碑的真假,而广告作为官方信息,其实能加强好的网络口碑对消费者购买决策的影响。人们应该更相信有知名度且网络口碑好的产品,消费者在选择商品时会综合多方面的因素,既有民间的,也有官方的。"(K03)

2. 影响消费者购买行为的因素很多,不能低估或高估网络广告的作用

消费者购买行为的发生受到多种因素的影响,购买动机是决定因素,如果没有购买动机,消费者一般不会主动关注网络广告,网络广告对他们的影响就有限:

"比如淘宝前段时间的双十一,我都没有点击那些广告(没有购买动机),后来之所以点击是因为我家里人想要买(有了购买动机),后来我就开始点。对于广告的点击,对我来说一定是需求在先,去了解相应的广告宣传,我才去点开浏览,平时的话,也会因为无聊、好玩,点一下看看,然后也就过了。"(K02)

在拥有了购买需求之后,消费者需要做充分的信息搜集,才能制定购买决策,在这个阶段,消费者希望得到丰富、多元的产品信息,一方面来自官方信息,一方面来自消费者口碑。

"从购物的角度而言,网络广告倾向于介绍商品的特色和好的方面,用户口碑是产品本身和使用体验的评价,这两类信息一对照的话,产品的信息就更加立体,它不是一个单好或单坏的评价,有利于我们做出购买决策。"(K03)

因此,在对购买行为的影响上,不能高估网络广告的作用,网络广告不是决定购买行为发生的首要因素。但是也不应小觑网络广告的作用,网络广告还是会起到必要的信息传达,特别是促销信息,经由广告的提醒,消费者浏览、关注广告,消费者需求被唤起,也可能发生购买行为。

3. 不能只凭借"能否引发购买行为"来衡量网络广告效果

衡量网络广告效果,不能简单地用"点击率"或"交易率"等指标。通过对网络广告态度与行为的研究发现,消费者使用不同的网站时,拥有不同的使用动机,对于门户网站用户而言,由于购买动机不明确,很难引发购买行为的发生,所以仅有"点击率"和"交易率"来看的话,网络广告就是失效和无效的,但是即便没有更深层次的信息加工,消费者能再认熟悉的品牌,因此从品牌提醒的角度而言,网络广告发挥了作用。搜索引擎用户的使用动机是为了获取信息,即便有购买动机,也处在信息搜集阶段,消费者更对消费者口碑和产品测评感兴趣,因此,这个时候广告要发挥的作用也不一定是引发购买行为,而是让消费者充分全面地了解产品和品牌信息。购物网站用户一般都有明确的购买动机,期待网络广告能指导购物,广告效果才可用"点击"和"交易"指标衡量,但是产品展示广告情绪情感相对较负面,暴露出了产品展示广告也存在问题。

因此,从态度与行为的角度衡量网络广告效果,有利于网络广告有效影响消费者。

4. 不能忽视"情境因素"对广告态度的影响

网络广告态度除了受到个体因素和广告特性的影响之外,广告态度的形成是在一定的情境条件下进行的,因此,情境因素也对网络广告态度产生影响。综合网民接触网络广告的情境,有三类情境因素值得重视:

(1)"信息超载"的情境

在互联网中,网民面对的是海量的信息环境,在这样的环境中,单一信息对个体态度的影响是和其他多种信息的影响交织在一起的。因此,单一网络广告影响有限,应跨媒介组合投放。网民上网时,身处在信息海量的网络环境中,而且只选择主动关注自己感兴趣的信息,网络广告不是其需要的信息时,单一网络广告的影响力有限。应遵循网民的网络使用习惯,有效使用不同形式网络广告的组合投放才会更好地发挥作用。

另外,网民处在一个多媒介接触的环境中,虽然网民对网络的依赖程度较高,但是网络不是网民接触的唯一媒介。影响消费者来自于多媒介广告的接触:

"比如我坐地铁时,看到1号店的广告,我才知道这是一个网上超市,等我去上海出差时,没有时间,附近也没有比较大的超市,于是就去1号店选购了,结果

第二天东西就送到了。”(K08)

“双十一促销前，广告铺天盖地。地铁广告、淘宝页面广告等。总之，你想不知道双十一促销都难。”(K05)

因此，网络广告投放应遵循跨媒介的组合策略，才能更好地发挥效果。

(2)“令人分心”的情境

由于网民上网时一般都是多任务、多目标的(同时在做很多事情)，各种信息的同时呈现和网络行为的多样，都会引起人们对信息注意力的分散，特别是广告与网民相关度不高的情况下，很难进入网民的视线之中，更不必说对网络广告的注意回避和忽视。这种情形下，一味吸引网民的注意力并不可取，转移其对其他目标的注意力，反而导致其厌烦和逆反心理。

因此，考虑到用户处理信息的“分心”情境，让广告信息简单明确，容易快速感知和识别，是有效的对策。

(3)“信息重复”的情境

基础心理学理论认为，反复多次地重复某一信息会加深人们对它的印象，巩固对它的记忆，从而增强这一信息对人们的影响，有助于人们态度的改变。传统媒体广告通常惯用重复的手段来增强广告记忆效果和说服力。但是，在网络环境中，网络广告重复暴露的作用是有限度的，过多的重复则可能会引发相反的效果(厌烦情绪)，主要原因就是网民倾向于“主动选择”自己需要和感兴趣的信息，对于多次重复、被动让自己接触的广告信息会产生厌烦情绪，进而形成逆反心理。

因此，网络广告的重复出现应适度，不宜在同一个上网情境下(比如同一网页，或同一网络行为)中多次出现。

三、研究局限与展望

1. 研究的局限

网络广告态度与行为是一个复杂的体系，且影响因素多元，对本书造成了客观上的难度；笔者选择了三种类型网络广告开展研究，又增加了研究的工作量和难度。限于本人的资源和精力有限，在诸多方面存在局限和遗憾：

本书的局限之一，研究中涉及了三种类型网络广告的态度变量、影响因素变量，类目杂多，分散了研究精力，同时对统和、深入的分析造成了很大的难度，且限于本人理论造诣低、宏观思维能力弱，造成本书虽有大量的数据，但结论上综合性、理论性差的不足。

本书的局限之二,网络广告态度与行为的影响因素多元,本书中所归纳的广告特性和个体因素不能完全涵盖影响网络广告态度与行为的所有因素。因此,在影响网络广告态度与行为的形成上,解释力有待加强。

研究的局限之三,是在数据处理上,未进行影响因素作用机制的路径分析,在多元统计方法上仍需要深入。

此外,由于经费有限,本书采用的问卷调查无法依据全体网民作为抽样总体展开概率抽样调查。在调查方式上选择了滚雪球网络在线调查和邮寄调查,筛选后的样本结构虽然接近网民构成情况,但难免存在偏差。

2. *后续研究方向*

在今后的研究中,本人希望能继续关注以下方向:

(1) 网民对网络广告的接触和反应过程是非常具体的,采用问卷调查和深度访谈只能从整体上测量对待特定类型网络广告的习惯反应和做法,无法描述对待具体单个网络广告的心理过程。因此,后续研究中尝试借助“眼动”和“脑电”等认知科学手段,在认知层面上深化网络广告心理效果的研究。

(2) 研究对象上,除了继续关注其他形式网络广告之外,应展开手机终端网络广告心理效果的研究。移动互联网的发展趋势明显,网络广告形式还会有更多新的变化,手机的网络使用和电脑的使用差别很大,网络广告在两种终端上的表现也不同,手机用户对网络广告的态度与行为如何,也是需要关注的趋势和领域。

参考文献

一、中文文献

著作：

叶奕乾等：普通心理学，华东师大出版社，1997.

黄希庭：心理学导论，人民教育出版社，1991.

彭聘龄：普通心理学，北京师范大学出版社，2001.

车文博：心理学原理，黑龙江人民出版社，1997.

张春兴：心理学原理，东华书局，2003.

黄希庭等译：认知心理学，台北五南图书出版公司，1992.

王甦，汪安圣：认知心理学，北京大学出版社，1992.

余嘉元主编：当代认知心理学，江苏教育出版社，2001.

Best 著. 黄希庭主译：认知心理学，中国轻工业出版社，2000.

孙本文：社会心理学，商务印书馆，1946.

沙莲香：社会心理学，中国人民大学出版社，1994.

时蓉华：现代社会心理学，华东师范大学出版社，1997.

阿伦森：社会心理学（中文第二版），中国轻工业出版社，2007.

埃里克·杜·普莱希斯：广告新思维，中国人民大学出版社，2007.

陈刚：新媒体与广告，中国轻工业出版社，2002 年 8 月.

戴维·刘易斯，达瑞恩·布里格. 江林，刘伟萍译：新消费者理念，机械工业出版社，2002.

戴维·迈尔斯. 张智勇等译:社会心理学，人民邮电出版社，2006 年.

杜骏飞：中国网络广告考察报告，社会科学文献出版社，2007 年 7 月.

菲利普·津巴多，迈克尔·利佩. 邓羽等译：态度改变与社会影响，人民邮电出版社，2007.

J·托马斯·拉塞尔,W·罗纳德·莱恩著.王宇田等译:克莱普纳广告教程(第15版),中国人民大学出版社,2005.
纪华强:媒体广告策划,复旦大学出版社,2003.
侯玉波:社会心理学,北京大学出版社,2010.
黄合水:广告心理学,东方出版中心,1998.
L·G希夫曼,L·L卡纽克著.俞文钊,肖余春等译:消费者行为学(第7版).华东师范大学出版社,2002.
Lewis R. Aiken著,何清华,雷霖,陈浪译:态度与行为:理论、测量与研究,中国轻工业出版社,2008.
理查德·韦斯特,林恩·H·特纳著.刘海龙译:传播理论导引:分析与应用,中国人民大学出版社,2007年5月第二版.
罗子明:消费者心理学,清华大学出版社,2002.
马谋超,陆跃祥:广告与消费心理学,人民教育出版社,2002.
迈克尔·R·所罗门著.张硕阳,尤丹蓉等译:消费者行为——购买、拥有与存在(第5版),经济科学出版社,2003.
迈克尔·R·所罗门等:消费者行为学(第6版),电子工业出版社,2006.
莫温迈纳著.黄格非,束珏婷译:《消费者行为学》,清华大学出版社,2003.6.
社会心理学编写组:社会心理学,南开大学出版社,1990.
Santrock, J. W:心理学与我们,上海社会科学院出版社,2008.
王永,管益杰,马谋超:现代广告心理学,北京:首都经济贸易大学出版社,2005.
杨坚争,李大鹏:网络广告学,电子工业出版社,2002.
约翰·菲利普·琼斯.杨忠川译:广告何时有效,内蒙古人民出版社,2002.
章志光,金盛华:社会心理学,人民教育出版社,2003.
威廉姆,威尔斯等著.张红霞等译:广告原理与实物[M]大连;东北财经大学出版社,2001.8.
田中洋,凡冈吉人:新广告心理学,朝阳堂文化事业股份有限公司,1993.
仁科贞文:广告心理,中国友谊出版公司,1991.
余小梅:广告心理学,中国传媒大学出版社,2005.
丁家永:广告心理学:理论与策划——心理技术应用丛书,暨南大学出版社,2003.

学术期刊:

熊雁,王明伟:网络广告,现代传播,1998年第3期.
王艺,张华,网络:新消费者的生活方式,新闻界,2004,(1):51—52.

陈可：对我国网络广告市场发展状况的思考，新闻界，2003，(2)：26—27.
徐红、马波：网络广告文化探讨，新闻与传播研究，2000，(4)：64—69.
张红霞，王晨，李季：青少年对广告的态度及影响因素，心理学报，2004，36(5)：601.
黄升民，陈素白：社会意识的表皮与深层——中国受众广告态度意识考察，现代传播，2006，(2)：22.
陈友庆：对消费者广告态度的调查与思考，江苏教育学院学报，2000，10(4)29—30.
李锐，王卫红：当代大学生的广告态度研究，苏州城市建设环境保护学院学报.2001，3(2)：45—49.
陈宁：当前西方广告心理学的四大研究热点，齐齐哈尔学报，1999(5)：5—7.
王丹，杜民，李纪连，张文：公众对不同媒体广告态度的调查研究，北京理工大学学报，2006，(2)—I 10. 114.
马向阳，徐富明，吴修良，潘靖，李甜：说服效应的理论模型、影响因素与应对策略[J]，心理科学进展，2012，20(5)：735—744.
王丹，杜民，李纪连等：公众对不同媒体广告态度的调查研究，北京理工大学学报(社会科学版)，2006，(1)：110.
李锐，王卫红：当代大学生的广告的态度研究，苏州城市建设环境保护学院学报(社会科学版)，2001，(2).
李琼，吴作民：广告态度和品牌态度作用机制研究综述，中国广告，2008，(11).
周弋丁，白晓玉，曹慧：当代青年的广告态度研究，商场现代化，2007，(2).
陈友庆：对消费者广告态度的调查与思考，江苏教育学院学报(社会科学版)，2000，(4).
徐华明：浅析广告受众态度的形成与广告说服策略，中国商界，2008，(3).
秦晓静：大学生的广告态度及对消费行为的影响，中国电力教育，2012，(02).
刘世雄，刘艳："消费者方言广告态度之实证研究：粤语广告 VS 国语广告"，广告大观理论版，2007(05).
柳承烨：PPL 效果因素与广告态度的相关性，广告大观理论版，2011. (8).
吴垠：中国居民广告态度与地域性研究. 现代广告. 2005. 38—43.
徐红：认准"靶心"——中国儿童电视广告态度解析，现代广告，2005(5).
张红该，王展，李季：青少年对广告的态度及影响因素，心理学报，2004(5).
周丽玲：消费者广告态度及影响因素研究，新闻与传播评论，2005.
陈欢：农村消费者广告态度实证研究，闽江学院学报，2011(7).

李锐,王卫红:当代大学生的广告态度研究,苏州城市建设环境保护学院学报,2001(6).

黄升民,陈素白:社会意识的表皮与深层——中国受众广告态度意识考察,《现代传播》,2006(2).

周弋丁,白晓玉,曹慧:当代青年的广告态度研究,《商场现代化》,2007 年 2 月.

张红霞,杨翌均:家庭沟通模式对儿童广告态度的影响,心理科学 2004,27(3).

石束,李建红,王芳:甘肃农村受众广告态度调查——兼与苏南农村比较. 广告大观理论版,2007—05.

陈国平,王瑛浔:城市青少年的广告态度与消费心理分析,青年研究,2008,4.

陈友庆:对消费者广告态度的调查与思考,江苏教育学院学报(社会科学版),2000年 10 月.

凌文铨,方俐洛,小屿外弘:中日大学生的广告态度调查,管理世界,1991(3).

王丹,杜民,李纪连,张文:公众对不同媒体广告态度的调查研究,北京理工大学学报(社会科学版),2006(2).

江波:权威效应对性感广告态度改变的 Q 技术研究,九江师专学报(自然科学版),2002(5)期.

范学良:大学生对 SNS 网络广告态度的调查与思考,中国广告,2011. 7.

黄劲松,赵平,陆奇斌:品牌熟悉对广告过程中品牌态度改变的影响,心理科学,2006,29(4):970—972.

陈睿,刘振,黄合水:短信广告的态度影响因素研究,新闻与传播研究,第 16 卷第 6 期.

黄劲松,王高,赵平:品牌延伸条件下的广告说服——双中介影响模型的拓展,心理学报,2006,38(6):924—933.

安静,指向广告的态度及其成因分析,商业时代,2007(13):15—16.

马红丽,赵怡:SNS 网页中植入式广告的影响因素研究,今传媒,2012(4):34—35.

张红霞:消费者社会化因素对青少年广告态度的影响,营销科学学报,20062(2).

张红霞等:青少年对广告的态度及影响因素,心理学报,2004,36(5):601—607.

厉国刚:大学生对报纸广告的态度和行为分析,商场现代化,2009 年 1 月(中旬刊)总第 563 期:153—154.

安静:消费者态度对象的分离——从指向产品(品牌)到指向广告,城市问题,2007(2).

晏菁，严亚：消费者对“俗广告”的态度与实际购买行为的背离——基于佳仙火锅调料广告的研究，广告大观理论版，2009(4).

汪青云，龙莎：大学生对网络视频广告的态度及其影响因素实证研究——以江西省普通高校为例，广告大观理论版，2011(6).

高运锋：人们从来都不信任广告吗？——基于美国广告信任度研究的考察，广告大观理论版，2008(05).

巢乃鹏，杜骏飞，陈霓：大学生网络广告效果认知比较研究——以北京、南京、香港三地为例，广播电视大学学报(哲学社会科学版)，2009(04).

任黄燕，宋改平：网络广告点击率影响因素研究——对大学生的实证分析，科技创业月刊，2008(09).

刘淑珍，李诚：消费者对移动广告的看法与影响因素，武汉科技学院学报，2008(6).

文书生(1999)，广告信息加工及品牌态度形成的理论综述，重庆商学院学报，1999(4)：17—23.

叶娜，佐斌(2007)：联想—命题评价模型——态度改变的新解释，心理科学进展，15(5)：834—839.

张朝洪，凌文辁，方俐洛(2004)：态度改变的睡眠者效应研究概述，心理科学进展，12(1)：79—86.

马向明等(2012)：说服效应的理论模型、影响因素与应对策略，心理科学进展，2012Vol. 20, No. 5，735—744.

吴国庆、陈丽玫(2008)：态度改变：说服策略研究的回顾与展望，社会心理科学第23卷总第100期，2008年第6期，第488页.

学位论文：

阮丽华. 网络广告及其影响研究【D】. 武汉：华中科技大学，2005.

胡春云. 企业网络广告管理研究【D】. 贵阳：贵州大学，2006.

庞颖. 大学生对理性广告和情感广告的态度及其影响因素【D】. 北京：首都师范大学，2006.

庞海燕. 大学生对网络广告的态度及其影响因素研究【D】. 长春：东北师范大学，2007.

张卓颖；新消费者的网络广告态度研究【D】，厦门：厦门大学硕士论文(2008).

杨光. 网路广告特性及其效果间关系的实证研究【D】. 大连：大连理工大学，2007.

二、外文文献

Aaker, D. A., & Bruzzone, D. E. (1981). Viewer perceptions of prime-time television advertising. *Journal of Advertising Research*, 21(5), 15-23.

Aaker, J. L., & Maheswaran, D. (1997). The effect of cultural orientation on persuasion. *Journal of Consumer Research*, 24(3), 315-328.

Agrawal, J., & Kamakura, W. (1995). The economic worth of celebrity endorsers. *Journal of Marketing*, 59(July), 56-62.

Ajzen, I. (1988). Attitudes, personality and behavior. Chicago, IL: The Dorsey Press.

Ajzen, I., & Fishbein, M. (1980). Understanding attitudes and predicting social behavior. Englewood Cliffs, NJ: Prentice-Hall.

Ajzen, Icek (1991), "The Theory of Planned Behavior," *Organizational Behavior and Human Decision Processes*, 50 (December), 179-211.

Albion, M. S., & Farris, P. W. (1981). The advertising controversy: Evidence on the economic effects of advertising. Boston: Auburn House Publishing Co.

Allport, G. W. (1954). The nature of prejudice. New York: Addision-Wesley.

Alwitt, L. F., & Prabhaker, P. R. (1992). Functional and beliefs dimensions of attitudesto television advertising: Implications for copytesting. *Journal of Advertising Research*, 32(5), 30-42.

Alwitt, Linda R, and Paul R. Prabhaker (1994), "Identifying Who Dislikes Television Advertising: Not by Demographics Alone," *Journal of Advertising Research*, 34 (November/December), 17-29.

American Advertising Federation (1992). "Dear Mr. President: American Advertising Federation advocacy ad." Time, March 9, p54a.

Anderson, J. C., & Gerbing, D. W. (1984). The effect of sampling error on convergence, improper solutions, and goodness-of-fit indices for maximum likelihood confirmatory factor analysis. Psychometrika, 49, 155-173.

Anderson, J. C., & Gerbing, D. W. (1988). Structural equation modeling in practice: A review and recommended two-step approach. *Psychological*

Bulletin, 103(3),411 -423.

Anderson, R. D. , Engledow, J. L. , & Becker, H. (1978). How consumer reports' subscribers see advertising. *Journal of Advertising Research*, 18 (6),29 -34.

Ahluwalia, R. , Burnkrant, R. E. , & Unnava, H. R. (2000). Consumer response to negative publicity: The moderating role of commitment. *Journal of Marketing Research*, 37(2),203 -214.

Appel, M. , & Richter, T. (2007). Persuasive effects of fictional narratives increase over time. *Media Psychology*, 10(1),113 -148.

Andrews, F. M. (1984). Construct validity and error components of survey measures.

Public Opinion Quarterly, 48,409 -422.

Andrews, J. C. (1989). The dimensionality of beliefs toward advertising in general. *Journal of Advertising*, 18(1),26 -35.

Angoff, W. H. (1988). Validity: An evolving concept. In H. Wainer & H. I. Braun (Eds.),Test validity (pp. 19 - 32). Hillsdale, NJ: Lawrence Erlbaum Associates.

Arbuckle, J. L. (1997). Amos user's guide. Chicago: Small Waters. Association of National Advertisers. (1942, May 5). Report to the Association of National Advertisers.

Bagozzi, R. P. (1983). Issues in the application of covariance structure analysis: A further comment. *Journal of Consumer Research*, 9,449 -450.

Bagozzi, R. P. , & Burnkrant, R. E. (1979). Attitude organization and the attitude-behavior relationship. *Journal of Personality and Social Psychology*, 37(6),913 -929.

Bagozzi, R. P. , &Burnkrant, R. E. (1985). Attitude organization and the attitude-behavior relation: A reply to Dillon and Kumar. *Journal of Personality and Social Psychology*, 49(1),47 -57.

Bagozzi, R. P. , & Phillips, L. W. (1982). Representing and testing organizational theories: A holistic construal. *Administrative Science Quarterly*, 27(3),459 -489.

Bagozzi, R. P. , & Yi, Y. (1988). On the evaluation of structural equation models. *Journal of Academy of Marketing Science*, 16(1),74 -94.

Barksdale, H. C., & Darden, W. R. (1972). Consumer attitudes toward marketing and consumerism. *Journal of Marketing*, 36(4), 28-35.

Barrett, P. T., & Kline, P. (1981). The observation to variable ratio in factor analysis. Personality Study and Group Behavior, 1, 23-33.

Bartos, R. (1981). Ideas for action-ads that irritate may erode trust in advertised brands. *Harvard Business Review*, 59(4), 138-139.

Batra, R., & Ray, M. L. (1985). How advertising works at contact. In L. F. Alwitt & A. A. Mitchell (Eds.), Psychological processes and advertising effects theory, research, and application. Hillsdale, NJ: Lawrence Erlbaum Associates.

Bauer, Raymond A. and Stephen A. Greyser(1968). Advertising in America: The Consumer View. Boston: Harvard University Press, p156.

Bearden, W. O., Netemeyer, R. G., & Teel, J. E. (1989). Measurement of consumer susceptibility. *Journal of Consumer Research*, 15, 473-481.

Bentler, Peter M. (1989), EQS Structural Equations Program Manual, Los Angeles: BMDP Statistical Software.

Benway, Jan P. (1999), "Banner Blindness: What Searching Users Notice and Do Not Notice on the World Wide Web," Ph. D. dissertation, Rice University.

Bertrand, M., Karlan, D., Mullainathan, S., Shafir, E., & Zinman, J., (2010). What's advertising content worth? Evidence from a consumer credit marketing field experiment. *Quarterly Journal of Economics*, 125(1), 263-305.

Bettman, James R., and C. Whan Park (1980), "Effects of Prior Knowledge and Experience and Phase of the Choice Process on Consumer Decision Processes: A Protocol Analysis," *Journal of Consumer Research*, 7 (December), 234-248.

Bollen, Kenneth A. (1989), Structural Equations with Latent Variables, New York: Wiley. Bigman, C. A., Cappella, J. N., & Hornik, R. C. (2010). Effective or ineffective: Attribute framing and the human papillomavirus (HPV) vaccine. Patient Education and Counseling, 81, 70-76.

Bless, H., Strack, F., & Walther, E. (2001). Memory as a target of social influence? Memory distortions as a function of social influence and metacognitive knowledge. In J. P. Forgas & K. D. Williams (Eds.), Social Influence: Direct and Indirect Processes (pp. 167 – 183). Philadelphia: Psychology Press.

Borden, Neil H. (1942). The Economic Effects of Advertising. Chicago: Richard D. Irwin, Inc.

Belch, G. E., & Belch, M. A. (1984). An investigation of the effects of repetition on cognitive and affective reactions to humorous and serious television commercials. In T. C. Kinnear (Ed.), *Advances in consumer research*. Provo, UT: Association for Consumer Research.

Bhargava, M., Donthu, N., & Caron, R. (1994). Improving the effectiveness of outdoor advertising: Lesson from a study of 282 campaigns. *Journal of Advertising Research*, *34*(2), 46–55.

Biel, A. L., & Bridgwater, C. A. (1990). Attributes of likable television commercials. *Journal of Advertising Research*, 30(3), 38–44.

Brackett, L. K., & Carr, B. N. (2001). Cyberspace advertising vs. other media: Consumer vs. mature student attitudes. *Journal of Advertising Research*, 41(5), 23–33.

Bray, D. W. (1950). The prediction of behavior from two attitude scales. *Journal of Abnormal and Social Psychology*, 45, 64–84.

Breckler, S. J. (1984). Empirical validation of affect, behavior, and cognition as distinct components of attitude. *Journal of Personality and Social Psychology*, 47, 1191–1205.

Brill, A. M. (1999). Online newspaper advertising: A study of format and integration with news content. In D. W. Schumann & E. Thorson (Eds.), *Advertising and the World Wide Web*. Mahwah, NJ: Lawrence Erlbaum.

Briggs, Rex, and Nigel Hollis (1997), "Advertising on the Web: Is There Response Before Click-Through?" *Journal of Advertising Research*, 37 (March/April), 33–45.

Brown, S. P., & Stayman, D. M. (1992). Antecedents and consequences of attitude toward the ad: A meta-analysis. *Journal of Consumer Research*, 19, 34–51.

Burns, K. S. (2003). *Attitude toward the online advertising format: A reexamination of the attitude toward the ad model in an online advertising* context. Unpublished doctoral dissertation, University of Florida, Gainesville.

Burns, K. S.; Lutz, R. J. The function of format: consumer responses to six online advertising formats. Journal of Advertising); 2006 Vol. 35 Issue 1, 53 - 61, 9p.

Cacioppo, J. T., & Sandman, C. A. (1981). Psychophysiological functioning, cognitive responding, and attitude. In R. E. Petty, T. M. Ostrom, & T. C. Brock (Eds.), *Cognitive responses in persuasion*. Hillsdale, NJ: Erlbaum.

Calder, B. J., & Sternthal, B. (1980). Television commercial wearout: An information processing view. *Journal of Marketing Research*, 17, 173 - 186.

Calfee, John, Ringold & Debra Jones. The 70% Majority: Enduring Consumers Beliefs about Advertising. Journal of public policy & marketing, Chichago: Fall, 1994, Vol. 13, Iss. 2, p228.

Campbell, D. T. (1951). The indirect assessment of social attitudes. *Psychological Bulletin*, 47, 15 - 38.

Campbell, D. T. (1961). Social attitudes and other acquired behavioral dispositions. In S. Koch (Ed.), *Psychology: A study of a science*, 6. New York: McGraw - Hill.

Campbell MC, Keller K L. Brand Familiarity and Advertising Repetition Effects. Journal of Consumer Research, 2003, 30(September): 292 - 304.

Cacioppo, J. T., Petty, R. E., Feinstein, J. A., & Jarvis, W. B. G. Dispositional differences in cognitive motivation: The life and times of individuals varying in need for cognition[J]. *Psychological Bulletin*, 1996,

Chaiken, S., & Trope, Y. Dual - process theories in social psychology[M]. New York: Guilford, 1999: 326 - 331.

Chang-Hoan Cho; Cheon, Hongsik John: WHY DO PEOPLE AVOID ADVERTISING ON THE INTERNET? *Journal of Advertising*, Winter 2004; 33, 4; pg. 89 - 97

Chen, Qimei, and William D. Wells (1999), "Attitude Toward the She" *Journal of Advertising Research*, 39 (September/October), 27 - 37.

Cheng, J. M. S.; Blankson, C.; Wang, E. S. T.; Chen, L. S. L. Consumer attitudes and interactive digital advertising. International Journal of Advertising); 2009 Vol. 28 Issue 3, 501 - 525, 25p.

Cho, C. (1999). How advertising works on the WWW: Modified elaboration likelihood model. *Journal of Current Issues and Research in Advertising*, 21(1),33 -50.

Copeland, R. , Frisby, W. , & McCarville, R. (1996). Understanding the sport sponsorship process from a corporate perspective. *Journal of Sport Management*, 10,32 -48.

Cowley, E. , Page, K. , & Handel, R. H. (2000). Attitude toward advertising implications for the World Wide Web. *Proceedings of Australian & New Zealand Marketing Academy Conference*, 463 -467.

Crimmins, J. , & Horn, M. (1996). Sponsorship: From management ego trip to marketing success. *Journal of Advertising*, 27(1),1 -22.

Cronbach, L. J. (1951). Coefficient alpha and the internal structure of tests. *Psychometrika*, 16,297 -334.

Cudeck, R. , & Browne, M. W. (1983). Cross-validation of covariance structures. *Multivariate Behavioral Research*, 18,147 -167.

Daechun An. Sang Hoon Kim. A First Investigation into the Cross-Cultural Perceptions of Internet Advertising: A Comparison of Korean and American Attitudes. *Journal of International Consumer Marketing*; 2007, Vol. 20 Issue 2, 49 - 65,17p, 6 Charts.

Davis, Fred. D. , Richard P. Bagozzi, and Paul R. Warshaw (1989), "User Acceptance of Computer Technology: A Comparison of Two Theoretical Models," *Management Science*, 35 (August), 982 -1003.

Davis, Judy F. (1999), "Effectiveness of Internet Advertising by Leading National Advertisers," in Advertising and the World Wide Web, David W. Schumann and Esther Thorson, eds. , Mahwah, NJ: Lawrence Erlbaum, 81 -97.

Dawes, R. M. (1972). *Fundamentals of attitude measurement*. New York: John Wiley & Sons, Inc.

Deborah J. Maclnnis & Bernard J. Jaworski (1989) "Information Processing From Advertisements: Toward An Integrative Framework" *Journal of Marketing* 1989No: 4.

Dholakia, U. M. ; Bagozzi, R. P. ; Pearo, L. K. A social influence model of consumer participation in network-and small-group-based virtual communities. *International Journal of Research in Marketing*;2004 Vol. 21 Issue 3, p241 - 263,23p.

Dillon, W. R. , & Kumar, A. (1985). Attitude organization and the attitude-behavior relation: A critique of Bagozzi and Burnkrant's reanalysis of Fishbein and Ajzen. *Journal of Personality and Social Psychology*, 49(1), 33 -46.

Donthu, N. , Cherian, J. , & Bhargava, M. (1993). Factors influencing recall of outdoor advertising. *Journal of Advertising Research*, 33(3),64 -72.

Dubinski, A. J. , & Hensel, P. J. (1984). Marketing student attitudes toward advertising: Implications for marketing education. *Journal of Marketing Education*, 6,22 -26.

Ducoffe, R. H. (1995). How consumers assess the value of advertising. *Journal of Current Issues and Research in Advertising*, 17(1),1 -18.

Ducoffe, R. H. (1996). Advertising value and advertising on the web. *Journal of Advertising Research*, 36(5),21 -35.

Durand, R. M. , & Lambert, Z. V. (1980). Consumer alienation and support for advertising regulations. In J. H. Leigh & C. R. Martin (Eds.), *Current Issues and Research in Advertising*, 3,183 -189.

Durvasula, S. J. , Andrews, C. , Lynsonski, S. , & Netemeyer, R. G. (1993). Assessing the cross-national applicability of consumer behavior models: A model of attitude toward advertising in general. *Journal of Consumer Research*, 19(March), 626 -635.

Dutta-Bergman, Mohan J.. The Demographic and Psychographic Antecedents of Attitude toward Advertising. *Journal of Advertising Research*, March, 2006, Vol. 46 Issue 1, 102 - 112.

Eagly, A. H. , & Chaiken, S. (1998). Attitude structure and function. In D. T. Gilbert, S. T.

Fiske & G. Lindzey (Eds.), *The handbook of social psychology* (4th ed. , Vol. 1, pp. 269 - 322). New York: McGraw-Hill.

East, R. (1993). Investment decisions and the theory of planned behaviour. *Journal of Economic Psychology*, 14,337 -375.

Eastlack, J. O. , & Rao, A. G. (1989). Advertising experiments at the Campbell soup company. *Marketing Science*, 8(1),57 -71.

Edwards, A. L. , & Kenney, K. C. (1967). A comparison of the Thurstone and Likert Techniques of attitude scale construction. In M. Fishbein (Ed.), *Readings in attitude theory and measurement*. New York: John Wiley & Sons, Inc.

Eighmey, John (1997), "Profiling User Responses to Commercial Web Sites," Journal of Advertising Research, 37 (May/ June), 59 -69.

Elliott, Michael T, and Paul S. Speck (1998), "Consumer Perceptions of Advertising Clutter and Its Impact Across Various Media," *Journal of Advertising Research*, 38 (January/ February), 29 -41.

Elmes, D. G. , Kantowitz, B. H. , & Roediger III, H. L. (1992). *Research methods in psychology* (4th ed.). New York: West Publishing Company.

Everitt, B. S. (1975). Multivariate analysis: The need for data, and other problem. *British Journal of Psychiatry*, 126,237 -240.

Fabrigar, L. R. , Wegener, D. T. , MacCallum, R. C. , & Strahan, E. J. (1999). Evaluating the use of exploratory factor analysis in psychological research. *Psychological Method*, 4(3),272 -299.

Fazio, Russell H. , and Mark P. Zanna (1981), "Direct Experience and Attitude-Behavior Consistency," in Proceedings of Advances in Experimental Social Psychology, Leonard Berkowitz, ed. , New York: Academic Press, 161 -202.

Ferber, R. (1977). Research by convenience. *Journal of Consumer Research*, 4(1),57 -58.

Fishbein, M. (1963). An investigation of the relationships between beliefs about an object and the attitude toward the object. *Human Relations*, *16*, 233 -240.

Fishbein, M. (1967a). A consideration of beliefs, and their role in attitude measurement. In M. Fishbein (Ed.), *Readings in attitude theory and measurement*. New York: John Wiley & Sons, Inc.

Fishbein, M. (1967b). A behavior theory approach to the relations between beliefs and an object and the attitude toward the object. In M. Fishbein (Ed.), *Readings in attitude theory and measurement*. New York: John Wiley & Sons, Inc.

Fishbein, M. (1980). A theory of reasoned action: Some applications and implications. In H. Howe & M. Page (Eds.), *Nebraska symposium on motivation* (*pp.* 65 – 116). Lincoln, NB: University of Nebraska Press.

Fishbein, M. , & Ajzen, I. (1974). Attitudes towards objects as predictors of single and multiple behavioral criteria. *Psychological Review*, 81(1), 59 – 74.

Fishbein, M. , & Ajzen, I. (1975). Belief, Attitude, Intention, and Behavior: An Introduction to Theory and Research. Addison-Wesley Pub (Sd) (June 1975).

Fishbein, M. , & Raven, B. H. (1962). The AB scales: An operational definition of belief and attitude. *Human Relations*, 15, 35 –44.

Fitts, R. L. , & Hewett, W. C. (1977). Utilizing the before after with control group experimental design to evaluate an outdoor advertising campaign. *Journal of Advertising* 6(1), 26 – 28, 39.

Floyd, F. J. , & Widaman, K. F. (1995). Factor analysis in the development and refinement of clinical assessment instruments. *Psychological Assessment*, 7(3), 286 –299.

Ford, G. T. , Smith, D. B. , & Swasy, J. L. (1990). Consumer skepticism of advertising claims: Testing hypotheses from the economics of information. *Journal of Consumer Research*, 16, 433 –441.

Fornell, C. (1983). Issues in the application of covariance structure analysis: A comment. *Journal of Consumer Research*, 9, 443 –448.

Fornell, C. , & Larcker, D. F. (1981). Evaluating structural equation models with unobservable variables and measurement error. *Journal of Marketing Research*, 18(February), 39 –50.

Friedmann, R. , & Zimmer, M. (1988). The role of psychological meaning in advertising. *Journal of Advertising*, 17(1), 41 –48.

Gerbing, D. W. , & Anderson, J. C. (1984). On the meaning of within factor correlated measurement errors. *Journal of Consumer Research*, 11, 572 –580.

Goldsmith, Ronald E. ; Lafferty, Barbara A. Consumer Response to Web Sites and Their Influence on Advertising Effectiveness. *Internet Research*, v12 n4 318 – 328 2002.

Gresham, L. G. , & Shimp, T. A. (1985). Attitude toward the advertisement and brand attitudes: A classical conditioning perspective. *Journal of*

Advertising, 14(1), 10-17.

Greyser, Bauer (1966). The Information Role of Warranties and Private Disclosure about Product Quality. *Journal of law and economics*, 24 (December), 461-484

Greyser, S. A., & Reece, B. B. (1971). Businessmen look hard at advertising. *Harvard Business Review*, 49(3), 18-26.

Grimes, G. A., & Hough, M. G., & Signorella, M. L. (2003, November). *User attitudes toward spam and online behaviors in three age groups*. Paper presented at the ACM Conference on Universal Usability 2003, Vancouver, Canada.

Gritten, Adele (2007), "Forum-Media Proliferation and Demands for New Forms of Research," *International Journal of Market Research*, 49(1), 15-23.

Grove, H. D., & Savich, R. S. (1979). Attitude research in accounting: A model for reliability and validity considerations. *The Accounting Review*, *54* (3), 522-537.

Guadagnoli, E., & Velicer, W. F. (1988). Relation of sample size to the stability of component patterns. *Psychological Bulletin*, 103, 265-275.

Guilford, J. P. (1956). *Psychometric methods* (2nd ed.). New York: McGraw-Hill.

Gwinner, K., & Swanson, S. R. (2003). A model of fan identification: Antecedents and sponsorship outcomes. *Journal of Service Marketing*, 17 (3), 275-294.

Ha, Louisa (1996), "Observations: Advertising Clutter in Consumer Magazines: Dimensions and Effects," *Journal of Advertising Research*, 36 (July/August), 76-84.

Hair, Joseph F., Rolph E. Anderson, Ronald L. Tatham, and William C. Black (1998), Multivariate Data Analysis, Englewood Cliffs, NJ: Prentice-Hall.

Haller, T. F. (1974). What students think of advertising. *Journal of Advertising Research*, 14, 33-38.

Hoch, Stephen J., and John Deighton (1989), "Managing What Consumers Learn from Experience," *Journal of Marketing*, 53 (April), 1-20.

Homer, P. M. (1990). The mediating role of attitude toward the ad: Some additional evidence. *Journal of Marketing Research*, 27, 78 -86.

Hong, Chan-Pyo, The Florida State U., US. An experimental study of persuasion on the internet: A functional approach to attitudes toward internet advertising. Dissertation Abstracts International Section A: Humanities and Social Sciences, Vol 68(2 - A), 2007. pp. 391.

Horton, C. (1990). Apple's bold '1984' scores on all fronts. *Advertising Age*, January 1, 1990.

Hughes, G. D. (1967). Selecting scales to measure attitude changes. *Journal of Marketing Research*, 4, 85 -87.

Hughes, G. D. (1974). The measurement of beliefs and attitudes. In R. Feber (Ed.), *Handbook of marketing research* (pp. 3. 16 - 3. 43). New York: McGraw-Hill, Inc.

Hyokjin. Kwak. Zinkhan, George. Yue. Pan. Andras, Trina. Larsen. Consumer Communications, Media Use, and Purchases via the Internet: A Comparative, Exploratory Study. *Journal of International Consumer Marketing*; 2008, Vol. 20 Issue 3/4, 55 - 68, 14p, 1 Diagram, 1 Chart.

James, William L., and Arthur J. Kover (1992), "Observations: Do Overall Attitudes Toward Advertising Affect Involvement with Specific Advertisements?" Journal of Advertising Research, 32 (September/October), 78 -83.

Julie. A, Edeu, Marian Chapman Burke. The power offeelings in understanding advertising effects[J]. Jolll'llal ofeonsmner research. 1987, 14 (December): 421 -433.

Karson, Eric James, Florida Atlantic U, US. Internet advertising: New media, new models? Dissertation Abstracts International Section A: Humanities and Social Sciences, Vol 59(2-A), Aug, 1998. pp. 0556.

Katz, D., & Stotland, E. (1959). A preliminary statement to a theory of attitude structure and change. In S. Koch (Ed.), *Psychology: A study of a science*, *3*. New York: McGraw-Hill.

Kelley-Milburn, Deborah, and Michael A. Milburn (1995), "Cyberpsych: Resources for Psychologists on the Internet," *Psychological Science*, 6 (July), 203—212.

Kent R J, Allen C T. Competitive Interference Effects in Consumer Memory for Advert ising: The Role of Brand Familiarity. *Journal of Marketing*, 1994, 58(July):97 - 105.

Kidder, L. H. , & Campbell, D. T. (1970). The indirect testing of social attitudes. In G. Summer (Ed.), *Attitude measurement*. Chicago: Rand McNally.

King, K. W. , & Tinkham, S. F. (1989). The learning and retention of outdoor advertising. *Journal of Advertising Research*, 29(6),47 -51.

Korgaonkar, P. K. , Karson, E. J. , & Akaah, I. (1997). Direct marketing advertising: The assents, the dissents, and the ambivalents. *Journal of Advertising Research*, 37,41 -55.

Korgaonkar, Pradeep, and Lori D. Wolin (1999), "A Multivariate Analysis of Web Usage,"*Journal of Advertising Research*, 39 (March/April), 53 -68.

Krugman, Herbert E. (1983), "Television Program Interest and Commercial Interruption: Are Commercials on Interesting Programs Less Effective?" *Journal of Advertising Research*, 23 (February/March), 21 -23.

Kutner, B. , Wilkins, C. , & Yarrow, P. R. (1952). Verbal attitudes and overt behavior involving racial prejudice. *Journal of Abnormal and Social Psychology*, 47,649 -652.

Larkin, E. F. (1977). A factor analysis of college student attitudes toward advertising. *Journal of Advertising*, 6(2),42 -46.

Leavitt, C. (1970). A multidimensional set of rating scales for television commercials. *Journal of Applied Psychology*, 54,427 -429.

Lee, S. , & Lumpkin, J. (1992). Differences in attitudes toward TV advertising: VCR usage as a moderator. *International Journal of Advertising*, 11(4),333 -342.

Lee, W. N. , & Katz, H. (1993). New media, new message: An initial inquiry into audience reactions to advertising on videocassettes. *Journal of Advertising Research*, 33(1),74 -85.

Li, Hairong, Steven M. Edwards, and Joo-Hyun Lee (2002), "Measuring the Intrusiveness of Advertisements: Scale Development and Validation," Journal of Advertising, 31 (Summer), 37 -47.

Lutz, R. J. (1985). Affective and cognitive antecedents of attitude toward the ad: A conceptual framework. In L. F. Alwitt & A. A. Mitchell (Eds), Psychological processes and advertising effects: Theory, research, and applications (pp. 45 – 63). Hillsdale, NJ: Lawrence Erbum Associates, Inc., Publishers.

Lutz, R. J., MacKenzie, S. B., & Belch, G. E(1983). Attitude toward the ad as a mediator of advertising effectiveness: Determinants and consequences. In R. P. Bagozzi & M. Tybout (Eds.), Advances in consumer research: Volume 10 (pp. 532 – 539). Ann arbor, MI: Association for Consumer Research.

Likert, R. (1967). The method of constructing an attitude scale. In M. Fishbein (Ed.), *Readings in attitude theory and measurement*. New York: John Wiley & Sons, Inc.

MacKenzie, S. B., Lutz, R. J., & Belch, G. E. (1986). The role of attitude toward the ad as a mediator of advertising effectiveness: A test of competing explanations. *Journal of Marketing Research*, 23, 130 – 143.

MacKenzie, S. B., & Lutz, R. J. (1989). An empirical examination of the structural antecedents of attitude toward the ad in an advertising pretesting context. *Journal of Marketing*, 53, 48 – 65.

Machleit KA, Wilson RD. Emotional Toward the Advertisement: The Roles of Brand Familiarity and Repetition. *Journal of Advertising*, 1988, 17(3): 27 – 35

Machleit KA, Allen CT, Madden TJ. The Mature Brand and Brand Interest: An Alternative Consequence of Ad-Evoked Affect. *Journal of Marketing*, 1993, 57(October): 72 – 82.

Maheswaran, D., & Meyers-Levy, J. The influence of message framing and issue involvement [J]. *Journal of Marketing Research*, 1990, 27: 361 – 367.

McDonald, C. (1991). Sponsorship and the image of the sponsor. *European Journal of Marketing*, 25, 31 – 38.

McFadden Publications. (1951, May 9). *How the public looks at advertising*. McFadden Publications Wage Earner Forum.

McGuire, W. J. (1968). The nature of attitudes and attitude change. In G. Lindzey & E. Aronson (Eds.), *Handbook of social psychology* (2nd ed.). Reading, MA: Addison-Wesley.

MediaPost (2002), "More CPCs," Just an Online Minute (March 13), available at www. mediapost. com (accessed May 10, 2003).

Meenaghan, T. (2001 a). Sponsorship and advertising: A comparison of consumer perceptions. *Psychology and Marketing*, 18(2),191 –215.

Meenaghan, T. (2001b). Understanding sponsorship effects. *Psychology and Marketing*, 18(2),95 –122.

Mehta, A. (2000). Advertising attitudes and advertising effectiveness. *Journal of Advertising Research*, 40(3),67 –72.

Mehta, R., & Sivadas, E. (1995). Direct marketing on the Internet: An empirical assessment of consumer attitudes. *Journal of Direct Marketing*, 9 (3),21 –32.

Miller, Steven E. (1996), Civilizing Cyberspace: Policy, Power, and the Information Superhighway, New York: ACM Press.

Miniard, P. W., Bhatla, S., & Rose, R. L. (1990). On the foundation and relationship of ad and brand attitudes: An experimental and causal analysis. *Journal of Marketing Research*, 27,290 –303.

Mitchell, A. W., & Olson, J. C. (1981). Are product attribute beliefs the only mediator of advertising effects on brand attitude? *Journal of Marketing Research*, 18,318 –332.

Mittal, B. (1994). Public assessment of TV advertising: Faint praise and harsh criticism. *Journal of Advertising Research*, 34(1),35 –53.

Muehling, D. D. (1986). The influences of attitudes-toward-advertising-in-general on attitude-toward-an-ad. In T. A. Shimp, S. Sharma, W. Dillon, R. Dyer, M.

Mitchell (1986), "The Effects of Verbal and Visual Components of Advertisements on Brand Attitudes and Attitudes Toward the Advertisements". *Journal of Consumer Research* 13(June), 12 – 14.

Morris, Jon D., Chongmoo Woo, and Chang-Hoan Cho (2003), "Internet Measures of Advertising Effects: A Global Issue," *Journal of Current Issues and Research in Advertising*, 25 (Spring), 25 –43.

Muehling, D. D. (1987). An investigation of factors underlying attitude toward advertising in general. *Journal of Advertising*, 16(1),32 –40.

Norris, V. (1984). The economic effects of advertising: A review of the literature. *Current Issues and Research in Advertising*, 7(2),39 -134.

Olson, D. (1985). The characteristics of high-trial new product advertising. *Journal of Advertising Research*, 25,11 -16.

Oliver, Richard L. (1980), "A Cognitive Model of the Antecedents and Consequences of Satisfaction Decisions," Journal of Marketing Research, 17 (November), 460 -469.

Peter, J. P. (1981). Construct validity: A review of basic issues and marketing practices. *Journal of Marketing Research*, 18,133 -145.

Peter, J. P. , & Churchill, G. A. (1986). Relationships among research design choices and psychometric properties of rating scales: A meta-analysis. *Journal of Marketing Research*, 23(1),1 -10.

Petroshius, S. M. (1986). An assessment of business students' attitudes toward advertising. In T. A. Shimp, S. Sharma, W. Dillon, R. Dyer, M. Gardner, G. John,

Petty, R. E. , & Cacioppo, J. T. (1981). *Attitude and persuasion: Classic and contemporary approaches*. Dubuque, IA: Wm. C. Brown Company Publishers.

Petty, R. E. , & Cacioppo, J. T. Personal involvement as a determinant of argument- based persuasion [J]. *Journal of Personality and Social Psychology*, 1981: 41,847 -855.

Petty, R. E. , Cacioppo, J. T. , & Schumann, D. (1983). Central and peripheral routes to advertising effectiveness: The moderating role of involvement. *Journal of Consumer Research*, 10(2),135 -146.

Petty ,R. E. , & Cacioppo, J. T. The effects of involvement on response to argument quantity and quality: Central and peripheral routes to persuasion [J]. *Journal of Personality and Social Psychology*, 1984, 46(1): 69 -81.

Petty, R. E. , & Cacioppo, J. T. (1985). Central and peripheral routes to persuasion: The role of message repetition. In L. F. Alwitt & A. A. Mitchell (Eds.), *Psychological processes and advertising effects theory, research, and application*. Hillsdale, NJ: Lawrence Erlbaum Associates.

Petty, R. E. , & Cacioppo, J. T. Communication and persuasion: Central and peripheral routes to attitude change [J]. *Journal of Personality and Social*

Psychology, 1986,51(5): 1032–1043.

Pollay R W, Tse D, Wang Z. Y. Advertising, Propaganda, and Value Change in Economic Development: The New Cultural Revolution in China and Attitude Toward Advertising[J]. *Journal of Business Research*, 1990,May: 83 –95.

Pollay, R. W. , & Mittal, B. (1993). Here's the beef: Factors, determinants, and segments in consumer criticism of advertising. *Journal of Marketing*, 57(3),99 –114.

Pope, N. , & Voges, K. (1997). An exploration of sponsorship awareness by product Poppleton, P. K. , & Pilkington, G. W. (1964). A comparison of four methods of scoring an attitude scale in relation to its reliability and validity. *British Journal of Social and Clinical Psychology*, 3,36 –39.

Previte, J. (1998). *Internet advertising: An assessment of consumer attitudes to advertising on the Internet*. Paper presented at the 1998 Communications Research Forum, Canberra, Australia.

Raven, B. H. , & Fishbein, M. (1961). Acceptance of punishment and change in belief. *Journal of Abnormal and Social Psychology*, 63,411 –416.

Redbook Special Report. (1959). *Study of public attitudes toward advertising*. Redbook.

Reid, L. N. , & Soley, L. C. (1982). Generalized and personalized attitudes toward advertising's social and economic effects. *Journal of Advertising*, 11(3),3 – 7.

Richins, M. (1991). Social comparison and the idealized images of advertising. *Journal of Consumer Research*, 18,71 –83.

Richard A. Davis. The Influence of Sales Protmotion on Consumer Behavior in Financial Service. *Social Psychology Quarterly*. Vol. 48, No. 1 (Mar. , 1985), pp. 89 – 93

Robinson, J. P. , Shaver, P. R. , & Wrightsman, L. S. (1991). Criteria for scale selection and evaluation. In J. P. Robinson, P. R. Shaver, & L. S. Wrightsman (Eds.), *Measures of personality and social psychological attitudes*. San Diego: Academic Press.

Rodger, s. , & Thorson, E. (2000). The interactive advertising model: How users perceive and process online ads. *Journal of Interactive Advertising*, 1

(1).

Rokeach, M. (1968). *Beliefs, attitudes, and values: A theory of organization and change*. San Francisco: Jossey-Bass, Inc.

Rokeach, M. (1973). *The nature of human values*. New York: The Free Press.

Rosenberg, M. J. (1956). Cognitive structure and attitudinal affect. *Journal of Abnormal and Social Psychology*, 53,367–372.

Rosenberg, M. J., & Hovland, C. I. (1960). Cognitive, affective, and behavioral

components of attitudes. In C. I. Hovland, & M. J. Rosenberg (Eds.), *Attitude organization and change: An analysis of consistency among attitude components*. New Haven, CT: Yale University Press.

Rosen, Ellen F., and Linda C. Petty (1995), "The Internet and Sexuality Education: Tapping into the Wild Side," Behavior Research Methods, Instruments, and Computers, 27 (May), 281–284.

Russo, Edward J., and Eric J. Johnson (1980), "What Do Consumers Know About Familiar Products?" in Proceedings of Advances in Consumer Research, Jerry C. Olson, ed., San Francisco: Association for Consumer Research, 417–423.

Ross, S. D. (2003). *The development of a scale to measure professional sport team brand associations*. Unpublished doctoral dissertation, University of Illinois. Urbana-Champaign. Rummel, R. J. (1970). *Applied factor analysis*. Evanston, IL: Northwestern University Press.

Russell, J. T., & Lane, W. R. (1989). *Kleppner' advertising procedure* (11th ed.). Englewood Cliffs, NJ: Prentice Hall.

Sandage, C. H., & Leckenby, J. D. (1980). Student attitudes toward advertising: Institution vs. instrument. *Journal of Advertising*, 9(2),29–32.

Schlinger, M. J. (1979). A profile of responses to commercials. *Journal of Advertising Research*, 19,37–46.

Schlosser, A. E., Shavitt, S., & Kanfer, A. (1999). Survey of Internet users' attitudes toward Internet advertising. *Journal of Interactive Marketing*, 13(3),34–54.

Schutz, H. G. , & Casey, M. (1981). Consumer perceptions of advertising as misleading. *Journal of Consumer Affairs*, 15,340 –357.

Schultz, Don E. (2006 a), "IMC Is Do or Die in New Pull Marketplace," Marketing News, 40(13),7.

Schultz, Don E. (2006 b), "Integration's New Role Focuses on Customers," Marketing News, 40(15),8.

Schultz, Don E. (2008), "The Changing Role of Integrated Marketing Communication," presentation made at Queensland University of Technology, Queensland, Australia (March 5).

Segal, M. N. (1984). Alternative form conjoint reliability. *Journal of Advertising Research*, 4,31 –38.

Sepstrup, P. (1985). Information content in TV advertising: Consumer policy implications of the growing supply of TV advertising in Europe. *Journal of Consumer Policy*, 8,239 –265.

Shank, M. D. (1999). *Sports marketing: A strategic perspective*. Upper Saddle River, NJ: Prentice-Hall, Inc. Shavitt, S. , Lowrey, P. , & Haefner, J. (1998). Public attitude toward advertising: More favorable than you might think. *Journal of Advertising Research*, 38(4),7 –22.

Schlosser, Ann E. Shavitt, Sharon. SURVEY OF INTERNET USERS' ATTITUDE TOWARD INTERNET ADVERTISING. Journal of Interactive Marketing (John Wiley & Sons); Summer 99, Vol. 13 Issue 3, p34 – 54,21p, 3 Charts.

Sheppard, B. H. , Hartwick, J. , & Warshaw, P. R. (1988). The theory of reasoned action: A meta-analysis of past research with recommendations for modifications and future research. *The Journal of Consumer Research*, 15 (3),325 –343.

Shimp, T. A. (1981). Attitude toward the ad as a mediator of consumer brand choice. *Journal of Advertising*, 10(2),9 –15.

Shiffrin, R. M. ,&Schneider, W. Controlled and automatic human information processing: perceptual learning, automatic attending, and a general theory [J]. *Psychological Review*, 1977: 84,127 –190.

Shwu-Ing Wu. The Relationship Structure Comparison of Internet Advertising Effects on Different Product Involvement Clusters. *Journal of International*

Marketing & Marketing Research; Jun 2008, Vol. 33 Issue 2, 87 - 111,25p

Shwu-lng Wu. Jui-Ho Chen. Ping-Liang Liu. The relationship model of internet advertising effect - an examination of computer advertising. Journal of International Marketing & Marketing Research; Jan 2011, Vol. 36 Issue 1, 3 - 23, 21p, 2 Diagrams, 2 Charts Response to Internet Advertising Among Malaysian Young Consumers.

Smith R E. Integrating Information From Advertising and Trial Process and Effects on Consumer Response to Product Information. *Journal of Marketing Research*, 1993, 18(May) :204 - 219.

Smith, Robert E., and William R. Swinyard (1982), "Information Response Models: An Integrated Approach," Journal of Marketing, 46 (Winter), 81 -93.

Speck, Paul Surgi and Michael T. Elliott (1997), "Predictors of Advertising Avoidance in Print and Broadcast Media," Journal of Advertising, 26(3), 61 -76.

Tellis G J. Effective Advertising Understanding When, How and Why Advertising Works. Thousand Oaks: Sage Publications, 2004.

Thurstone, L. L. (1928). Attitude can be measured. *American Journal of Sociology*, 33,529 -554.

Triandis, H. C. (1971). *Attitude and attitude change*. New York: John Wiley & Sons, Inc.

Triff, M., Benningfield, D. B., & Murhpy, J. H. (1987). Advertising ethics: A study of public attitudes and perceptions. In F. Leasley (Eds.), *Proceedings of the American Academy of Advertising*, 50 -54.

Turley, L., & Shannon, J. (2000). The impact of effectiveness of advertisements in a sports arena. *Journal of Service Marketing*, 14(4), 323 - 336.

Vakratsas, Demetrios, and Tim Ambler (1999), "How Advertising Works: What Do We Really Know?" *Journal of Marketing*, 63 (January), 26 -43.

Vaughn, Richard (1986), "How Advertising Works: A Planning Model Revisited, "*Journal of Advertising Research*, 26 (February/March), 57 - 66.

Vorhaus, Mike. Serving online video ads? Shorter and earlier is better. Advertising Age; 6/11/2007, Vol. 78 Issue 24, 23 - 23,1/4p.

Warner, L. G., & DeFleur, M. L. (1969). Attitude as an interactional concept: Social constraint and social distance as intervening variables between attitudes and action. *American Sociological Review*, 34,153 -169.

Wells, W. D. , Leavitt, C. , & McConville, M. A. (1971). A reaction profile for TV commercials. *Journal of Advertising Research*, 11,11 -15.

Wells, W. D. , Burnett, J. , & Moriarty, S. (2000). *Advertising: Principles and practice* (5th ed.). Upper Saddle River, NJ: Prentice Hall, Inc.

Wicker, A. W. (1969). Attitudes vs. actions: The relationship of verbal and overt behavioral responses to attitude object. *Journal of Social Issues*, 25, 41 -78.

Wilkie, W. L. (1986). *Consumer behavior*. New York: John Wiley & Sons, Inc.

Wolin, Lori D. , Florida Atlantic U. , US. Internet advertising: A selectivity model approach to analyzing gender differences in information processing. Dissertation Abstracts International Section A: Humanities and Social Sciences, Vol 62(5-A), Nov, 2001. pp. 1891.

Woodside, A. G. (1990). Outdoor advertising as experiments. *Journal of the Academy of Marketing Science*, 18(3),229 -237.

Yang, Kenneth C. C. Internet Users' Attitudes Toward and Beliefs About Internet Advertising: An Exploratory Research from Taiwan. Journal of International Consumer Marketing; 2003, Vol. 15 Issue 4, p43 - 65,23p.

Zaichkowsky, J. L. (1985). Measuring the involvement construct. *Journal of Consumer Research*, 12,341 -352.

Zanot, E. (1981). Public attitudes toward advertising. *Proceedings of the American Academy of Advertising: Advertising in a new age*. Provo, UT: American. Academy of Advertising.

Zanot, Eric J. (1984). Public Attitudes towards Advertising: The American Experience. International Journal of Advertising, 3(1), 3 - 15.

Zeff, Robin, and Aronson Brad (1999), *Advertising on the Internet*, New York: Wiley.

Zhao X, Shen F. Audience attitude to Commercial Advertising in China in the 1980s[J]. *Intenational Journal of Advectising*, 1 95,14: 374 -390.

Zhou D, Zhang W, Vminsky I. Advertising Trends in Urban Chinap. *Journal of Advertising Research*, 2002,42(3): 73 -81.

附录1：调查问卷

网络广告态度与行为

测量问卷

> 您好！
> 欢迎您参加网络广告态度与行为的问卷调查，此调查是学术研究课题，目的在于了解您日常网络使用情形和对网络广告的心理反应和行为。本调查不涉及个人隐私信息，调查结果仅用于学术研究，我们会对您提供的信息严格保密。非常感谢您的参与！
> 中国传媒大学传播心理研究所
> 2013年1月

填答说明：1. 选择题：在相应的选项上划"√"；电子版填答可将选项变换颜色。
2. 量表题：1.2.3.4.5分别代表不同的程度，请根据自己的实际情况在相应级别的数字上"√"。一般"1"代表的程度最低，"5"代表的程度最高，以此类推；
3. 时　间：10分钟左右。

S　甄别部分

S1 请问，您访问过新浪、搜狐、网易等门户网站吗？

1-是　　2-否【选择2，终止访问】

S2 请问，您使用过搜索引擎工具搜索信息吗？

1-是　　2-否【选择2，终止访问】

S3 请问，您进行过网购吗？

1-是　　2-否【选择2，终止访问】

A部分——网络使用情况

A1-请问您的上网频次是：

1-小于每周1次　2-平均每周1次　3-平均每周3次　4-每天都上

A2 -您的上网方式是：

1 -手机为主　　2 - PC 为主　　3 -两者交替使用

A3 -在使用手机和 PC 上网的时长上，符合您的情况的是？

1 -更多使用 PC　　2 -两者差不多　　3 -更多使用手机

A4 -您平均每天有网络行为的互联网使用时长：

1 -小于等于 1 小时　　2 - 1 - 3 小时　　3 - 3 - 5 小时

4 - 5 - 7 小时　　5 - 7 - 9 小时　　6 - 9 小时以上

A5 -您认为自己依赖互联网吗？

1 -非常依赖　　2 -比较依赖　　3 -依赖　　4 --不依赖

5 -非常不依赖

A6 -关于网络使用的动机，以下我们列出一些情形，按照您该行为的频繁程度打分，分值越大越频繁。

		经常	有时	一般	偶尔	从不
1	借助网络学习和充电	5	4	3	2	1
2	获取工作相关信息	5	4	3	2	1
3	获取新闻信息	5	4	3	2	1
4	获取与产品、服务、品牌有关的商业信息	5	4	3	2	1
5	获得娱乐信息	5	4	3	2	1
6	使用即时通信工具与他人沟通交流	5	4	3	2	1
7	使用微博、人人网等社交网络与他人互动	5	4	3	2	1
8	使用邮件与他人联络	5	4	3	2	1
9	看电影	5	4	3	2	1
10	玩游戏	5	4	3	2	1
11	去喜欢的论坛或网站浏览感兴趣的话题	5	4	3	2	1

A7 -除了网络之外，你接触最多的媒体是？

1 -电视　　2 -报纸　　3 -广播

4 -杂志　　5 -其他：________（请写出）

A8 -你最主要的商业信息来源于哪？以下我们列出一些语句，你是否认同这些说法，按照认同程度给每个句子打分，分值越大表示越认同。

		非常同意	比较同意	无所谓	不太同意	很不同意
1	朋友和家人的推荐，是我获得商品、品牌、促销等商业信息的主要来源	5	4	3	2	1
2	网络广告是我获得商品、品牌、促销等商业信息的主要来源	5	4	3	2	1
3	网络口碑是我获得商品、品牌、促销等商业信息的主要来源	5	4	3	2	1
4	电视广告是我获得商品、品牌、促销等商业信息的主要来源	5	4	3	2	1
5	杂志广告是我获得商品、品牌、促销等商业信息的主要来源	5	4	3	2	1
6	报纸广告是我获得商品、品牌、促销等商业信息的主要来源	5	4	3	2	1
7	广播广告是我获得商品、品牌、促销等商业信息的主要来源	5	4	3	2	1
8	地铁、楼宇广告是我获得商品、品牌、促销等商业信息的主要来源	5	4	3	2	1
9	户外广告是我获得商品、品牌、促销等商业信息的主要来源	5	4	3	2	1
10	商场、店铺、超市等商品终端，是我获得商品、品牌、促销等商业信息的主要来源	5	4	3	2	1

A9 -以下我们列出一些语句，你是否认同这些说法，按照认同程度给每个句子打分，分值越大表示越认同。

		非常同意	比较同意	无所谓	不太同意	很不同意
1	我认为网络广告有必要存在	5	4	3	2	1
2	我认为网络广告对我有帮助	5	4	3	2	1
3	我喜欢网络广告	5	4	3	2	1
4	总体而言，网络广告令我满意	5	4	3	2	1

续表

		非常同意	比较同意	无所谓	不太同意	很不同意
5	总体而言，我认为网络广告是好的事物	5	4	3	2	1
6	点击网络广告有安全隐患	5	4	3	2	1
7	网络广告是商家有目的推送给我的	5	4	3	2	1
8	网络广告并不是我需要的信息	5	4	3	2	1
9	网络广告是虚假的	5	4	3	2	1
10	网络广告影响我上网，它们浪费我的时间	5	4	3	2	1
11	制作精良的网络广告中的品牌让人觉得有实力感	5	4	3	2	1
12	网络广告的好坏并不会影响我对品牌的忠诚度	5	4	3	2	1
13	我倾向于网购有品牌知名度的产品	5	4	3	2	1
14	我不喜欢干扰性强的网络广告中的品牌	5	4	3	2	1
15	我对制作粗劣的网络广告中的品牌很反感	5	4	3	2	1
16	网络购物方便快捷，对我很有帮助	5	4	3	2	1
17	我支持网络购物	5	4	3	2	1
18	我信赖网络购物	5	4	3	2	1
19	我喜欢网络购物	5	4	3	2	1
20	总体而言，我对网络购物是满意的	5	4	3	2	1
21	网络购物时，商家的高信誉并不完全可信	5	4	3	2	1
22	网络购物时，商品的筛选很花费时间	5	4	3	2	1
23	网络购物的商品品质难以保证	5	4	3	2	1
24	并不是所有的商品都适合网络购买	5	4	3	2	1
25	网络购物后，商品的退换货很麻烦	5	4	3	2	1

B 部分——门户网站横幅广告的态度与行为

B1 -你经常访问的门户网站是？

1 -新浪　　2 -搜狐　　3 -网易

4 -腾讯　　5 -其他：________（选 5 请注明）

B2 -使用门户网站的频次是？

1 -一天内多次　　2 -每天 1 次　　3 -多于每周 1 次

4 -少于每周 1 次

B3 -你每次浏览门户网站的时长是?

1 - 10 分钟以下　　2 - 10—30 分钟　　3 - 30 分钟—1 小时

4 - 1 小时以上

B4 -你一般主要浏览门户网站的哪些频道?(可多选)

1 -新闻　　2 -娱乐　　3 -财经

4 -体育　　5 -科技　　6 -读书

7 -汽车　　8 -旅游　　9 -房产

10 -教育　　11 -女性　　12 -游戏

13 -视频　　14 -博客　　15 -微博

16 -论坛

B5 -门户网站之外,你获取新闻信息的其他渠道有哪些?(可多选)

1 -新闻门户　　2 -微博　　3 -人人网

4 -论坛　　5 - QQ 弹窗　　6 -微信新闻

7 -其他软件终端　　8 -传统媒体　　9 -人际传播

10 -其他________(请注明)

B6 -门户网站中有一种网络广告,叫作 Banner 广告,也被称为横幅广告/旗帜广告等,是网页中最常见的一种网络广告形式,有些是静态图形,有些是动态图像,它包含很多规格:位于页面中的条幅式广告、位于页面两侧的对联式广告、自动弹出的广告窗口、页面上的全屏广告、悬浮在网页上方的广告等。在浏览门户网站时,你是否见到过这种形式的网络广告?

1 -是　　2 -否【终止回答】

B7 -浏览门户网站时,你通常是如何对待以上这些 Banner 广告的呢? 以下我们列出一些有关对待网络 Banner 广告的描述,你是否认同这些说法,按照认同程度给每个句子打分,分值越大表示越认同。(说明:网络广告即指——门户网站中的 Banner 广告)

		非常同意	比较同意	无所谓	不太同意	很不同意
1	我通常会注意看门户网站中的 Banner 广告	5	4	3	2	1
2	我一般对门户网站中的 Banner 广告视而不见	5	4	3	2	1
3	门户网站中的 Banner 广告通常会吸引我的视线	5	4	3	2	1

续表

		非常同意	比较同意	无所谓	不太同意	很不同意
4	我通常会在吸引我视线的网络广告上停留	5	4	3	2	1
5	我一般能快速识别出 Banner 广告中品牌名称和 logo	5	4	3	2	1
6	我一般能快速识别出 Banner 广告中的产品类型	5	4	3	2	1
7	我一般能快速识别出 Banner 广告中的广告文案/标题	5	4	3	2	1
8	我能轻松理解门户网站 Banner 广告的广告诉求	5	4	3	2	1
9	我能轻松理解门户网站 Banner 广告中的产品功能	5	4	3	2	1
10	我能记住门户网站 Banner 广告中的产品	5	4	3	2	1
11	我能记住门户网站 Banner 广告中的品牌	5	4	3	2	1
12	我对熟悉产品/品牌的 Banner 广告的印象更深	5	4	3	2	1
13	我能回忆出门户网站 Banner 广告的内容	5	4	3	2	1
14	Banner 广告经常让我联想到使用该产品和品牌的情形	5	4	3	2	1
15	通过 Banner 广告，我能联想到其他相关产品和品牌	5	4	3	2	1
16	门户网站 Banner 广告让我心情愉快	5	4	3	2	1
17	门户网站 Banner 广告让我有惊喜感	5	4	3	2	1
18	门户网站 Banner 广告令我生气	5	4	3	2	1
19	门户网站 Banner 广告惹人厌烦	5	4	3	2	1
20	门户网站 Banner 广告能引发我的购买意愿	5	4	3	2	1
21	浏览门户网站时，我通常会点击浏览我感兴趣的 Banner 广告	5	4	3	2	1
22	浏览门户网站时，我通常会点击浏览我需要产品的 Banner 广告	5	4	3	2	1
23	我通常会收藏我感兴趣的 Banner 广告页面/商品	5	4	3	2	1

续表

		非常同意	比较同意	无所谓	不太同意	很不同意
24	我通常关闭干扰我网络行为的网络广告	5	4	3	2	1
25	我通常会关闭 Banner 广告太多的页面	5	4	3	2	1
26	我下拉网页上的滚动条以回避 Banner 广告	5	4	3	2	1
27	我采取任何能回避网页上广告的行为	5	4	3	2	1
28	我通常关闭所有我接触到的 Banner 广告	5	4	3	2	1
29	门户网站 Banner 广告能引发我的网购行为	5	4	3	2	1
30	门户网站 Banner 广告能引发我的线下购买行为	5	4	3	2	1

B8 -以下我们列出一些有关门户网站 Banner 广告的语句，你是否认同这些说法，按照认同程度给每个句子打分，分值越大表示越认同。（说明：网络广告即指——门户网站中的 Banner 广告）

		非常同意	比较同意	无所谓	不太同意	很不同意
1	门户网站 Banner 广告中的产品/品牌通常是与我有关的	5	4	3	2	1
2	门户网站 Banner 广告中的产品/品牌通常符合我的需要	5	4	3	2	1
3	门户网站 Banner 广告中的产品/品牌令我感兴趣	5	4	3	2	1
4	门户网站 Banner 广告能提供给我详细的产品/品牌信息	5	4	3	2	1
5	门户网站 Banner 广告能提供最新的品牌、产品的趋势和动态信息	5	4	3	2	1
6	门户网站 Banner 广告的信息对我购买决策有帮助	5	4	3	2	1
7	门户网站 Banner 广告的诉求真实可信	5	4	3	2	1
8	门户网站 Banner 广告中的产品/品牌是真实可信	5	4	3	2	1
9	门户网站 Banner 广告诉求值得信赖	5	4	3	2	1

续表

		非常同意	比较同意	无所谓	不太同意	很不同意
10	门户网站 Banner 广告中的产品/品牌值得信赖	5	4	3	2	1
11	门户网站 Banner 广告制作精美	5	4	3	2	1
12	门户网站 Banner 广告很有创意	5	4	3	2	1
13	门户网站 Banner 广告很新颖	5	4	3	2	1
14	门户网站 Banner 广告能让我享受一段时间的放松/惬意	5	4	3	2	1
15	门户网站 Banner 广告中经常以有奖、优惠的方式激励我点击	5	4	3	2	1
16	门户网站 Banner 广告的数量太多	5	4	3	2	1
17	门户网站 Banner 广告是动态炫目的，总会吸引我的视线	5	4	3	2	1
18	门户网站 Banner 广告总处于页面的显眼位置，视线没法避开	5	4	3	2	1
19	门户网站 Banner 广告通常无法忽视	5	4	3	2	1
20	门户网站 Banner 广告通常无法避开	5	4	3	2	1
21	门户网站 Banner 广告通常无法关闭	5	4	3	2	1
22	门户网站 Banner 广告通常带有迷惑性，一点关闭反而打开	5	4	3	2	1
23	门户网站 Banner 广告分散我的注意力	5	4	3	2	1
24	门户网站 Banner 广告会阻碍我浏览目标信息	5	4	3	2	1
25	门户网站 Banner 广告经常打断我的网络行为	5	4	3	2	1

B9 -对于以下描述语句，你的认同程度如何，按照认同程度给每个句子打分，分值越大表示越认同。

		非常同意	比较同意	无所谓	不太同意	很不同意
1	我的门户网站使用经验丰富	5	4	3	2	1
2	我很熟悉门户网站	5	4	3	2	1
3	门户网站提供的信息公正、客观	5	4	3	2	1

续表

		非常同意	比较同意	无所谓	不太同意	很不同意
4	门户网站值得信赖	5	4	3	2	1
5	门户网站对我很有帮助	5	4	3	2	1
6	我喜欢门户网站	5	4	3	2	1
7	门户网站令我满意	5	4	3	2	1
8	我浏览门户网站时通常是认真的,而非心不在焉的	5	4	3	2	1
9	我浏览门户网站时通常是兴奋的,而非倦怠的	5	4	3	2	1
10	我浏览门户网站时轻松自在地,没有时间紧迫感	5	4	3	2	1
11	我浏览门户网站时,有了解网络广告的兴趣	5	4	3	2	1
12	浏览门户网站时,我有了解所接触到的网络广告中产品/品牌信息的兴趣	5	4	3	2	1
13	浏览门户网站时,我有了解网络广告的需要	5	4	3	2	1
14	浏览门户网站时,我有购买商品(购物)的需要	5	4	3	2	1
15	浏览门户网站的目的通常是为了获取信息	5	4	3	2	1
16	浏览门户网站的目的通常是为了消遣娱乐	5	4	3	2	1
17	浏览门户网站时,我有购买特定产品和品牌的动机	5	4	3	2	1

C 部分——搜索引擎关键字广告的态度与行为

C1 -你使用最多的搜索引擎网站是?

1 -谷歌　　2 -百度　　3 -有道

4 -综合搜索　　5 -其他________(选择 5 请注明)

C2 -使用搜索引擎的频次是?

1 -需要搜索时就使用,一天内多次　　2 -平均每天 1 次左右

3 -平均每周 3 次左右　　4 -平均每周 1 次左右

5 -小于每周 1 次左右

C3 -你使用搜索引擎的原因是?(可多选)

1 -工作需要　　2 -学习需要　　3 -娱乐需要

4 -生活需要　　5 -其他________（选择 5 请注明）

C4 -你一般搜索哪些类别？（可多选）

1 -网页　　2 -新闻　　3 -音乐

4 -视频　　5 -论坛/贴吧　　6 -知道/知识堂

7 -图片　　8 -文库　　9 -词典

10 -地图　　11 -其他________（选择 11 请注明）

C5 -你对搜索引擎结果页面的浏览情况是以下哪种？

1 -首页面　　2 - 1—2 页内的信息

3 - 5 页以内的信息　　4 - 10 页以内的信息

5 - 10 页以上的信息

C6 -搜索引擎关键词广告，是指我们在使用搜索引擎工具检索某一关键词时，在检索结果页面会出现与该关键词相关的广告内容链接。关键词广告主要包含广告标题、简介、网址等要素，一般在搜索结果页面中与自然搜索结果分开，主要分布在结果条目中，以及搜索结果页面的右方。在使用搜索引擎检索信息时，你是否见到过这种形式的网络广告？

1 -是　　2 -否【终止回答】

C7 -使用搜索引擎检索信息时，你通常是如何对待这些搜索引擎关键词广告的呢？以下我们列出一些有关搜索引擎关键字广告的描述，你是否认同这些说法，按照认同程度给每个句子打分，分值越大表示越认同。（说明：以下语句中网络广告即指——搜索引擎结果中的关键字广告链接）

		非常同意	比较同意	无所谓	不太同意	很不同意
1	我通常会注意看搜索结果中的网络广告	5	4	3	2	1
2	我一般对搜索结果中的网络广告视而不见	5	4	3	2	1
3	搜索结果中的网络广告经常会吸引我的视线	5	4	3	2	1
4	我通常会在吸引我视线的关键词广告上停留	5	4	3	2	1
5	我一般能快速识别出关键词广告链接中品牌名称和 logo	5	4	3	2	1
6	我一般能快速识别出关键词广告链接中的产品类型	5	4	3	2	1
7	我一般能快速识别出关键词广告链接的广告文案/标题	5	4	3	2	1

续表

		非常同意	比较同意	无所谓	不太同意	很不同意
8	我能轻松理解关键词广告链接的广告诉求	5	4	3	2	1
9	我能轻松理解关键词广告链接中的产品功能	5	4	3	2	1
10	我能记住关键词广告链接中的产品	5	4	3	2	1
11	我能记住关键词广告链接中的品牌	5	4	3	2	1
12	我对熟悉产品/品牌的关键词广告的印象更深	5	4	3	2	1
13	我能回忆出关键词广告链接中的内容	5	4	3	2	1
14	通过关键词广告,我经常联想我使用该产品和品牌的情形	5	4	3	2	1
15	通过关键词广告,我能联想到其他相关产品和品牌	5	4	3	2	1
16	搜索引擎关键词广告让我心情愉快	5	4	3	2	1
17	搜索引擎关键词广告让我有惊喜感	5	4	3	2	1
18	搜索引擎关键词广告令我生气	5	4	3	2	1
19	搜索引擎关键词广告惹人厌烦	5	4	3	2	1
20	搜索引擎关键词广告能引发我的购买意愿	5	4	3	2	1
21	我通常会点击浏览我感兴趣的搜索引擎关键词广告	5	4	3	2	1
22	我通常会点击浏览我需要产品的搜索引擎关键词广告	5	4	3	2	1
23	我通常会收藏我感兴趣的广告页面/商品	5	4	3	2	1
24	我通常关闭干扰我网络行为的关键词广告	5	4	3	2	1
25	我通常会关闭关键词广告太多的页面	5	4	3	2	1
26	我下拉网页上的滚动条以回避搜索引擎关键词广告	5	4	3	2	1
27	我采取任何能回避网页上广告的行为	5	4	3	2	1
28	我通常关闭所有我接触到的搜索引擎关键词广告	5	4	3	2	1
29	搜索引擎关键词广告能引发我的网购行为	5	4	3	2	1
30	搜索引擎关键词广告能引发我的线下购买行为	5	4	3	2	1

C8-以下我们列出一些有关搜索引擎关键字广告的语句，你是否认同这些说法，按照认同程度给每个句子打分，分值越大表示越认同。（说明：以下语句中网络广告即指——搜索引擎结果中的关键字广告链接）

		非常同意	比较同意	无所谓	不太同意	很不同意
1	搜索引擎关键词广告中的产品/品牌通常是与我有关的	5	4	3	2	1
2	搜索引擎关键词广告中的产品/品牌通常符合我的需要	5	4	3	2	1
3	我对搜索引擎关键词广告中的产品/品牌感兴趣	5	4	3	2	1
4	搜索引擎关键词广告能提供给我详细的产品/品牌信息	5	4	3	2	1
5	搜索引擎关键词广告能提供最新的品牌、产品的趋势和动态信息	5	4	3	2	1
6	搜索引擎关键词广告的信息对我购买决策有帮助	5	4	3	2	1
7	搜索引擎关键词广告的诉求真实可信	5	4	3	2	1
8	搜索引擎关键词广告中的产品/品牌是真实可信	5	4	3	2	1
9	搜索引擎关键词广告诉求值得信赖	5	4	3	2	1
10	搜索引擎关键词广告中的产品/品牌值得信赖	5	4	3	2	1
11	搜索引擎关键词广告制作精美	5	4	3	2	1
12	搜索引擎关键词广告很有创意	5	4	3	2	1
13	搜索引擎关键词广告很新颖	5	4	3	2	1
14	搜索引擎关键词广告能让我享受一段时间的放松/惬意	5	4	3	2	1
15	搜索引擎关键词广告经常以有奖、优惠的方式激励我点击	5	4	3	2	1
16	搜索引擎关键词广告的数量太多	5	4	3	2	1
17	搜索引擎关键词广告是动态炫目的，总会吸引我的视线	5	4	3	2	1

续表

		非常同意	比较同意	无所谓	不太同意	很不同意
18	搜索引擎关键词广告总处于页面的显眼位置，视线没法避开	5	4	3	2	1
19	搜索引擎关键词广告通常无法忽视	5	4	3	2	1
20	搜索引擎关键词广告通常无法避开	5	4	3	2	1
21	搜索引擎关键词广告通常无法关闭	5	4	3	2	1
22	搜索引擎关键词广告通常带有迷惑性，一点关闭反而打开	5	4	3	2	1
23	搜索引擎关键词广告经常分散我的注意力	5	4	3	2	1
24	搜索引擎关键词广告会阻碍我浏览目标信息	5	4	3	2	1
25	搜索引擎关键词广告经常打断我的网络行为	5	4	3	2	1

C9 -使用搜索引擎网站时，对于以下情形的描述语句，你的认同程度如何，按照认同程度给每个句子打分，分值越大表示越认同。

		非常同意	比较同意	无所谓	不太同意	很不同意
1	我的搜索引擎网站使用经验丰富	5	4	3	2	1
2	我很熟悉搜索引擎网站	5	4	3	2	1
3	搜索引擎网站提供的信息公正、客观	5	4	3	2	1
4	搜索引擎网站值得信赖	5	4	3	2	1
5	搜索引擎网站对我很有帮助	5	4	3	2	1
6	我喜欢搜索引擎网站	5	4	3	2	1
7	搜索引擎网站令我满意	5	4	3	2	1
8	我使用搜索引擎网站时通常是认真的，而非心不在焉的	5	4	3	2	1
9	我使用搜索引擎网站时通常是兴奋的，而非倦怠的	5	4	3	2	1
10	我使用搜索引擎网站时是轻松自在的，没有时间紧迫感	5	4	3	2	1

续表

		非常同意	比较同意	无所谓	不太同意	很不同意
11	使用搜索引擎检索信息时，我有了解网络广告的兴趣	5	4	3	2	1
12	使用搜索引擎检索信息时，我有了解所接触到的网络广告中产品/品牌信息的兴趣	5	4	3	2	1
13	使用搜索引擎检索信息时，我有了解网络广告的需要	5	4	3	2	1
14	使用搜索引擎检索信息时，我有购买商品（购物）的需要	5	4	3	2	1
15	我使用搜索引擎的目的是为了获取信息	5	4	3	2	1
16	我使用搜索引擎的目的通常是为了消遣娱乐	5	4	3	2	1
17	使用搜索引擎检索信息时，我通常有购买特定产品和品牌的动机	5	4	3	2	1

D部分—购物网站垂直搜索产品广告的态度与行为

D1 -你最近光顾的3个购物网站是？（请填写）

1 __________ 2 __________ 3 __________

D2 -使用电子商务网站的频次是？

1 -每天内多次　　2 -每天1次

3 -平均一周大于3次　　4 -平均一周小于3次

5 -平均每周1次　　6 -平均每月1次

7 -小于每月1次

D3 -你选择网购的主要商品是？（可多选）

1 -服装　　2 -鞋　　3 -数码

4 -家电　　5 -书籍　　6 -化妆品

7 -日用百货　　8 -美食吃喝　　9 -酒店住宿

10 -飞机票、火车票　　11 -电影票　　12 -话费充值

13 - 游戏点卡　　14 -包包　　15 -家居建材

16 -母婴用品　　17 -运动户外　　18 -珠宝手表

19 -其他________（请注明）

D4 -你平均每次浏览购物网站的时间大约是？

1 - 10分钟以内　　2 - 10—30分钟　　3 - 30分钟—1小时

4 - 1 小时以上

D5 -影响你网购行为的发生的前 5 项因素分别是?

1 ____________　2 ____________　3 ____________

4 ____________　5 ____________

1 -产品需要　2 -网络广告　3 -促销活动

4 -朋友推荐　5 -网络口碑　6 -传统媒体广告

7 -服务　8 -价格　9 -商家信誉

10 -商家所在区域　11 -是否包邮

D6 -在购物网站检索商品时,你也会接触到网络广告——即产品展示广告,是指用户在购物网站检索特定商品时,在搜索结果页面的下方和右方出现的产品展示广告。在使用购物网站时,你是否见到过这种形式的网络广告?

1 -是　2 -否【终止回答】

D7 -以下列出一些有关以上产品展示广告的描述,你是否认同这些说法,按照认同程度给每个句子打分,分值越大表示越认同。(说明:以下语句中网络广告即指——购物检索结果中的产品展示广告)

		非常同意	比较同意	无所谓	不太同意	很不同意
1	我通常会注意看检索结果中的产品展示广告	5	4	3	2	1
2	我一般对检索结果中的产品展示广告视而不见	5	4	3	2	1
3	检索结果中的产品展示广告经常会吸引我的视线	5	4	3	2	1
4	我通常会在吸引我视线的网络广告上停留	5	4	3	2	1
5	我一般能快速识别出网络广告中品牌名称和 logo	5	4	3	2	1
6	我一般能快速识别出网络广告中的产品类型	5	4	3	2	1
7	我一般能快速识别出网络广告中的广告文案/标题	5	4	3	2	1
8	我能轻松理解检索结果中的产品展示广告的广告诉求	5	4	3	2	1

续表

		非常同意	比较同意	无所谓	不太同意	很不同意
9	我能轻松理解检索结果中的产品展示广告中的产品功能	5	4	3	2	1
10	我能记住网络广告中的产品	5	4	3	2	1
11	我能记住网络广告中的品牌	5	4	3	2	1
12	我对熟悉产品/品牌的网络广告的印象更深	5	4	3	2	1
13	我能回忆出网络广告的内容	5	4	3	2	1
14	通过检索结果中的产品展示广告，我经常联想到使用该产品和品牌的情形	5	4	3	2	1
15	通过检索结果中的产品展示广告，我能联想到其他相关产品和品牌	5	4	3	2	1
16	检索结果中的产品展示广告让我心情愉快	5	4	3	2	1
17	检索结果中的产品展示广告让我有惊喜感	5	4	3	2	1
18	检索结果中的产品展示广告令我生气	5	4	3	2	1
19	检索结果中的产品展示广告惹人厌烦	5	4	3	2	1
20	检索结果中的产品展示广告能引发我的购买意愿	5	4	3	2	1
21	我通常会点击浏览我感兴趣的产品展示广告	5	4	3	2	1
22	我通常会点击浏览我需要产品的网络广告	5	4	3	2	1
23	我通常会收藏我感兴趣的广告页面/商品	5	4	3	2	1
24	我通常关闭干扰我网络行为的产品展示广告	5	4	3	2	1
25	我通常会关闭网络广告太多的页面	5	4	3	2	1
26	我下拉网页上的滚动条以回避广告	5	4	3	2	1
27	我采取任何能回避网页上广告的行为	5	4	3	2	1
28	我通常关闭所有我接触到的产品展示广告	5	4	3	2	1
29	检索结果中的产品展示广告能引发我的网购行为	5	4	3	2	1
30	检索结果中的产品展示广告能引发我的线下购买行为	5	4	3	2	1

D8 -以下我们列出一些语句,你是否认同这些说法,按照认同程度给每个句子打分,分值越大表示越认同。

		非常同意	比较同意	无所谓	不太同意	很不同意
1	产品展示广告中的产品/品牌通常是与我有关的	5	4	3	2	1
2	产品展示广告中的产品/品牌通常符合我的需要	5	4	3	2	1
3	我对购物检索结果中的产品展示广告中的产品/品牌感兴趣	5	4	3	2	1
4	购物检索结果中的产品展示广告能提供给我详细的产品/品牌信息	5	4	3	2	1
5	购物检索结果中的产品展示广告能提供最新的品牌、产品的趋势和动态信息	5	4	3	2	1
6	购物检索结果中的产品展示广告的信息对我购买决策有帮助	5	4	3	2	1
7	购物检索结果中的产品展示广告的诉求真实可信	5	4	3	2	1
8	购物检索结果中的产品展示广告中的产品/品牌是真实可信的	5	4	3	2	1
9	购物检索结果中的产品展示广告诉求值得信赖	5	4	3	2	1
10	购物检索结果中的产品展示广告中的产品/品牌值得信赖	5	4	3	2	1
11	购物检索结果中的产品展示广告制作精美	5	4	3	2	1
12	购物检索结果中的产品展示广告很有创意	5	4	3	2	1
13	购物检索结果中的产品展示广告很新颖	5	4	3	2	1
14	购物检索结果中的产品展示广告能让我享受一段时间的放松/惬意	5	4	3	2	1
15	购物检索结果中的产品展示广告中经常以有奖、优惠的方式激励我点击	5	4	3	2	1
16	购物检索结果中的产品展示广告的数量太多	5	4	3	2	1

续表

		非常同意	比较同意	无所谓	不太同意	很不同意
17	购物检索结果中的产品展示广告是动态炫目的，总会吸引我的视线	5	4	3	2	1
18	购物检索结果中的产品展示广告总处于页面的显眼位置，视线没法避开	5	4	3	2	1
19	购物检索结果中的产品展示广告通常无法忽视	5	4	3	2	1
20	购物检索结果中的产品展示广告通常无法避开	5	4	3	2	1
21	购物检索结果中的产品展示广告通常无法关闭	5	4	3	2	1
22	购物检索结果中的产品展示广告通常带有迷惑性，一点关闭反而打开	5	4	3	2	1
23	购物检索结果中的产品展示广告经常分散我的注意力	5	4	3	2	1
24	购物检索结果中的产品展示广告会阻碍我浏览目标信息	5	4	3	2	1
25	购物检索结果中的产品展示广告经常打断我的网络行为	5	4	3	2	1

D9-对于以下情形的描述语句，你的认同程度如何，按照认同程度给每个句子打分，分值越大表示越认同。

		非常同意	比较同意	无所谓	不太同意	很不同意
1	我的购物网站使用经验丰富	5	4	3	2	1
2	我很熟悉购物网站	5	4	3	2	1
3	购物网站提供的信息公正、客观	5	4	3	2	1
4	购物网站值得信赖	5	4	3	2	1
5	购物网站对我很有帮助	5	4	3	2	1
6	我喜欢购物网站	5	4	3	2	1
7	购物网站令我满意	5	4	3	2	1

续表

		非常同意	比较同意	无所谓	不太同意	很不同意
8	我浏览购物网站时通常是认真的,而非心不在焉的	5	4	3	2	1
9	我浏览购物网站时通常是兴奋的,而非倦怠的	5	4	3	2	1
10	我浏览购物网站时是轻松自在的,没有时间紧迫感	5	4	3	2	1
11	我浏览购物网站时,有了解网络广告的兴趣	5	4	3	2	1
12	浏览购物网站时,我有了解所接触到的网络广告中产品/品牌信息的兴趣	5	4	3	2	1
13	浏览购物网站时,我有了解网络广告的需要	5	4	3	2	1
14	浏览购物网站时,我有购买商品(购物)的需要	5	4	3	2	1
15	我浏览购物网站的目的通常是为了获取信息	5	4	3	2	1
16	我浏览购物网站的目的通常是为了消遣娱乐	5	4	3	2	1
17	浏览购物网站时,我有购买特定产品和品牌的动机	5	4	3	2	1

E 部分——个人基本信息

E 1. 你的性别:

1 -男　　2 -女

E 2. 你出生于:________年

E 3. 你的文化程度:

1 -初中及以下　　2 -高中/中专/职高/职专　　3 -大专

4 -本科　　5 -研究生及以上

E 4. 你的职业状况:

1 -教师/科研/医生/律师等专业人员　　2 -计算机/互联网/通信/IT

3 -保险/金融公司　　4 -传媒/广告/公关公司

5 -政府机关/事业单位　　6 -企业中高管理层

7 -全民/国有/集体企业职员　　8 -外资/合资企业职员

9 -私营企业职员　　10 -个体劳动者

11 -专业技术人员
12 -商业/服务业人员
13 -在读学生
14 -临时/兼职
15 -自由职业者
16 -待业中
17 -下岗/失业
18 -离退休人员
19 -其他

E5. 你个人月收入：

1 -1000元以下
2 -1000—1999元
3 -2000—2999元
4 -3000—3999元
5 -4000—4999元
6 -5000—5999元
7 -6000—6999元
8 -7000—7999元
9 -8000—8999元
10 -9000—9999元
11 -10000元及以上

非常感谢您的细致和耐心！

附录 2：深访提纲

网络广告态度与行为的深访提纲

本次访问为我的博士论文提供数据支持，访问之前，先要跟您明确一下承诺，此次访谈只是学术研究，涉及您个人的情况会保密处理，从论文中不会根据您的话语泄露您的个人身份，请放心接受访问，并感谢您的配合。

访问分为三个部分，第一部分是基础信息：关于您的网络使用情况；第二部分是您对网络广告的态度和接触行为；第三部分是您的网络购物相关情形。

访问时间大概 45 分钟。

一、基础信息

1. 网络使用情况、对互联网的评价。

1.1　您每天上网情况如何？怎样上网、上网做哪些事情、在线多长时间？

1.2　现在回想一下您过去某一天上网的程序，从开机开始联网，一般都做哪些事情？都有哪些网络行为？浏览哪些网站？

1.3　您觉得互联网在自己的生活中发挥什么作用？您认为自己依赖互联网吗？能忍受没有互联网的最长时间是多久？

1.4　请说出 3 个您最近访问过的网站。

1.5　请说出 3 个您曾经进行网购的网站。

1.6　您在网络上的主要信息源是什么？（包含新闻信息、娱乐信息和商业信息）

1.7　除了网络之外，您获得以上信息还有哪些渠道？

二、网络广告态度与行为

2-1 网络广告总体态度

2.1 当提到网络广告时，您脑海中出现的形容词是什么？

2.2 您上网的时候都遇到过哪些网络广告呢？请描述一下。

2.3 请回想一下您在上网过程中接触到网络广告的情形？您通常如何对待您接触到的网络广告？

2.4 请说出您有印象的网络广告中的产品或品牌？是在哪些网站和哪类型的网络广告中看到的？

2.5 如果网络里没有网络广告的话，您支持吗？会有哪些好处？会有哪些不方便的地方？

2.6 您认为网络广告和其他传统媒体广告最大的不同和区别是什么？

2-2 门户网站 Banner 广告

3.1 请问您经常浏览的门户网站是？（打开门户网站首页，让受访对象分别对不同形式横幅广告进行评价，并询问受访对象对这些广告的态度）。

3.2 观察+访问，打开门户网站。浏览门户网站时遇到网络广告，您的想法、反应是什么？您一般是怎么对待您在门户网站遇到的网络广告？（注意、认知、情绪情感、意向和行为：什么样的广告会吸引您的视线，您视线停留的时间是多长？这个过程中有怎样的心理活动？是怎样认知这些网络广告的——广告——产品——是否与我有关——有没有兴趣和时间关注它？有怎样的情绪反应？是否会点击它？这些广告是否引发过您的网购行为？如果有，是怎样的情形？）

3.3 您觉得您不喜欢这些网络广告的原因是什么？

3.4 在您以往的经验里，这些网络广告是否对您有好的影响？

3.5 您有留意门户网站网络广告的内容和产品吗？如果有，是什么情形？如果没有，又是因为什么？是您熟悉的品牌您怎么看？不熟悉的品牌您怎么看？

3.6 您觉得是哪些因素影响您去点击 Banner 网络广告？为什么？网络广告中的激励因素是否能激励到您点击网络广告？

3.7 您对门户网站的网络广告有哪些要求和期待？

2-3 搜索引擎关键词广告——观察+访问

4.1 请问您经常使用的搜索引擎网站是？使用搜索引擎主要检索哪些信息和关键词？回想一下您最近一次使用搜索引擎的情形？（举个搜索过程的例

子:搜索动机——搜索——信息筛选——找到满意信息)

4.2 使用搜索引擎时,您是否会留意和点击搜索引擎广告?您一般是怎么对待搜索引擎广告的(注意——认知——情绪情感)?什么情况下您会点击?什么情况下不点击呢?

4.3 在您以往的经验里,这些网络广告是否对您有好的影响?

4.4 您觉得您不喜欢这些网络广告的原因是什么?

4.5 搜索引擎广告有没有引发您的购买行为?如果有,是怎样的情形呢?

4.6 您对搜索引擎的网络广告有哪些要求和期待?

三、购物网站的网络广告——观察+访问

5.1 您经常网购吗?都去哪些电子商务网站?有哪些消费项目?频次、花费情况如何?每次使用时长?

5.2 您如何看待网络购物?

5.3 您一般是如何检索商品的?输入哪些关键词?确定产品的过程是如何的?回想一下您最近一次的网购,是什么样的情形和过程?

5.4 网络购物时,您认为自己是否受到了网络广告的影响?为什么?

5.5 您一般是怎么对待购物网站的网络广告的(注意——认知——情绪情感——行为意向)?您对搜索产品的注意是如何的?会评估哪些因素,然后点击浏览?点击浏览的过程中又做哪些评估?

5.5 在您以往的经验里,这些网络广告是否对您网购行为有好的影响?

5.6 您觉得您不喜欢这些网络广告的原因是什么?

5.7 您对购物网站的网络广告有哪些要求和期待?

5.8 您觉得哪些因素影响您的网购?

5.10 你在低介入度产品和高介入度产品的网购有哪些区别?

6. 其他网络广告 & 追加问题

6.1 您还有哪些印象深刻的网络广告?他们对您好的、坏的影响有哪些?

6.2 您对网络广告的要求和期待?

访问时间:

访问者:

访问编号:

后　记

2017 年的早春三月，窗外美好，我正全力重新修订这本以博士论文为基础的书稿。脑中的时光正不断回溯、穿越至 4 年前的 2013 年初春，我的博士论文写作的攻坚时期。

1999 年填报大学专业时，我凭着直感，毅然选择了广告专业，当时这绝对是个小众的选择。直到现在，我都庆幸当时的直觉和决断，随后的时间，我一直在续写与广告的缘：2003 年硕士阶段师从中国传媒大学余小梅教授，进入广告与心理的交叉研究领域；2006 年成为大学老师，继续在自己热爱的广告领域研究、教授和实践；2010 年有幸成为刘京林教授的博士生，得以深耕于广告心理领域的研究。

在博士论文选题之初，刘京林教授就主张一定要从“问题意识”出发，提出了“广告反感和逆反心理”的问题，启发我关注到网络广告回避的现象，并帮助我确立网络广告态度研究的题目。

在本研究的开展过程中，得到很多帮助，感谢清华大学刘建明教授、北京电影学院朱青君教授、中国传媒大学宫承波教授、柯惠新教授、刘燕南教授、丁迈教授、张晓辉教授、张磊副教授、倪桓副教授对我论文开题、考核、写作过程中给予的宝贵意见和帮助。感谢问卷实施和深访过程中帮助我的一众大小朋友，调查问卷长达 13 页，得益于我的同学、朋友、学生积极利用人际网络帮我扩散和传播，没有他们的热情相助和无私付出，难以获得高质量的回收。

感谢父母、先生的默默支持，他们一直是我最坚固的后盾。

最后，我要感谢这段“自我找寻”和“心灵历练”的过程。

广告的发展日新月异，我对它的关注也将会不断持续。

李丽娜

2017 年 3 月

图书在版编目(CIP)数据

人们如何看待互联网广告？——基于互联网用户广告态度的实证研究/李丽娜著.—上海：上海三联书店，2017.10

ISBN 978-7-5426-6078-7

Ⅰ.人… Ⅱ.李… Ⅲ.①互联网络－广告学－研究 Ⅳ.①F713.8

中国版本图书馆CIP数据核字(2017)第218864号

人们如何看待互联网广告？
——基于互联网用户广告态度的实证研究

著　　者 / 李丽娜

责任编辑 / 陈启甸　朱静蔚
装帧设计 / 谢孟颐
监　　制 / 姚　军
责任校对 / 林佳依

出版发行 / 上海三联书店
(201199)中国上海市都市路4855号2座10楼
邮购电话 / 021-22895557
印　　刷 / 上海惠敦科技印务有限公司

版　　次 / 2017年10月第1版
印　　次 / 2017年10月第1次印刷
开　　本 / 710×1000　1/16
字　　数 / 300千字
印　　张 / 21.75
书　　号 / ISBN 978-7-5426-6078-7/F·770
定　　价 / 68.00元